U0826079

船舶疏散仿真系统总体设计与应用

林　壮　倪宝成　著

哈尔滨工程大学出版社
Harbin Engineering University Press

内容简介

本书以作者在船舶疏散仿真领域的研究成果为基础，在综述近年来船舶疏散仿真模型开发研究的基础上，按照行人流复杂顺序由浅入深地介绍了单向行人流模型、双向行人流模型和垂向行人流模型的开发过程。每类行人流模型的开发则按照先建模后验证的顺序进行介绍，力图给出一个系统化、实用化的船舶疏散仿真系统框架。最后以海洋珠宝号邮轮为实例讲述了模型的实际应用，将模型开发与工程实践紧密结合，力图打通科研成果转化的最后一道关卡。

本书可作为高等院校安全工程、海洋工程、船舶工程的本科生和研究生的教材或参考书，也可作为相关领域的研究人员、工程技术人员和管理人员的参考用书。

图书在版编目(CIP)数据

船舶疏散仿真系统总体设计与应用/林壮，倪宝成著. —哈尔滨:哈尔滨工程大学出版社,2020.5
ISBN 978-7-5661-2657-3

Ⅰ. ①船… Ⅱ. ①林… ②倪… Ⅲ. ①船舶-安全疏散-仿真系统-船舶设计-总体设计 Ⅳ. ①U698 ②U662.2

中国版本图书馆 CIP 数据核字(2020)第 075082 号

选题策划 刘凯元
责任编辑 刘凯元
封面设计 李海波

出版发行 哈尔滨工程大学出版社
社　　址 哈尔滨市南岗区南通大街 145 号
邮政编码 150001
发行电话 0451-82519328
传　　真 0451-82519699
经　　销 新华书店
印　　刷 北京中石油彩色印刷有限责任公司
开　　本 787 mm×960 mm 1/16
印　　张 12.5
字　　数 250 千字
版　　次 2020 年 5 月第 1 版
印　　次 2020 年 5 月第 1 次印刷
定　　价 58.00 元
http://www.hrbeupress.com
E-mail:heupress@hrbeu.edu.cn

前　言

随着全球经济的快速发展，水上航运交通日渐繁忙，随之而来的是重特大事故时有发生，由此造成的惨痛海难事故一次次地提醒着航运界，可靠有效的安全疏散能力是在事故发生后保护乘客生命安全的最后一道屏障，这一点对于邮轮等大型水面船舶的安全运行尤为重要。一般来说，对于搭载人员数量较少且空间较小的中小型船舶，采用场地实验法进行疏散分析是最贴近现实的可靠手段，但是在交通工具日趋大型化的当下，在控制成本消耗与可靠程度均可接受的前提下，场地实验法难以在经济成本与实验项目丰富、结果可信等方面取得良好的综合效果。因此，采用以行人交通理论为基础的大型船舶人员疏散仿真模型对疏散过程进行数值仿真分析具有了一定的理论意义与工程实践应用价值。

针对上述问题，本书基于智能体理论与行人交通模型，建立了基于目标驱动智能体的疏散模型，并参考国际海事组织相关基准测试验证了模型的可靠性；考虑了实际海上事故应急疏散场景下常见的救生器材取用、乘客反向流动及多层甲板撤离等情形，通过对行人交通模型的改进与行人行为模拟扩展了所开发模型的适用范围，并通过与实验数据的对比验证了模型的有效性。在此基础上，开发了邮轮疏散仿真系统并对某邮轮的安全性进行了优化设计，进一步证明了所提出的模型与方法的合理性。

本书的主要结构与内容介绍如下。

首先，本书通过对现有研究成果的分析，深入探讨了行人流和行人自组织现象的内涵；基于大型邮轮的疏散过程、国际海事组织的相关规定、船舶安全疏散过程的影响因素，结合行人个体生理特征和群体运动特征确定了人员疏散模型的基本初始参数。对于计算精度与复杂度两者之间的平衡问题，本书尝试以目标驱动的智能体为模型框架，通过社会力模型与操作力模型的相互结合，提出一种考虑群组行为且基于目标驱动智能体的单向流船舶疏散仿真模型。该模型不仅可以解决社会力模型不能模拟群组行为与计算效率低的问题，同时可实现对障碍物跨越与绕行行为的有效模拟，使模型计算精度得到进一步提高。本书通过国际海事组织所提供的基准测试项目、单向流基本图及餐厅场景对模型进行的定性和定量检验充分地证明了模型的可靠性与有效性。

其次，本书在单向流模型研究的基础上，基于国际海事组织 MSC. 1/Circ. 1533 中提及的穿戴救生衣这一器材使用行为要素对疏散过程的影响，考虑到应急状态下乘客行为的不可预测性因素，在单向流船舶疏散仿真模型的基础上，通过增加逆流子模型及修正决策子模型中的部分目标，提出了考虑穿戴救生衣行为的双向流船舶疏散仿真模型，并通过对邮轮单层甲板双向流测试场景的仿真验证了模型的可靠性。

再次，由于大型邮轮具有甲板层数众多、人员分布广、活动范围大等特点，为使研究进一步贴近现实情况，在模型开发过程中除了考虑水平方向行人流外还应兼顾垂直方向上的行人流。本书在双向流船舶疏散仿真模型的基础上，通过增加分层级路径规划子模型将仿真模型进一步扩展，使其可以实际应用于大型邮轮多层甲板的疏散仿真。在使用欧盟 SAFEGUARD 项目全尺寸实船实验所采集的验证数据集 SGVDS2 对模型进行验证后，发现该模型预测结果与实验数据的一致性优于常用的商业软件模型，模型具有相当的可信性与实用性。

最后，本书基于多甲板模型，设计开发了大型邮轮疏散仿真系统 AEvac，并在该系统提供的可视化安全性辅助设计基础上，以最短时间内疏散所有乘客为目标，对海洋珠宝号邮轮的总布置进行了优化设计。仿真系统所给出的增加垂直通道与改进救生器材布放位置等安全性设计建议，对船舶日常使用、规范限制与建造难度均无明显影响，可在极端情况发生时有效地减少疏散时间，最大限度地保障搭载人员的生命安全。

由于作者水平有限，加之成书时间仓促，书中错误和不当之处在所难免，敬请谅解，恳请广大读者多提宝贵意见。

著　者

2020 年 1 月

目　　录

第1章　绪　　论

1.1　本书的目的与意义

邮轮(Cruise Ship)亦称游轮,是一种以娱乐为目的的海上交通工具,除提供各种娱乐设备与奢华服务外,也可使乘客沿途游览观光风景名胜。近年来随着人们消费水平的提高,越来越多的乘客选择了水上出行。邮轮旅游作为休闲旅游与度假的完美结合,被越来越多的人所青睐。在国际邮轮旅游市场持续快速发展的刺激下,邮轮公司不断投入巨资用以建造超大型邮轮,邮轮的吨位呈逐年上升的趋势。目前世界上运营吨位最大的邮轮(海洋和悦号邮轮,如图1.1所示)由皇家加勒比公司所拥有,该船一次最多可搭载6 780名乘客和2 300名船员,甲板层数多达18层,舱房多达2 700间。该船包含了剧院、公园、高尔夫球场、健身中心、酒吧及餐厅等诸多设施。大型邮轮是一种极其复杂的交通工具,具有结构紧凑、组织复杂、舱室众多及运载量大等特点,一旦发生意外情况,如果不能及时对乘客进行疏散,可能会造成大量的人员伤亡[1]。有组织的安全疏散是意外事故发生后挽救船上人员生命安全的重要途径[2],受到了学者们的广泛关注。随着人们安全意识的提高,该问题的研究热度呈现了逐年上升的趋势。

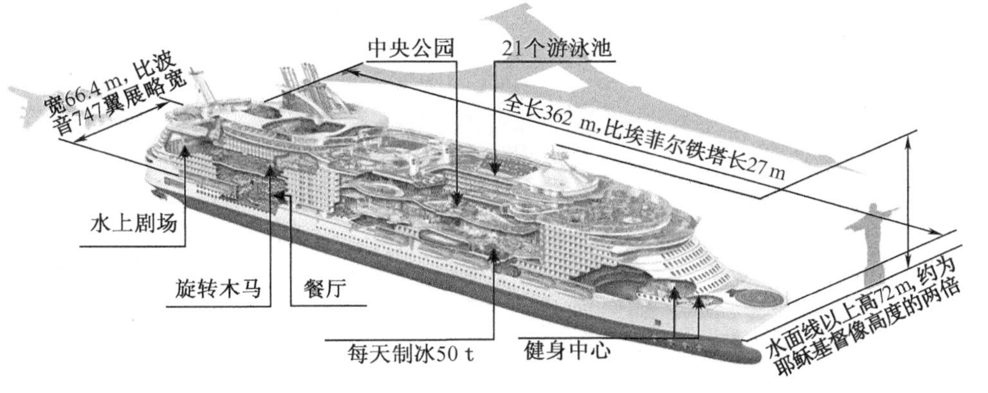

图1.1　海洋和悦号邮轮

随着计算机技术的发展,越来越多的行业开始应用计算机仿真技术,仿真技术可以使设计人员在无风险的情况下对方案进行反复试错研究，无须搭建物理原型就可以了解设计方案的运作方式，同时也能使设计人员更好地控制、预测、理解设计方案。相比于传统的实验方法，采用计算机仿真技术研究疏散问题可以节约大量的成本。此外在船舶设计初期应用仿真技术，可以尽早地发现并解决可能存在的基础设计问题，避免后期阶段以牺牲性能为代价的方案变动。

随着经济的发展许多地区开通了大量的航线，各条航线日益繁忙，海难事故屡有发生（如图 1.2 所示）。表 1.1 给出了 21 世纪所发生的船舶重大事故的不完全统计表，并对其事故原因做了简要说明，可以看出其中约有 43 % 的事故是与极端天气有关，约有 29 % 的事故是与超载有关，约有 11% 的事故是与船长的处置不当有关，其他因素如火灾、碰撞及搁浅等所占比例较低。需要注意的是表 1.1 虽然是不完全统计表，但是仍然具有一定的参考意义。虽然火灾、碰撞和搁浅等事故发生率较高，是最可能引发安全疏散过程的事故类型，但由于造船技术的发展（如防火分区、消防系统、双层底结构等），这些事故的致死率能够得到有效的控制[3]。极端天气具有不可预知性，对救助的时效性要求较高，从遇险到船舶的倾覆时间往往极为短暂，此时船长将面临极为复杂的局面，需要及时了解乘客的数目、分布情况、进水情况，救生设备状况等，并在最短的时间内做出合理的判断，对船长以及船员的应急处置能力都是极大的考验。虽然船舶在入级后已经符合相关规范的要求，但在遭遇极端天气后仍会有倾覆的风险，对于船舶设计来说相关规范仅是设计的最低要求而非设计目标，因此对其安全性做冗余设计是十分必要的。

(a)东方之星轮　(b)岁月号客轮　(c)歌诗达协和号邮轮

图 1.2　重大海难事故

表 1.1　21 世纪船舶重大事故的不完全统计表

时间	国籍	船只	事故原因	遇难人数/人
2018	坦桑尼亚	MV Nyerere	超载、船长处置不当	228
2018	基里巴斯	MV Butiraoi	超载	81

表1.1(续)

时间	国籍	船只	事故原因	遇难人数/人
2018	美国	Table Rock Lake	雷暴、大风	17
2015	中国	东方之星	强暴风雨	442
2015	菲律宾	Kim Nirvana – B	超载、驾驶不当	61
2015	美国	SS El Faro	飓风	33
2014	韩国	岁月号	超载、船长处置不当	304
2014	孟加拉国	Miraj – 4	暴风、超载	56
2014	意大利	Norman Atlantic	火灾	30
2014	英国	Cheeki Rafiki	大风	4
2013	菲律宾	MV St. Thomas Aquinas	碰撞	120
2013	尼日利亚	Jascon 4	巨浪	11
2012	坦桑尼亚	Skagit	恶劣天气、超载	150
2012	巴布亚新几内亚	Rabaul Queen	恶劣天气、超载	146 ~ 165
2012	孟加拉国	Shariatpur 1	碰撞	116
2012	中国	南丫四号	碰撞	39
2012	意大利	歌诗达协和号	搁浅、船长处置不当	32
2011	坦桑尼亚	Spice Islander Ⅰ	超载	1 573
2011	俄罗斯	Bulgaria	暴风雨	112
2010	澳大利亚	SIEV – 221	触礁	48
2009	印尼	Teratai Prima	暴风雨	250
2009	孟加拉国	Coco – 4	超载	72
2009	缅甸	Naywintun	碰撞	50
2009	孟加拉国	Banglades	碰撞	47
2009	印度	Jalakanyaka	突发意外、设计缺陷	45
2009	越南	Gianh River	大风、超载	43
2009	阿联酋	Demas Victory	恶劣海况	30
2008	菲律宾	MV Princess of the Stars	台风、船长处置不当	690
2008	孟加拉国	Shourav	碰撞	31
2007	印尼	Levina 1	火灾	51

表 1.1(续)

时间	国籍	船只	事故原因	遇难人数/人
2007	希腊	Sea Diamond	搁浅	2
2006	埃及	Al Salam Boccaccio 98	火灾	1 020
2006	印尼	Senopati Nusantara	风暴	400~500
2004	菲律宾	SuperFerry 14	恐怖袭击	116
2002	塞内加尔	Le Joola	超载、恶劣海况	1 864
2001	格鲁吉亚	Pati	触礁	54

1.2 船舶人员疏散相关规范的发展现状

1912 年 4 月 10 日,当时世界上最大的豪华邮轮泰坦尼克号开始了从英国南安普敦到纽约的首航,然而不幸的是,在其行程的第四天晚上 11 时 40 分左右与冰山发生了碰撞,于次日凌晨 2 时 20 分彻底沉没。虽然整个过程持续时间较长,但是由于其救生设备的严重不足,最终导致约 1 513 名乘客死亡,这是历史上重大海难之一,在此之前没有人会想象到这样一艘巨型邮轮(长 269 m,宽 28 m,高 53.3 m,吃水 10.5 m)会彻底沉没。该事故的发生促使国际海事组织(International Marine Organization,IMO)通过了《国际海上生命安全公约》(International Convention for the Safety of Life at Sea, SOLAS),SOLAS 要求客船必须配备足够的救生设备及防火和灭火设备,另外还规定成员超过 50 人的船舶应配备无线电报[4]。此后发生的一些海难事故也同样促使 IMO 对 SOLAS 不断地进行完善与修订。如 1987 年翻沉的英国客滚船自由企业先驱(Herald of Free Enterprise)号,致使 IMO 修订了 SOLAS 中关于船舶和上层建筑的完整性要求;1988 年发生在斯堪的纳维亚之星(Scandinavian Star)号渡轮的火灾促成了 SOLAS 中有关客船防火准则的修改。

1994 年 9 月 28 日,爱沙尼亚客滚船 Estonia 在波罗的海沉没,导致 852 人死亡。在该事故的教训下,IMO 海事安全委员会(Maritime Safety Committee, MSC)于 1999 年的第 71 次会议上批准了《滚装船简单疏散分析临时指南》MSC/Circ. 909,规定凡是 1999 年 7 月 1 日之后建造的客滚船,都需要在设计的初期阶段进行疏散分析。由于缺乏相关经验与实验数据,MSC 将该指南作为一个临时方案,有待进一步的改进和完善。随后于 2002 年的第 75 次会议上批准了 MSC/Circ. 1033,同时邀请成员国收集并提交全尺寸实验数据和人类行为研究成果,用以进一步完善这一临时指南。2007 年的第 83 次会议上通过了《新建及现有客船疏散分析指南》

MSC. 1/Circ. 1238[5]。该版本是首个正式版指南，提供了两种疏散分析方法，即一种简单疏散分析方法和一种高级疏散分析方法：其中简单疏散分析是一种确定性方法，其疏散时间可通过 IMO 提供的简单公式计算获得；而高级疏散分析是一种随机方法，将每个乘客视作单独的个体，通过微观模型计算其疏散时间，通常通过计算机仿真技术实现。2016 年的第 96 次会议上批准了最新的《修订后的新建及现有客船人员疏散分析指南》MSC. 1/Circ. 1533[6]，规定自 2020 年 1 月 1 日之后建造的客船必须进行疏散分析。MSC. 1/Circ. 1533 相对上一版本做了许多修订，例如明确了登艇下水之前需要完成救生衣的穿戴，要求仿真模型可以辨认疏散过程中拥堵、逆流及交叉流所发生的区域，增加了个体疏散时间的概念等。

SOLAS 和 MSC. 1/Circ. 1533 所关注的重点是有所区别的，SOLAS 主要是对疏散的途径、方法做出了规定，例如通道宽度、楼梯数目、救生衣数量是否符合公约的要求等，而 MSC. 1/Circ. 1533 则是对疏散的时长和计算方法做出了明确规定。

1.3　人员疏散的国内外研究现状

人员疏散作为安全工程的重要组成部分之一，一直是该领域的研究重点。经过多年的实践和理论研究，国内外在人员疏散领域已经积累了大量的成果，构建了大量的行人交通模型[7,8]，通过场地实验获取了大量行人交通相关的实验数据[9-11]，以及研制了较为完善的疏散仿真软件[12]。

海上疏散仿真模型大都源于陆上模型，但海上乘客疏散的特性使得该问题相较于陆上疏散更为复杂。疏散仿真是研究人员疏散问题的重要方法，而船舶仿真模型的构建通常以行人交通模型为基础，通过调整模型以适应船舶疏散领域的需求。在开发船舶疏散仿真模型前，需要首先了解常见的行人交通模型，随后选取适当的模型进行优化。虽然国内船舶疏散领域起步较晚，但是发展较为迅速，在国内学者的共同努力下与国外之间的差距日益缩小，一批船用疏散仿真模型成功研制，但这些仿真软件距离商业化应用仍然有一定的距离。

1.3.1　人员疏散的研究方法

1. 事后调查

事后调查法是通过问卷调查、录像分析、访谈等方式对已经发生的事故进行细致深入的调查研究，研究紧急情况下行人的群体行为和个体行为。1972 年，Wood[13]在英国开展了大规模的住宅火灾人类行为研究，消防员采用问卷的方式调查了 952 起火灾中的 2 139 名受害者。随后 Bryan[14]在 Wood 的研究基础上，于 1977 年在美国进行了一项类似的研究，总计采访了 335 起火灾中的 584 人，其中一半是住宅火灾，另一半则是其他类型建筑物火灾。两人的研究都表明家庭成员在最初逃离之后往往会再次进入火场，逃离过程中会穿过烟雾，在住宅火灾中人们往往会尝试灭火，而在公共建筑火灾中则很少尝试灭火。Bryan 在随后的研究中[15,16]通过问卷调查的方式研究了建筑领域火灾或其他紧急情况下人员的一些行为特征。美国“9·11”灾难后，研究人员对其做了大量的研究，研究了逃生、反应时间、逃生前行动、楼梯中的行人流速、电梯的使用等相关问题。Fahy[17]等人的研究主要基于报纸、广播与电视节目、电子邮件调查和网站调查等方式，总计分析了世贸大厦中 435 名幸存者的经历，在 Averill[18]等人的研究中则对 1 000 多名幸存者进行了访谈调查。Yang[19]等人通过分析 2008 年中国汶川地震的录像内容，发现了行人的到达时间与到达次序之间的非线性关系。Li[20]等人分析了 2013 年中国雅安地震中某教室中学生的实际疏散过程，如图 1.3 所示。

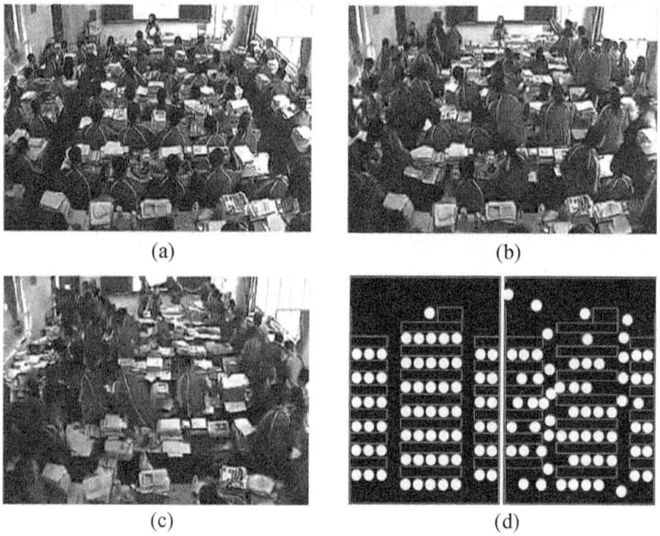

(a) (b) (c) (d)

图 1.3　2013 年中国雅安地震中某教室监控录像的事后分析调查[20]

2. 场地实验

场地实验主要是对行人个体和群体的运动特征进行分析，分析出口的通行能力、人群密度、人群流速及两者之间的关系。在早期的一些研究中，学者们通过场地实验采集了人员密度与速度的关系信息，但 Fruin [21] 等人、Predtechenskii[22]等人、Weidmann[23]等人和 Helbing[24]等人所获得的数据存在较大的分歧。这些差异主要是由实验中人群的人口文化差异[25]、单向行人流和多向行人流的差异[26]、短期扰动[27]和实验动机与机制的差异[22]所造成的。Jeon[28]等人组织了 125 名受试者在四种不同能见度下进行了实验,研究了人类行为特征与疏散效率之间的关系。Zhang[29]等人在四种不同场景下研究了不同边界条件对行人运动的影响,发现当人群密度超过 2 人/平方米时不同边界条件下的行人运动有明显差异。Fang[30]等人组织了 163 名受试者进行高层建筑物楼梯间的疏散实验(如图 1.4 所示),用摄像机记录了楼梯间内疏散过程,研究表明下楼的速度由三个方面所决定:楼梯入口缓冲区的合并行为、参与者的体力及楼梯内的视野。Guo[31]等人通过实验方式研究了行人撑伞行为对双向行人流和单向行人流的影响。

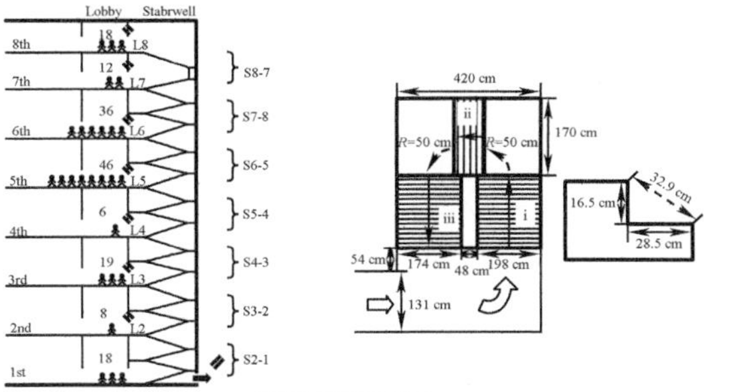

(a) 楼梯间平面图

(b) 疏散实验实景图

图 1.4 高层建筑物楼梯间的疏散实验[30]

3. 动物实验

由于组织大规模的场地实验较为困难,且一些特定的边界条件难以在实验中实现,如真实行人的恐慌和推挤行为,因而一些学者采用动物实验模拟突发事件中人类的不理智行为(如图 1.5 所示)。Saloma[32]等人将老鼠放入水中引导老鼠经过出口到达安全平台,以此模拟老鼠的恐慌条件,进而研究恐慌条件下不同宽度出口对疏散过程的影响。Garcimartín[33]等人将食物放置在谷仓内使羊群冲向谷仓进食,进而模拟行人疏散过程中的争抢行为,同时研究了不同出口宽度及出口前障碍物对疏散过程的影响。Soria[34]等人通过蚂蚁实验研究了"快即是慢"效应,但并未在蚂蚁的疏散过程中观察到这种利己行为。Parisi[35]等人的研究证实了蚂蚁和人类的“快即是慢”效应是有所区别的。Wang[36]等人研究了蚂蚁通过双出口的疏散过程，在压力条件下蚂蚁表现出“对称破坏”现象，即两个出口的利用率不均。

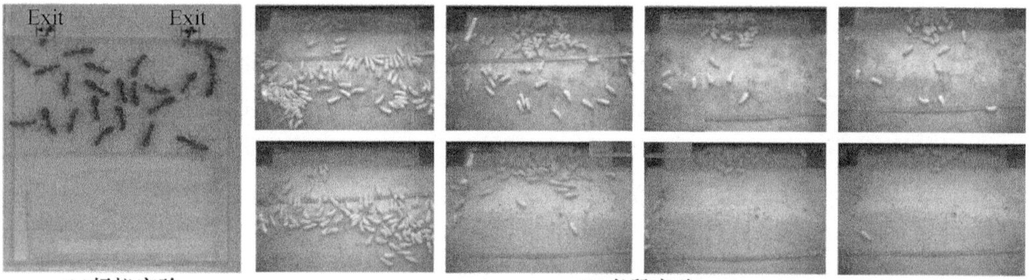

(a)蚂蚁实验　　(b)老鼠实验

图 1.5　动物实验

4. 计算机仿真

采用计算机仿真技术可以使设计人员在无风险的情况下对方案进行反复试错研究。采用计算机仿真技术通常有两个目的，其中一个目的是优化设计，即减少疏散时间和减少拥堵发生的区域与持续时间。如 Thompson[37]等人将 SIMULEX 疏散软件应用于大型商业中心的设计过程中；Botschek[38]等人采用 buildingExodus 软件对复杂隧道的逃生系统进行了优化；Klüpfel[39]等人通过 PedGo 软件对大型户外活动（德国汉堡港口节）进行仿真，确定了所需安全出口的数量及疏散时间。另外一个目的则是通过仿真技术研究各种因素对疏散过程的影响。大型户外活动的疏散仿真如图 1.6 所示。如 Chen[40]等人应用 VISSIM 仿真软件研究了疏散过程中的行人流，研究了影响安全出口和安全通道疏散效率的主要因素；Casareale[41]等人采用开源软件 FDS + EVAC 研究了船舶运动和乘客对环境的熟悉程度对疏散过程的影响。

(a)汉堡港口节疏散方案　　(b)疏散仿真图

图 1.6　大型户外活动的疏散仿真

1.3.2 人员疏散模型研究现状

目前较为常见的人员疏散模型有元胞自动机模型、社会力模型、流体模型、基于智能体模型和基于速度矢量的模型。模型分类的方法有多种，如从空间和时间维度可分为离散模型和连续模型，从尺度维度可分为宏观模型和微观模型，此外一些组合模型的提出，使得模型的种类更加难以确定。本书对几种常见的疏散模型做了简要的介绍。

1. 流体模型

流体模型是一种宏观模型（如图 1.7 所示），该模型从宏观角度表示人群，将整个人群视为用流量、密度所描述的流体。该模型由一系列的偏微分方程所构成，用以描述在给定位置和时间下平均速度、流速及密度之间的关系，其时间和空间都是连续的，最早由 Henderson[7] 提出，随后 Helbing[42] 等人研究发现了中高密度行人流与气体或液体相似，例如，雪中行人的足迹与流体流动轨迹类似。Hughes[43] 最早将该模型应用于行人交通领域，Colombo[44] 等人在该模型中加入了恐慌因素。由于流体模型计算效率高，因此适用于超大规模人群的仿真，但模型的宏观本质使其并不适用于精确计算的场景。

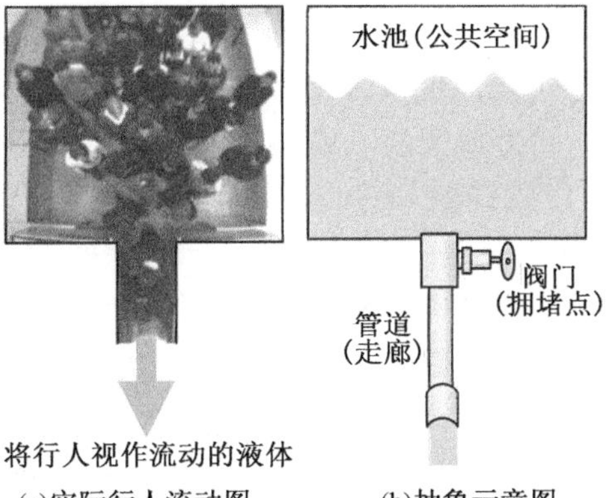

(a)实际行人流动图 (b)抽象示意图

图 1.7 流体模型的示意图

2. 元胞自动机模型

元胞自动机模型是由离散网格所组成的动态系统，该模型将平面空间划分为网格，通常为 0.5 m×0.5 m 的方形网格，将每个网格当作一个元胞，如图 1.8 所示。元胞自动机模型需要在每个离散的时间步长内更新所有元胞状态，元胞状态仅受上一次更新时相邻元胞状态的影响，在每个时间步长内一个行人只能占用一个元胞[45]。Guo[46] 等人对元胞自动机模型进行了改进，采用更小的网格划分，此时每个行人会占用多个元胞，在一定程度上增加了模型的真实度。元胞状态的更新通常是按顺序进行的[46],而 Blue[47]等人在解决行人位置更新冲突问题后,提出了并行更新方法[47]。Pereira[48]等人将行人速度与密度之间的关系引入元胞自动机模型当中。元胞自动机模型的显著优势是其计算效率较高,但其离散化的处理方式也降低了计算精度。

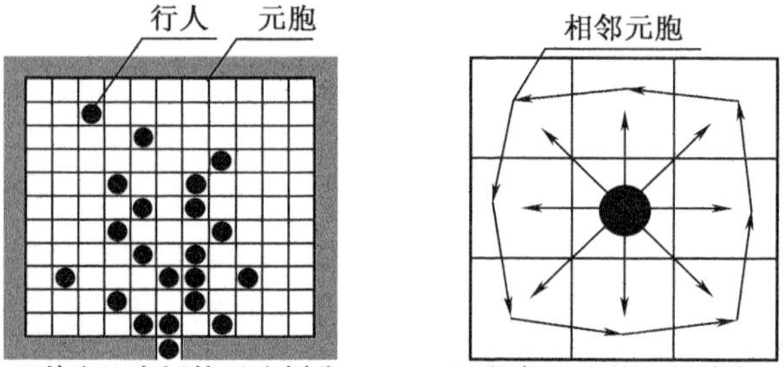

(a)单出口房间的元胞划分　　(b)相邻元胞的局部放大图

图 1.8　元胞自动机模型中的元胞

3. 社会力模型

社会力模型是由 Helbing[8]等人于 1995 年所提出的行人运动仿真模型,如图 1.9 所示,其中行人速度的变化是由不同种类的外力所控制的。该模型假定行人的运动受到指向目标的吸引力、来自障碍物的排斥力和来自其他行人的排斥力共同控制,模型中时间和空间是连续的。模型能够再现一些典型的行人自组织现象,如双向行人流中的路径形成现象、通过狭窄通道时的振荡现象。Langston[49]等人采用三个交叠的圆形表示行人,实现行人转身行为,该模型适用于行人密度较低的场景,而在密度较高的场景中则更适合单一圆形的表示方法。Yuen[50]等人将社会力模型进行了扩展,在行人密度较低的情况下允许后方行人超越前方行走较慢的行人。Qu[51]等人同样采用三个圆形的表示方法,模拟了行人的转动,扩展了社会力模型,使其适用于楼梯场景。虽然社会力模型计算精度高,但其参数较多且计算较为复杂,目前在大规模计算中应用较少。

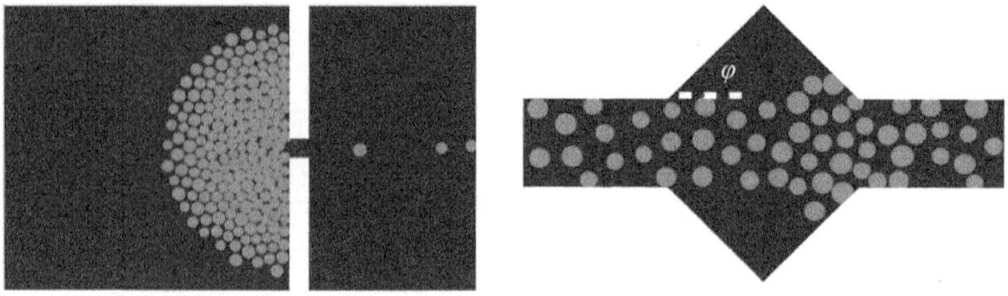

(a)出口处成拱形聚集现象　　(b)通道突然变宽后的拥堵现象

图 1.9　社会力模型的仿真结果[52]

4. 基于智能体的模型

基于智能体的模型采用的是一种自下而上的方法，它是一种通过智能体之间简单的动态交互来呈现复杂现象的微观模型[53]，模型的时间与空间表示方式既可以是离散的也可以是连续的。不同的智能体可以拥有不同的行为方式（如随人群行动、独自行动和寻找家人等）、不同的人员属性（如行走速度、身体半径和反应时间等），但灵活的设定也会导致计算量的相应增加。Antonini[54]等人采用离散的模型框架，使行人根据不同替代方案的效用值选取运动方向与行进速度，效用值则由其他行人所决定。Chooramun[55]等人将三种不同的空间表示方法（连续空间、精细网格和粗糙网格）相结合，使模型在满足计算效率的同时也能保证计算精度。

5. 基于速度矢量的模型

基于速度矢量的模型是通过一组速度矢量来控制行人的运动方向，相比于社会力模型其计算复杂度较低，速度矢量是由一系列的操纵行为（也称操纵力）所共同决定的。Reynolds[56]首先提出了一系列的操纵行为，如追逐目标、逃离某地、到达某地、障碍物避让、自由漫步、路径跟随、聚合、散开、匹配及跟随领导等行为，随后 Hartman[57]等人在模型中加入了领导变动行为，用来模拟智能体成为领导和逃离队伍的过程。通过自由组合上述操纵行为，可以模拟行人的不同行为方式。

6. 组合模型

随着社会的进步，人们对安全的重视程度及对模型计算精度的要求也在逐步提高，上述几种常见模型已经不能满足相应的需求，为此一些研究人员开始将不同种类的模型相互结合用以构建全新的组合模型。这种组合模型相较于原始模型有很大的优势，可以兼有不同模型的优点。开发组合模型符合目前该领域研究的发展趋势，越来越多的学者置身于此类模型的开发，如 Yang[58]等人提出了一种基于社会力的元胞自动机模型用来模拟行人之间的亲属关系；Song[59]等人提出了一种包含力的元胞自动机模型，用以模拟单出口房间的疏散过程；Heliövaara[60]等人提出了一种基于社会力的智能体模型，用来模拟双向行人流；Yamamoto[61]等人提出了一种基于格子气模型的真实编码元胞自动机模型；Toyama[62]等人提出了基于智能体的元胞自动机模型，用来表示行人的不同属性。

1.3.3 船舶人员疏散仿真模型的研究现状

1. 国外研究现状

国外对船舶疏散模型的研究起步较早，已经取得了一系列的重要成果，下面简要介绍如下。

(1)英国

格林威治大学的 Galea[63] 等人采用元胞自动机模型与智能体模型相结合的方法,将船舶空间划分成网格,随后赋予每个网格不同的势(出口位置势为 0,距离出口越远其势越大),乘客根据所在网格的势来判断下一步需要前进的方向。船舶的运动姿态会作为一个缩减因子作用在行人的行走速度上。随后 Galea[64,65] 等人将上述模型与火灾模拟软件相结合,增加了行人对火灾的反应及消防系统对火情的控制。其后 Gwynne [66] 等人对一条客船进行了多次疏散实验并收集了相关数据,应用上述模型对实验场景进行了仿真,仿真模型所预测的结果与实验数据约有 6.6% 的差异。

思克莱德大学的 Vassalos[67] 等人采用多智能体建模技术,构建了同时具有宏观行为和微观行为的疏散仿真模型,该模型采用连续空间将社会力模型与元胞自动机模型相结合,使模型既拥有元胞自动机模型的计算效率又具有社会力模型的计算精度。Vassalos[68] 等人采用上述模型对一条客滚船进行了疏散仿真,分析了不同参数(如反应时间、行走速度、速度变化等)对疏散过程的影响。Azzi [69] 等人进一步将上述模型和火灾模拟软件相结合,构建了可以模拟火灾场景的疏散模型,模型中行人可受到火灾危害物(如烟、火、热及毒气等)的影响,进而根据火势的情况选取不同的疏散路线。

(2)德国

杜伊斯堡大学的 Klüpfel [70] 等人提出了一种考虑群体行为和个体行为的元胞自动机模型,用于对客船进行疏散仿真分析。随后 Meyer - König [71] 等人考虑了船舶的六自由度运动对疏散过程的影响,通过增加船舶运动模型使行人的速度受到船舶运动姿态的影响。

(3)希腊

雅典国家技术大学的 Ginnis[12,72] 等人采用智能体建模技术,应用操纵行为控制智能体的运动方式。该模型考虑了船舶的运动对行人行走速度的影响,同时也考虑了火灾危害物(如烟、火、热及毒气等)对行人的影响,此外也可以模拟乘客不同级别的组间行为(如家庭、朋友或工作人员分配的临时组)及船员协助行为。

(4)韩国

韩国船舶与海洋工程研究所的 Kim[73] 等人采用智能体建模技术构建了船舶疏散仿真模型,该模型是社会力模型和操纵力模型的结合,其中社会力模型控制行人的速度大小与方向,而操纵力模型则控制行人的行为模式,此外该模型也考虑到船舶运动姿态对行人运动速度的影响。随后 Park[74] 等人通过 IMO MSC/Circ. 1033 中的 11 项测试对上述模型进行了验证,结果表明模型满足所有测试的要求。

首尔大学的 Ha[75] 等人提出了一种基于元胞自动机的船舶疏散仿真模型,该模型包含个体行为、群体行为及逆行避让行为，随后 Roh[76] 等人采用该模型对一艘携带 2 487 名乘客的车辆渡轮进行了疏散仿真分析，之后 Park[77] 等人通过实船疏散实验数据验证了上述模型。Cho[78] 等人提出了一种基于速度矢量的疏散仿真模型，该模型包含群体行为、逆行避让行为及转身行为，随后通过 IMO MSC. 1/Circ. 1238 中的 11 项基本测试和 2 个案例对模型进行了验证。

(5)意大利

马尔凯理工大学的 Casareale[41] 等人通过分析歌诗达协和号邮轮事故的监控录像研究了实际海难中乘客的行为方式，确认了导视系统对紧急疏散有重要作用，随后基于社会力模型构建了考虑导视系统影响的疏散仿真模型，并对歌诗达协和号邮轮事故进行了模拟，通过对比不同场景证实了导视系统的作用。

2. 国内研究现状

国内船舶疏散仿真模型的研究起步较晚，但近些年在国外学者研究的基础上，构建了诸多船舶疏散仿真模型。

(1)哈尔滨工程大学

陈淼[3,79]对船舶疏散模型进行了深入的研究，建立了较为完善的船舶疏散网络网格模型。该模型首先将房间、走廊、楼梯等用网络节点表示，节点之间的连线依据其实际关系连接，再将每个节点细分成若干个网格。行人根据周围行人密度及前方网格的状态决定其运动速度。在其随后的研究中[80]，该学者以元胞自动机模型为基础，结合“地面场”模型与网络流理论建立了人员疏散的多出口元胞自动机模型。该模型考虑了视野扩展对路线选取的影响，以及排斥力和摩擦力对行人运动速度的影响，之后在此模型的基础上，通过网格的精细划分提出了一种多网格模型[81]，使得行人的运动轨迹更为真实。

郭冰[82]以格子气模型为基础，结合元胞自动机模型与智能体模型的特点，提出了一种融合三种模型优点的新型组合模型，用以对大型船舶疏散过程进行评估。谢谋标[83]采用元胞自动机模型与社会力模型相结合的方法，建立了船舶人员疏散仿真的微观模型。肖海松[84]构建了基于元胞自动机模型的空间网络流船舶疏散模型，该模型将整个舰船空间用网络表示，每个网络点代表一个子空间，对子空间采用栅格法划分，并采用元胞自动机模型控制行人的运动。李娜[85]对舰船人员疏散问题进行了详细的分析，以动态网络流理论为基础构建了船舶人员疏散仿真模型。于洋[86]提出了一种考虑心理因素和团体社会关系的智能体模型，该模型考虑了船舶姿态对智能体运动速度的影响。朱成华[87]在社会力模型的基础上采用博弈论构建了船舶疏散仿真模型，该模型考虑了人员之间的相互作用、出口大小与距离对人员出口选择的影响，通过博弈论得出多出口下的最优疏散路线。沈继红[88]等人采用改进蚁群算法，考虑社会因素和心理因素的影响，构建了大型船舶人员疏散仿真模型。

(2)大连海事大学

张德珍[89]等人基于海上模拟救助系统，采集并分析了船舶在不同横摇角度下的行人行走速度，获得了横摇角度与乘客疏散速度之间的关系，并建立了考虑风浪影响的客轮人员疏散仿真模型，以客滚船渤海翠珠号的第 7 层甲板为例进行了疏散仿真，获得了乘客在不同风浪等级影响下的疏散时间。廖守衡[90]在国外行人行走速度实验的研究基础上，改进了平面人员逃生速度的数学模型，以社会力模型为基础，提出了适用于客船倾斜状态的疏散模型，该模型能够模拟多种自组织现象。吴坎坷[91]以多网格模型为基础，结合概率论中区间估计理论，建立了正浮状态下客船楼梯处人员疏散多网格模型。高飞[92]基于改进社会力模型构建了客船疏散模型，该模型考虑了横摇对行人运动的影响，以及出口宽度、距离和密度对行人选择出口的影响。郭磊[93]等人基于改进的 A^* 算法结合操纵力实现了适用于船舶多层甲板的多目标寻径模型，用以模拟火灾情况下的人员疏散。

(3)其他

武汉理工大学的徐澄[94]基于元胞自动机模型建立了符合客船人员疏散的场地模型，并采用 MATLAB 软件编写了仿真程序，成功地解决了多层疏散任务中的多出口目标问题。上海海事大学的杨琪[95]等人以社会力模型为基础，基于 Anylogic 平台建立了邮轮人员疏散模型，并采用欧盟 SAFEGUARD 项目的全尺寸实船疏散实验所获取的验证数据集对模型进行了验证，结果表明该模型满足验证数据集 SGVDS1 的要求。柳州船舶检验局的黄珂[96]基于人类行为心理学特点建立了紧急情况下人员疏散模型，并采用该模型分析了广西旅游客船的大规模人群疏散方案。

1.3.4 船舶人员疏散仿真软件的研究现状

国外对船舶疏散仿真软件的研究起步较早，已经开发了较为成熟的商用疏散仿真软件，如 maritimeEXODUS、AENEAS、VELOS、SIMPEV 和 EVI 等。

1. maritimeEXODUS

由格林威治大学火灾安全工程组所开发的 maritimeEXODUS 是一款仿真软件，可用于海洋环境的疏散仿真和行人运动模拟，它可以通过计算机仿真的方式评估乘客和船员在紧急情况下和非紧急情况下的行为[66,97-99]。该软件能够模拟人与人、人与火、人与结构物之间的交互作用。模型跟踪并记录每名乘客从疏散开始到进入集合地点的运动轨迹，如果乘客受到火灾危害物(如热、烟雾、有毒气体等)的影响，该模型会预测乘客是否能够在火灾危害物中生存下来。该软件同时也考虑了横倾和纵倾对行走速度的影响。

该软件采用基于规则的智能体模型,通过面向对象编程技术实现了行人的运动仿真。其中智能体的规则是通过5个相互作用的子模块(乘客、运动、行为、毒性和危险)所实现的。这些模块作用在由船舶定义的空间区域内,整个空间由网格节点与边来表示,每个节点表示一个行人所占据的空间,每条边表示相邻节点之间的路径。

maritimeEXODUS 基于多智能体建模技术,采用半连续的空间表示方式,允许每个乘客拥有不同的行为模式和人员属性特征,如年龄、行走速度、选择偏好、危害抗性等。该软件目前全面符合 IMO MSC. 1/Circ. 1238 的要求,可以模拟人员逆行、房间搜索及参与灭火等行为,也可以直接导入 CAD 文件,设置水密门、升降口、60 度楼梯等。该软件界面如图 1.10 所示。

图 1.10　maritimeEXODUS 的软件界面

2. AENEAS

AENEAS 软件是由 TraffGO 与 DNVGL 合作开发的仿真软件,其基本功能源于 TraffGO 所开发的陆上疏散仿真软件 PedGo,在其基础上增加了一些船舶行业中所使用的附加功能(如船舶姿态对行人运动的影响)。AENEAS 目前符合 IMO MSC. 1/Circ. 1238 的相关规定。

AENEAS 软件包含了三个子程序,即 AENEASed、AENEASsim 和 AENEASview。其中 AENEASed 用来将连续的矢量格式 CAD 图纸文件(DXF 格式)转换成 AENEAS 所需的离散的元胞网格文件,并对 CAD 图纸文件中一些元素进行编辑、删除和添加操作。AENEASsim 用于在所构建的元胞网格文件上进行仿真计算,并存储仿真结果和疏散过程数据。AENEASview 通过读取存储的仿真过程数据,以三维可视化的方式再现仿真过程。

AENEAS 的计算效率较高,可以模拟多达 6 000 人的复杂场景的疏散过程。AENEAS 提供了多种计算结果的统计分析,如可以给出平均疏散时间、输出疏散曲线、显示行人的属性信息、显示各个出口人员到达情况、渲染仿真动画及标记拥堵区域等。该软件的界面如图 1.11 所示。

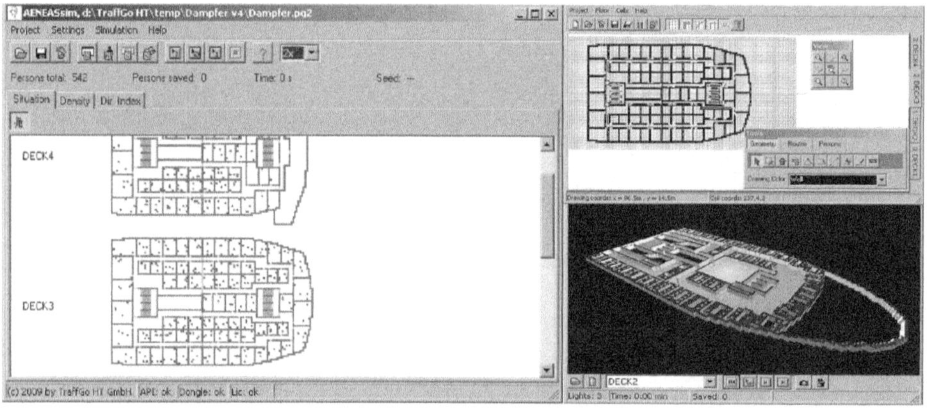

图 1.11 AENEAS 的软件界面

3. VELOS

Virtual environment for life on ships (VELOS)是一个多用户的虚拟现实系统[12],旨在为设计人员分析日常状况下或紧急情况下的人员行为提供帮助,进而帮助设计人员提升船舶的安全性。VELOS 包含两个主要模块,即服务端与客户端。用户通过登陆客户端控制虚拟角色,进而沉浸在虚拟环境中,并与由计算机或其他客户所控制的角色进行交互,以此参加到疏散过程中。此时管理人员可以通过服务端来控制仿真环境,例如阻断一些逃生路线,设置起火点等。

模型采用拓扑结构的方式存储船舶的空间环境(如图 1.12 所示),将空间(如公共空间、餐厅、住舱、通道等)视为顶点,将空间之间的连接(如门、楼梯、电梯等)视为边。模型中的行人是通过智能体建模技术所构建的,包含了 20 种不同的行为模式,通过对每个智能体设定大量的动态参数,可以产生真实的组间和家庭成员间的行为。智能体能够随导视系统或船员的指挥前进,也可以根据路径规划功能前往指定的集合地点,从而实现逃生路线的动态变化。VELOS 同样能够模拟人受火灾的影响。此外,该模型能够导入预先计算的船舶运动轨迹与姿态,从而模拟船舶运动对疏散的影响。该软件的界面如图 1.13 所示。

该软件满足 IMO MSC. 1/Circ. 1238 的相关规定,不仅可以为设计人员提供帮助,也可以作为船员训练软件使用,帮助船员提升其工作效率。该软件可在船舶性能分析的多个方面使用,如疏散、舒适度、经济性等。

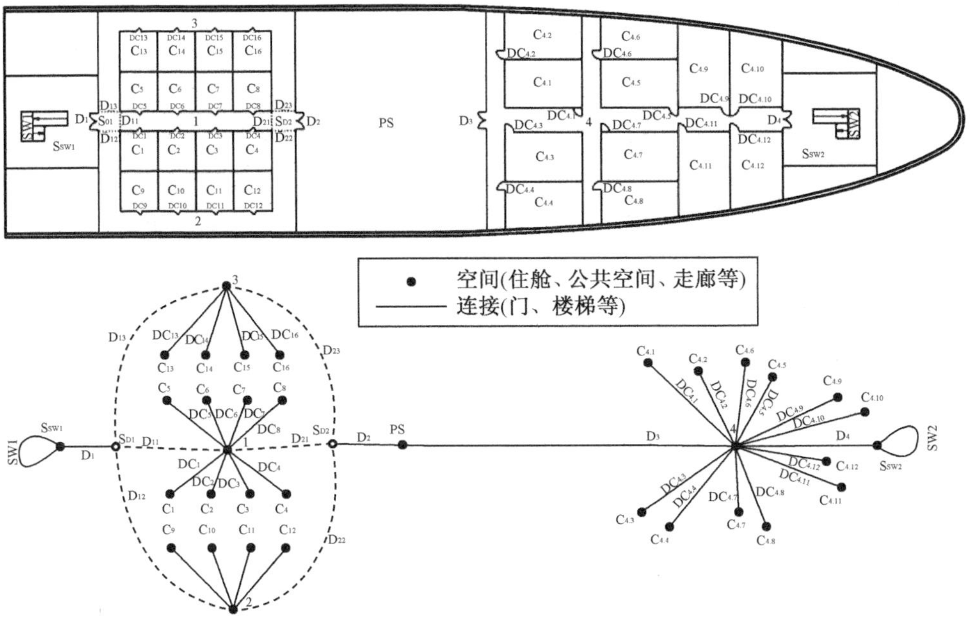

图 1.12　VELOS 船舶环境的拓扑结构

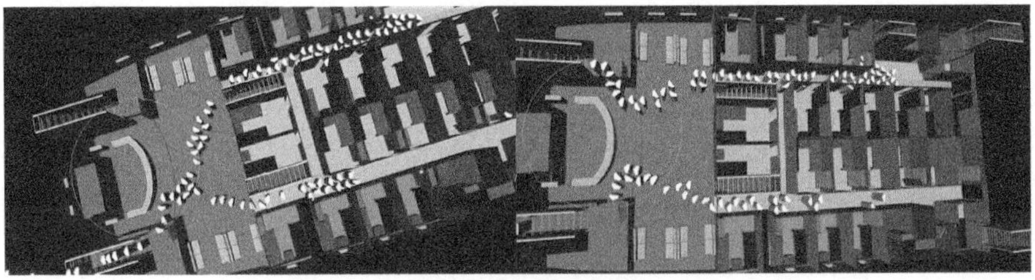

图 1.13　VELOS 的软件界面

4. SIMPEV

Siulation system for passenger evacuation (SIMPEV)[75-77,100] 是由韩国大宇造船海洋公司和韩国首尔大学共同开发的船舶疏散仿真软件,不仅满足了 IMO MSC. 1/Circ. 1238 规范的要求,而且通过了由欧盟 SAFEGUARD 项目的全尺寸实船实验所获得的验证数据集 SGVDS1 和 SGVDS2 的验证。

该软件采用元胞自动机模型,将空间划分为 0.4 m×0.4 m 的元胞,每个元胞一次只能被一个行人占据,元胞更新时间步长为 0.5 s。每个元胞存储着行人所需的疏散行进方向,行人可以快速地查找其疏散路线并受到周围其他行人的影响(群体行为、领导跟随行为和逆行避让行为),进而局部调整其行进方向。该模型以行人当前位置到目标位置的最短路径作为疏散路线,在仿真开始前通过预计算的方式为每个网格存储其疏散路线方向,仿真开始后行人可以直接获取疏散路线,无须运行图搜索算法,极大地缩短了计算时间。该软件的界面如图 1.14 所示。

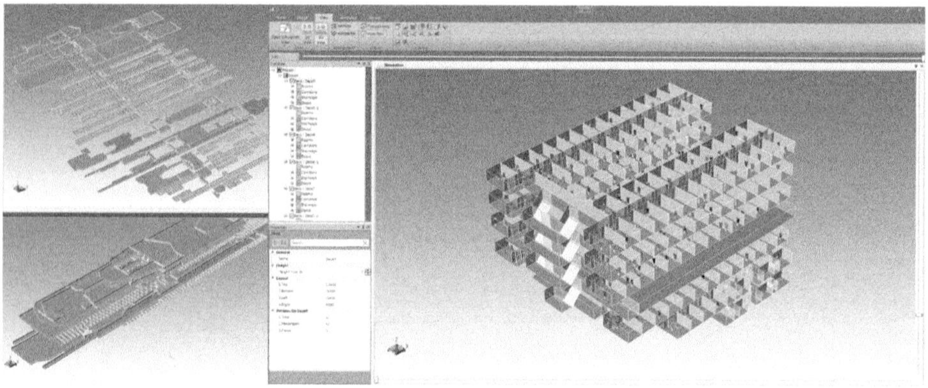

图 1.14　SIMPEV 的软件界面

5. EVI

EVI 是一款基于多智能体模型的船舶疏散仿真软件(如图 1.15 所示),其行人运动模型是 2001 年由思克莱德大学所开发的,之后由 Safety at Sea 公司升级维护[69,101]。EVI 可以在船舶设计的初期帮助设计人员优化设计,确保安全有效的疏散能力,避免后期昂贵的重新设计。

该软件符合 IMO MSC. 1 /Circ. 1533 的相关规定,且已经应用于 40 多条客船(滚装船、邮轮)的高级疏散仿真分析,用以证明这些船只符合 IMO 规范的要求。

图 1.15　EVI 对一艘客滚船进行疏散分析

EVI软件支持CAD文件的导入,可以在几分钟内精准、快速地构建空间环境。该软件可以导入火灾模拟软件所计算的各种火灾数据,如能见度、空气质量及温度等,进而模拟烟雾和毒气对行人的影响。模型通过这些数据判断危害程度,当危害程度超过临界值,行人会失去行动能力甚至出现人员伤亡。

EVI包含了复杂的智能体行为组合,如微观行为(如私人空间、与环境交互、与人之间的交互等)和宏观行为(如目标、路径规划等),可以为行人指定特定的任务,例如空间搜索用以清空房间、消息传递用以重新规划路径,也可以设定人口的统计数据,如速度、反应时间、年龄、性别等。模型在仿真结束后,可以输出个体的疏散时间、输出总疏散时间、辨识显著拥堵区域等。

1.4 船舶人员疏散仿真研究的现状分析

1.4.1 研究方向

从上述文献与成果可以发现目前关于船舶疏散仿真问题的研究主要集中于模型的开发、影响因素的构建和模型的验证三个方面。

1. 模型的开发

如前文所述,目前人员仿真模型的相关研究较为成熟,已经有了多种较为成熟的仿真模型,而船舶疏散仿真模型的开发通常都是对现有的疏散仿真模型进行改进或组合,很少有全新的模型。表1.2给出了疏散模型建模方法统计表,从中可以发现元胞自动机模型、社会力模型和智能体模型在船舶人员疏散领域较为常见。此外多数学者更倾向于采用不同种类模型相互结合的建模方式,这是因为这种相互结合的方式可以使模型同时具有不同种类模型的各自优点。在构建疏散仿真模型时,可以参考此类研究趋势,将多种模型相互结合。

表1.2 疏散模型建模方法统计

作者单位	作者	采用模型
格林威治大学	Galea 等[63-66]	元胞自动机、智能体
思克莱德大学	Vassalos 等[67-69]	智能体、社会力、元胞自动机
杜伊斯堡大学	Klüpfel 等[70,71]	元胞自动机
雅典国家技术大学	Ginnis 等[12,72]	智能体、操纵力
船舶与海洋工程研究所	Kim 等[73,74]	智能体、社会力、操纵行为
首尔大学	Ha 等[75-77]	元胞自动机、操纵行为
首尔大学	Cho[78]	速度矢量

表 1.2(续)

作者单位	作者	采用模型
马尔凯理工大学	Casareale[41]	社会力
哈尔滨工程大学	陈淼[3,79-81]	元胞自动机、多网格
哈尔滨工程大学	郭冰[82]	格子气、元胞自动机、智能体
哈尔滨工程大学	肖海松[84]	元胞自动机、网络流
哈尔滨工程大学	李娜[85]	动态网络流
哈尔滨工程大学	于洋[86]	智能体
哈尔滨工程大学	朱成华[87]	社会力、博弈论
哈尔滨工程大学	沈继红等[88]	改进蚁群算法
大连海事大学	张德珍等[89,102,103]	智能体、社会力
大连海事大学	廖守衡[90]	社会力
大连海事大学	吴坎坷[91]	多网格、区间估计
大连海事大学	高飞[92]	社会力
大连海事大学	郭磊[93]	A^* 算法、操纵力
武汉理工大学	徐澄[94]	元胞自动机模型
上海海事大学	杨琪[95]	社会力
柳州船舶检验局	黄珂[96]	遗传算法、粒子群算法

2. 模型的验证

模型的验证是模型设计开发过程中的一个重要环节。客观地说，目前场地实验数据与真实情况数据存在一定程度的差异，由于目前技术条件的限制，真实场景数据获取非常困难，因此在模型的验证环节需要格外地慎重。

IMO 在 MSC. 1/Circ. 1533 中为船舶疏散软件的校验提供了 11 项基本测试，这些测试主要是为疏散模型的组件功能提供一些必要的验证，但由于缺乏相关数据，并未提供定量验证。IMO 的 11 项测试仅为基础测试，即使模型满足了所有测试，其预测结果仍可能与实际情况存在较大的差异。在满足 11 项基本测试后，可以通过行人流场地实验数据、速度 - 密度 - 流速基本图、行人运动轨迹等进一步验证模型，最后可以通过全尺寸船舶疏散实验所采集的数据对模型进行深度校验，虽然不同层次的验证方法所关注的内容是不同的，但都是船舶疏散模型校验过程中不可或缺的手段。

1.4.2 存在的问题

通过文献综述可以发现目前有关船舶人员疏散仿真的研究主要存在如下问题。

1. 模型精度与计算效率

计算机技术的快速发展为计算效率低但精度较高的一些模型(如社会力模型)提供了应用基础,此外随着人们安全意识的提高,对模型计算精度的需求也在逐年增高。如何在增加计算精度的同时限定计算的复杂度是一个开放且持续的研究课题,值得深入研究。

2. 舱内障碍物的模拟

目前船舶疏散仿真模型在处理船舶环境空间时会忽略舱内的具体布局(如图1.16所示),这种假设对于人员较少的住舱来说是合理的,然而大型公共空间内部布局较为复杂,此类忽略内部布局的简化处理显然是与实际不相符合的。在船舶领域之外,一些学者已经着手研究空间内部障碍物对疏散过程的影响,例如Varas[104]等人提出了一种可对拥有固定数目障碍物的房间进行模拟的元胞自动机模型,他们为模型增加了一个恐慌因子,并将该模型应用于教室的疏散仿真。Alizadeh[105]考虑了桌子对疏散过程的影响,采用动态元胞自动机模型对餐厅疏散过程进行了模拟。Aik[106]等人提出了一种包含障碍物绕行行为的改进动态元胞自动机模型,并将该模型应用于餐厅和教室的疏散仿真。Zheng[107]等人采用元胞自动机模型研究了影壁(又称照壁)对疏散过程的影响,发现影壁可以分流出口处的人流而降低疏散时间,对疏散过程有着促进作用。但上述研究将所有类型的障碍物均视作不可穿越的类型(与墙体类似),处理方式较为单一,而实际情况中行人是可以跨越一些障碍物的(如座椅),因此需要对不同类型的障碍物加以区别。

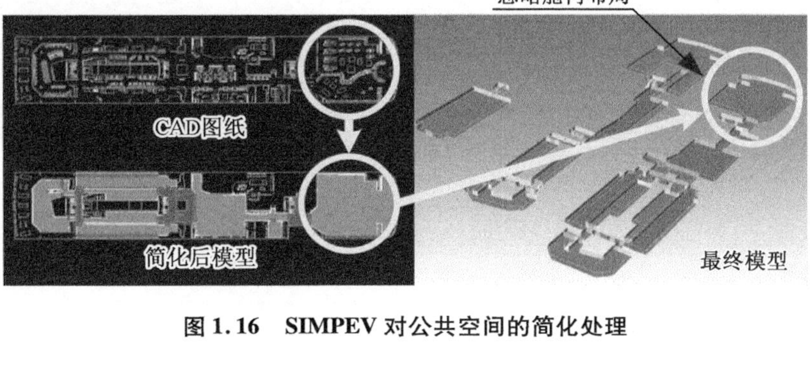

图1.16 SIMPEV对公共空间的简化处理

3. 救生衣的取用

在实际疏散过程中乘客在去往集合地点之前需要先取得救生衣，救生衣通常存放在住舱（存放在衣柜内或铺位下），乘客需要返回舱内获取救生衣，然而，目前的研究忽略了乘客逆行返回舱室穿戴救生衣的行为。从歌诗达协和号邮轮事故分析报告来看，大量位于公共舱室的乘客逆行返回房间穿戴救生衣，致使发生大规模的拥堵，造成疏散场面的混乱[41]。此外，如上文所述，IMO 在最新版的规范中也做出了相应的修订，首次提及救生衣穿戴行为，要求在救生艇下水前完成救生衣的穿戴，目前因为缺乏相关数据，IMO 并未明确救生衣的获取和穿戴流程，但相信不久的将来 IMO 会对该行为做出更为具体的要求，因此，开发疏散仿真模型时考虑该行为是十分必要的。

多甲板的仿真和软件开发本书略。

1.5 本书的主要内容

本书以大型邮轮疏散仿真系统的构建与应用为主要研究目标，仿真系统开发的核心是仿真模型的构建，而模型的构建离不开前人的研究成果，因此本书在第 2 章中首先对安全疏散领域的一些基本原理与成果进行了总结分析，为后面的模型开发奠定了基础。本书的结构组织如图 1.17 所示。

一般来说仿真精度的提升与计算效率提高是一对相对矛盾的问题，本书第 3 章以此为研究目标，寻找计算精度提升与计算效率提高之间的平衡点，在考虑到大型舱室内复杂布局的同时通过改进社会力模型，提升了计算效率。第 4 章则是在上一章基础上，以 IMO 最新规范 MSC. 1/Circ. 1533 的修订内容和歌诗达协和号邮轮事故为考量，在系统中引入了船舶实际疏散过程中行人穿戴救生衣的行为，弥补仿真模型与实际情况之间的差异。第 5 章则是将上述模型进行扩展，使其可以应用于多层甲板的疏散仿真，并通过实船实验数据对模型进行了验证。第 6 章则以实际应用为目的开发了大型邮轮疏散仿真系统 AEvac，之后在 AEvac 的辅助下，考虑极端场景，对海洋珠宝号邮轮的总布置进行了优化设计。各章节的主要研究内容如下。

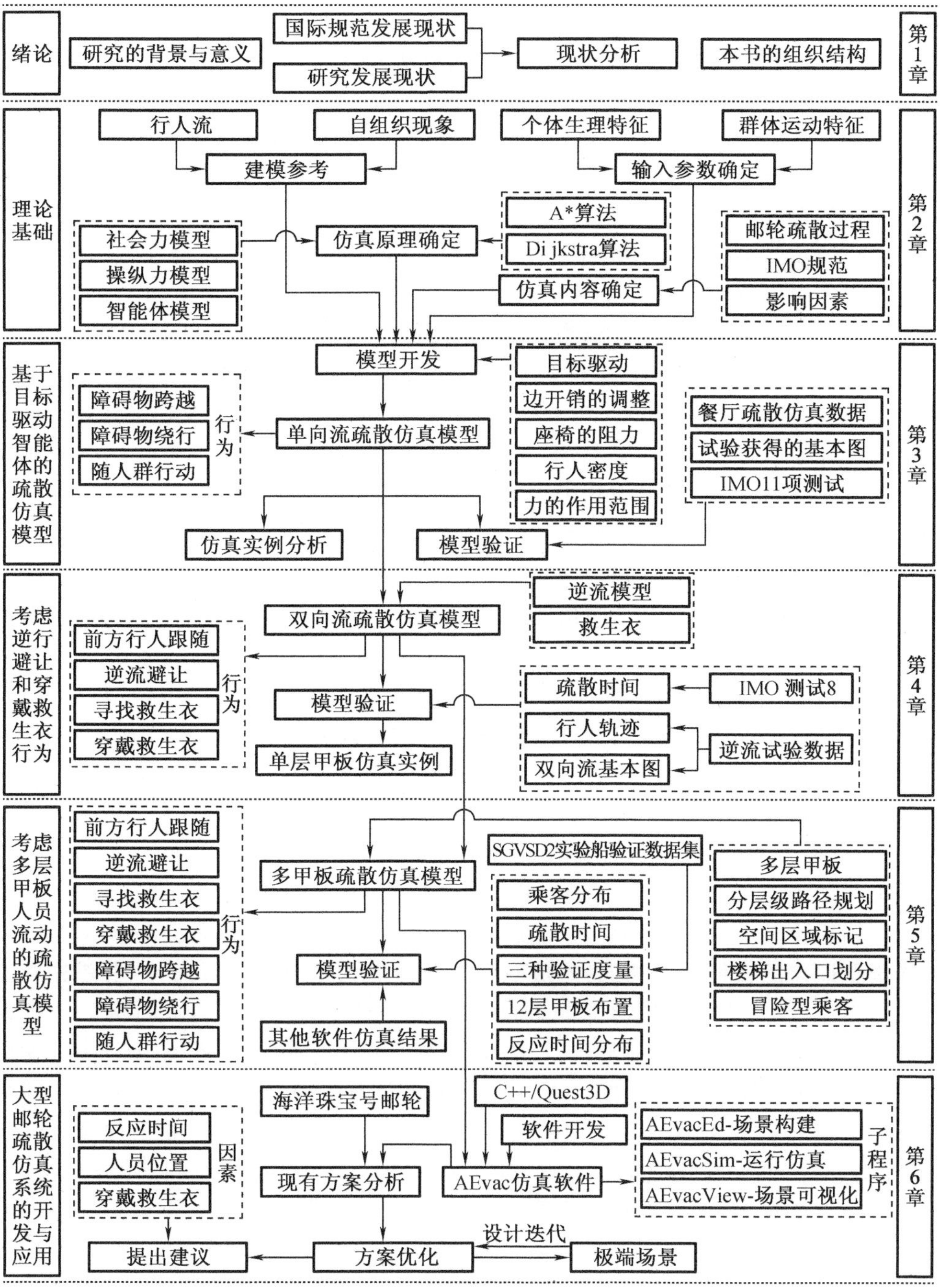

图1.17　本书的结构组织图

第1章是本书的绪论,首先介绍了本书的研究背景和意义、安全规范的发展现状,随后较为详细地阐述了安全疏散的研究方法和现有理论模型,最后对船舶疏散模型和疏散软件的研究现状进行了重点分析。

第2章是对船舶人员疏散基础理论的研究:首先,总结分析了几种典型的行人流和行人自组织现象,为模型的构建提供重要的相关信息;其次阐述了行人个体生理特征和行人群体运动特征,为模型的构建提供了所需的数据输入;再次通过分析大型邮轮的疏散过程和船舶安全疏散的影响因素,确定了仿真内容,接下来归纳并分析了路径规划算法和现有疏散仿真模型的优缺点,确定了仿真模型的实现原理;最后介绍了IMO提供的11项测试,本书将采用这些测试对仿真系统进行验证。

第3章提出了一种基于目标驱动智能体的船舶疏散仿真模型,该模型包含五个子模型,即智能体属性模型、行人运动模型、环境空间模型、路径规划模型和目标驱动的决策模型。其中行人运动模型是由社会力模型与操纵力模型相结合所构建的,行人运动模型通过限定交互力的作用范围提升了社会力模型的计算效率。此外该模型通过在运动模型中增加一项来自座位的阻力,来模拟行人跨越座位时座位对行人运动的阻碍作用,随后将房间内不可跨越的障碍物用几段闭合的墙体表示,通过引入虚拟高度改变了座位所在位置图顶点到周围其他顶点的开销,进而模拟障碍物绕行行为,通过IMO所提供的11项测试、其他模型餐厅场景的仿真结果及速度-密度-流量基本图对模型进行了定性和定量验证。应用该模型对大型邮轮餐厅区域进行了疏散仿真,发现了舱内障碍物可以促进疏散过程,为了进一步验证该结果,采用四种不同布局方案对餐厅疏散过程进行了仿真,发现出口附近漏斗形状的障碍物对疏散过程有促进作用。最后通过对拥有不同角度的漏斗形状出口进行仿真,发现了出口角度与疏散时间的关系。

第4章紧随IMO规范的发展趋势,研究了穿戴救生衣行为对疏散过程的影响。疏散开始后位于公共舱室的乘客需要返回住舱取回救生衣,此时会与从住舱出发去往集合地点的其他乘客相遇,构成双向行人流。为了研究该行为,本书首先构建双向行人流模型,该模型包含了前方行人跟随和逆行避让两种行人行为。其中跟随行为使得行人可以跟随前方与其运动方向一致的其他行人,而逆行避让行为可以让行人左右躲避前方逆行的行人。在决策模型中增加了“取得救生衣”“穿戴救生衣”和“避免逆流”三个目标,决策模型通过构建“分数评估器”在“随人群行动”和“应对逆行”两个目标之间做出决策,此外提出了人员密度的简化计算方法,使得“分数评估器”可以快速评估不同目标的分数,进而做出相应的决策。完成模型的构建工作后,为其选取了适当的初始参数,随后采用IMO MSC.1/Circ.1533中的逆流测试场景对模型进行了验证,并与商业软件的计算结果进行了比较,通过模拟双向行人流场地实验场景,分别比较了仿真与实验所获得的行人运动轨迹和双向流基本图,发现仿真结果与实验数据相吻合。最后研究了大型客船单层甲板内不同救生衣的存储方案,分析了几种不同方案的优劣之处。

第5章则是以大型邮轮的全船疏散仿真为目标,考虑了多层甲板人员流动,提出了一种多甲板船舶疏散仿真模型。前文所提出的模型虽然可以直接应用于多层甲板场景,但由于甲板层数的增加使得路径规划算法的计算量也相应增加,为此第5章将上一章的模型进行了扩展,通过分层级路径规划算法的构建、空间区域标记法的构建、楼梯空间的特殊处理及决策模型的调整使其适用于多层甲板的疏散仿真,所提出的空间标记方法,可以使行人快速判断目前所处的位置,例如判断乘客是否位于楼梯内,此外模型还考虑到了少部分行人在楼梯处发生拥堵时可能绕行前往其他楼梯的情况。紧急情况下大规模的乘客运动存在巨大的不确定性,影响因素众多,仿真模型不可能反映出紧急情况下可能表现出来的所有因素,即使模型通过了IMO的11项测试,其所预测的结果仍可能与实际疏散时间存在较大的差异。为此本书选取了欧盟的全尺寸实船疏散实验数据集对所构建的多甲板疏散仿真模型进行系统的验证。

第6章则是在前文研究的基础上,开发了大型邮轮疏散仿真系统AEvac,其包含AEvacEd、AEvacSim和AEvacView三个子程序,分别用来构建仿真环境、模拟疏散过程,以及回放三维场景。其中AEvacEd支持DXF文件的导入,方便设计人员快速构建仿真场景,此外亦可以通过AEvacEd的绘制功能直接绘制船舶的布置图;AEvacSim是仿真软件的核心,它涵盖了本书提出的所有行为模型;AEvacView可以提供疏散过程的全视角三维场景展示,方便设计人员观察。接下来以海洋珠宝号邮轮现有总布置为例,采用AEvac软件对其进行疏散仿真分析,分析了疏散过程中拥堵区域及通道的利用率。由于极端恶劣海况所引发的船舶倾覆的持续时间通常极为短暂,留给乘客的疏散时间远小于IMO所规定的时间,因此,在满足规范要求的基础上,对该船的疏散安全性做了冗余设计。最后,提出了几种有关楼梯位置、楼梯数目、人员反应时间、救生衣存放地点的优化方案,并对优化方案进行了疏散仿真分析。

第2章　船舶人员疏散仿真模型理论基础研究

紧急情况下船舶人员疏散过程是极其复杂的，其中行人是船舶疏散过程中的主体，其内在的个体特征及外在的群体特征是影响疏散过程的重要因素，因此在构建船舶疏散模型时考虑上述两种特征是十分必要的。

本章主要研究了船舶人员安全疏散的基本理论，首先总结分析了近些年研究人员采用场地实验和统计分析方法对行人的个体特征和群体特征的研究所取得的成果，这些研究成果是构建疏散仿真模型的基础，同时也是模型验证的重要途径；随后通过分析邮轮的实际疏散过程及影响船舶人员疏散的主要因素，确定了仿真模型所需模拟的具体内容和相应的边界条件，通过对两种图搜索算法和三种疏散仿真模型的分析，确定了仿真模型的实现原理；最后介绍了 IMO 所提供的船舶疏散模型验证方法，后文将采用该方法对所开发的模型进行验证。

2.1　行人流种类划分

有关行人流的研究开始于 20 世纪中叶，研究人员由于受到当时技术条件的限制，只能从宏观的角度研究行人交通，将行人视作流动的液体，通过流体力学的方式模拟行人的运动，因此有了行人流(pedestrian flow)这一名词。人们对行人流的研究已经持续了半个多世纪，研究了多种类型的行人流。图 2.1 给出了目前常见的行人流种类划分[108,109]，以及每种行人流的示意图，其中箭头方向表示行人前进的方向，多向行人流中的相向行人流常被称为双向行人流。后文将按照行人流的复杂程度逐步完善所构建的船舶疏散仿真模型，即第 3 章构建的单向行人流疏散仿真模型，第 4 章则在第 3 章的基础上将模型的应用范围扩展到多向行人流。

2.2　行人自组织现象分析

行人的宏观集体行为是个体之间微观相互作用的反映，可以为模型的构建提供重要的相关信息，因此在构建模型之前需要了解行人的集体行为。行人集体行为的主要表现方式是行人的自组织现象，近些年研究人员观察到了大量的行人自组织现象。Chen[108]等人按照场景的分类方式对现有的行人自组织现象的产生条件及产生效果进行了归纳总结,如表 2.1 所示,下文将对其中一些常见的自组织现象进行详细说明。

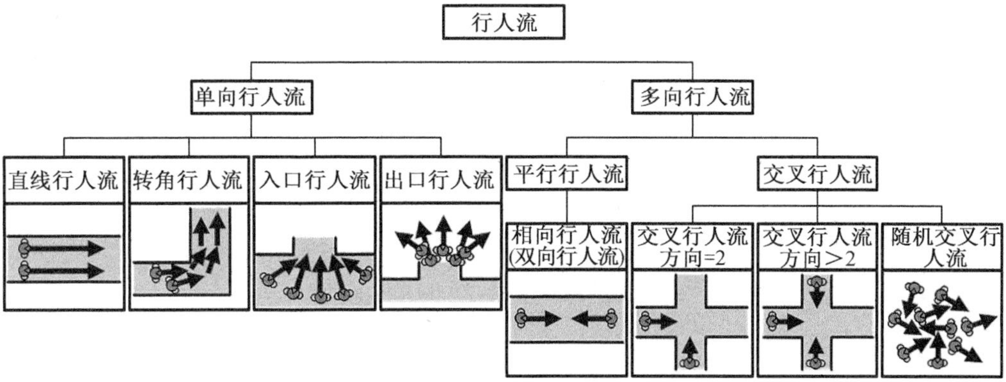

图 2.1 行人流种类划分及其示意图

表 2.1 自组织现象[108]

编号	场景	自组织现象	种类	产生条件	产生效果
1	走廊	路径形成	常规行走	相反方向具有较高的相对速度	减小碰撞发生的频率与强度
2		条纹形成	常规行走	双向交叉行人流	减少行人阻塞且保持行进速度
3		加热冻结	紧急疏散	驱动项与耗散摩擦	减小整体速度
4	瓶颈	拥堵	紧急疏散	空间或设施的进入流量超过流出流量	产生高密度的人群
5		瓶颈振荡	常规行走	简单行人交互	减少摩擦效应和减小时间延迟
6		拉链效应	紧急疏散	瓶颈处宽度变小,不足以使多人并行通过	减少摩擦效应
7		间歇流动	紧急疏散	行人的不耐烦	在瓶颈前形成队列
		快即是慢	紧急疏散	行人的不耐烦	减缓人群运动速度
8 9		恐慌	紧急疏散	时间紧迫和行人的不理智	行人推挤、争抢和踩踏

表 2.1(续)

编号	场景	自组织现象	种类	产生条件	产生效果
10	开放空间	密度波动	紧急疏散	行人密度极高	密度波向后传导、行人走走停停
11	其他	从众	紧急疏散	对环境的不熟悉及对群体的依赖	放弃个人目标,盲目地服从与跟随其他行人

2.2.1 路径形成现象

在双向行人流中两组行人朝相反方向运动,朝相同方向运动的行人会自动组成行走路径[26,110](如图 2.2 所示)。行人通过这种方式避免了频繁与逆行行人的接触,进而可以更快速地行进。通过对比不同国家或地区的行人运动方式,在无左右偏好的场景下也会出现该现象,路径的形成并不依赖于行人对运动方向的偏好(靠右或靠左交通),文化的差异只会影响路径的样式和路径的顺序[10,111]。

目前学者提出了几种用来定义路径形成的表征量。如 Yamori[110] 引入了一个宽度指数来表示不同路径的特征,该表征量本质上就是路径上行人数目和总人数的比。Burstedde[112] 等人通过固定位置处不同路径上行人的速度分布来表示不同路径的特征。Helbing[113] 等人发现路径的数量会随行人或走廊宽度的变化而变化,路径的数量通常会随着时间的变化而变化,此外相反方向上的路径数量并不总是相同的,可以理解为行人的一种自发的对称性破坏。

(a)节日狂欢活动场景　　(b)早晚出行高峰场景

图 2.2 双向行人流中的路径形成

2.2.2 条纹形成现象

行人流的交汇是行人交通中不可避免的问题。Dzubiella[114] 等人在行人交汇处观察到了变动的条纹,该条纹沿着两条交叉行人流运动方向的合向量方向移动,如图 2.3 所示。条纹的形成使行人维持了行进速度，使其运动更加平滑，避免了走走停停的等待现象。Helbing[113] 等人通过社会力模型对交叉行人流进行了仿真，观察到了交叉行人流中的条纹形成现象。

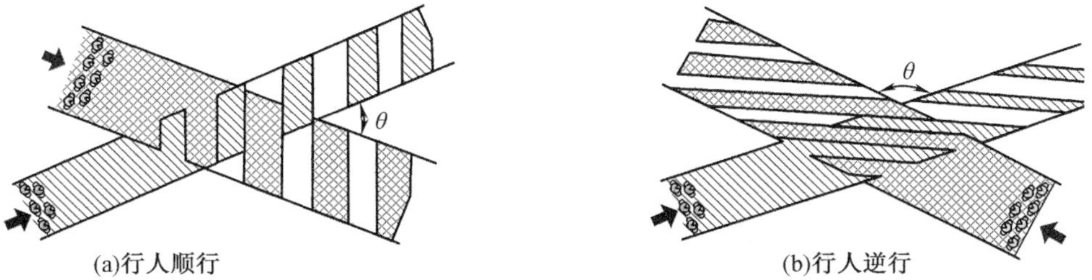

(a)行人顺行　　(b)行人逆行

图 2.3　条纹状的交叉行人流[113]

2.2.3　拥堵现象

当某处的进入流量超过流出流量且持续一段时间后，通常会引发高密度的拥堵。流出流量减小的地方（如出口或变窄的走廊，如图 2.4 所示）通常被称作瓶颈[9]。这种拥堵现象并不是强烈依赖于行人的微观运动，主要是由行人的排他原理（被行人所占据的空间不能再被其他行人占有）所造成的[42,115,116]，这种拥堵现象是瓶颈处的典型特征，是模型定性验证的重要手段之一。

(a)行人场地实验　　(b)羊群场地实验

图 2.4　瓶颈附近的拥堵[33]

2.2.4　瓶颈处振荡现象

在双向行人流瓶颈处有时可以观察到行人通过方向的振荡[8,116]。如果某行人能顺利通过瓶颈,同方向上的其他行人可以紧随其后通过瓶颈,此时该方向瓶颈附近行人的等候时间较小,通过瓶颈的急迫程度低于另外一侧。随着相反方向行人的等待时间增加,相反方向行人通过瓶颈的迫切程度也随之增加,直到该方向某位行人顺利通过瓶颈后,此时行人通过方向转变为另外一侧。上述过程反复出现,因此瓶颈处行人的通过方向发生振荡,与钟摆的往复摆动过程相似,如图 2.5 所示。

图 2.5 瓶颈处的振荡[116]

2.2.5 密度波动现象

行人群中的密度波动现象可以表征为行人密度在空间和时间上的变化。如在密度接近极限致使行人近乎停止运动的地铁站中,其走廊中的人群运动呈现波动现象,这种行人运动状态与高峰时段车辆的走走停停状态相似[111,119,120]。Johansson[117,118]等人通过研究 2006 年麦加朝圣期间 Jamarat 桥上行人运动确认了行人密度波动现象(如图 2.6 所示),密度的波动沿纵向方向向后传导(与行人运动方向相反),密度的变化以周期为 45 s、最大密度为 7 人/m^2 的波的形式向行人运动反方向传导,整个过程持续了约 20 min。

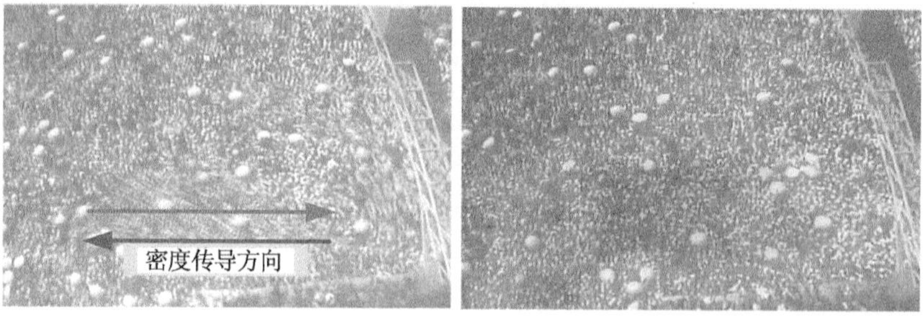

图 2.6 麦加朝圣中的行人密度波动现象[117,118]

2.2.6 从众现象

从众现象是指个体忽略个人的选择与意见，进而选择跟随其他行人一起行动的现象[121,122]，又称随大流[123]（group following）或羊群行为[124]（flocks behavior）。从众现象是一种常见的社会心理现象，在群体的影响与压力下，个体的个性减弱或者丢失，从而出现盲目的服从与跟随行为。当发生紧急情况时，由于心理的恐惧以及对周围环境的不熟悉，不能完全依赖自身做出选择，因此倾向于靠近周围其他行人并跟随人群运动，通常行人会跟随亲属或自己所熟悉的群体一起行动[122]。实际疏散过程中，过度地从众通常会使行人聚集在某一个出口处，使得各个出口的利用率不平衡，进而妨碍疏散过程。

2.3 行人个体的生理特征研究

行人个体的生理特征是区分不同行人的重要途径。行人的生理特征主要包括年龄、性别、身体尺寸、反应时间及行走速度等。不同种类的生理特征往往共同影响行人的运动特征，对疏散过程有着重要的影响。IMO MSC. 1/Circ. 1533 规定，在构建高级疏散仿真模型时需要将每个行人视作一个单独的个体，进而使得每个行人拥有单独的生理特征属性。

2.3.1 行人的年龄与性别

行人的年龄与性别通常与其他的人员特征相关联，因此在构建疏散仿真模型时首先需要考虑年龄与性别。Ando[125]等人的研究给出了行人行走速度随年龄变化的曲线（如图 2.7 所示），行人的行走速度首先随着年龄的增长而增加，当其成年后随着年龄的增长身体机能开始退步，其行进速度逐渐降低，对于同龄人来说男性的行走速度通常高于女性。

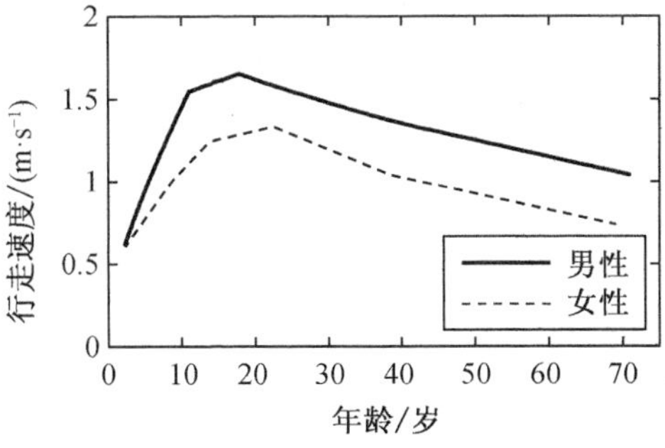

图 2.7 行人行走速度随年龄变化曲线

2.3.2 行人的身体尺寸

在多数元胞自动机模型中,通常行人每次占用一个 0.5 m×0.5 m 的网格,这些模型认为行人身体尺寸的异质性对疏散过程影响不大。然而在实际疏散过程中,行人的身体尺寸是衡量区域密度、判断拥堵程度、衡量碰撞概率的重要参数。行人是三维空间下的运动物体,对其高度发达且复杂的运动过程进行完整描述是相当困难的。在行人与疏散动力学中通常采用垂直投影方法,将三维空间内的行人运动转化为二维空间内的运动,如图 2.8 所示。

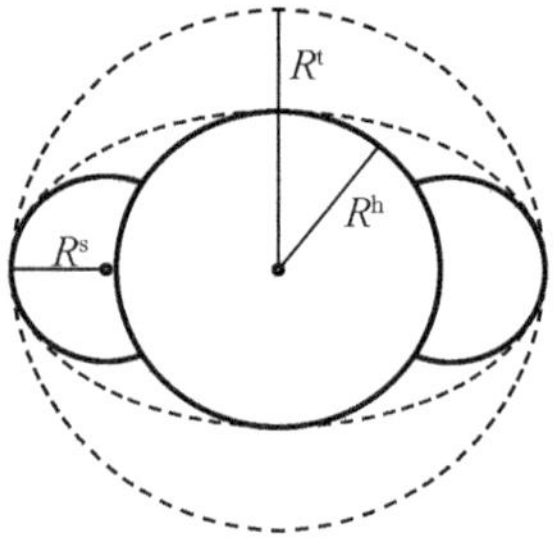

图 2.8 行人的二维表示方法

本书与 SIMULEX[126] 和 FDS + Evac[127] 软件相似,每位行人的横截面投影由三个相交的圆形表示,三个圆形分别表示行人的躯干和其左右肩膀。目前 IMO MSC. 1/Circ. 1533 并未对行人的身体尺寸做出详细的规定。本书选取 SIMULEX 软件中行人的身体尺寸参数作为模型的输入,如表 2.2 所示。

表 2.2 不同类型智能体的身体尺寸参数

类型	R^t/m	R^s/R^t	R^h/R^t
儿童	0.210 ±0.015	0.333 3	0.571 4
男性	0.270 ±0.020	0.370 4	0.592 6
女性	0.240 ±0.020	0.375 0	0.583 3
老年	0.250 ±0.020	0.360 0	0.600 0

2.3.3 行人的行走速度

基于 Ando[125] 等人所提供的行人行走速度随年龄变化曲线,IMO MSC. 1/Circ. 1533 中给出了不同年龄段与组别的行人在平坦地面、下楼梯、上楼梯时的行走速度的区间范围，如表 2.3 所示。每组行人的行走速度在给定的区间范围内均匀分布，此外 IMO 给出了不同组别乘客占总乘客数目的百分比。需要注意的是，在 IMO 的分组中包含了 4 组行动不便的中老年乘客，该部分乘客的运动速度相对较低。

表 2.3　乘客的行走速度

组别	比例/%	平坦地面的行走速度/($m \cdot s^{-1}$)		下楼梯的行走速度/($m \cdot s^{-1}$)		上楼梯的行走速度/($m \cdot s^{-1}$)	
		下限	上限	下限	上限	下限	上限
小于 30 岁的女性	7	0.93	1.55	0.56	0.94	0.47	0.79
30～50 岁的女性	7	0.71	1.19	0.49	0.81	0.44	0.74
大于 50 岁的女性	16	0.56	0.94	0.45	0.75	0.37	0.61
大于 50 岁女性，行动不便组 1	10	0.43	0.71	0.34	0.56	0.28	0.46
大于 50 岁女性，行动不便组 2	10	0.37	0.61	0.29	0.49	0.23	0.39
小于 30 岁的男性	7	1.11	1.85	0.76	1.26	0.50	0.84
30～50 岁的男性	7	0.97	1.62	0.64	1.07	0.47	0.79
大于 50 岁的男性	16	0.84	1.40	0.50	0.84	0.38	0.64
大于 50 岁男性，行动不便组 1	10	0.64	1.06	0.38	0.64	0.29	0.49
大于 50 岁男性，行动不便组 2	10	0.55	0.91	0.33	0.55	0.25	0.41

2.3.4　行人的反应时间

在实际船舶疏散过程中，乘客并非在疏散警报响起后立即前往集合地点，首先乘客需要意识到警报的响起，然后确认疏散警报的有效性，随后进行一些预行动，最后才开始进行疏散。不同乘客对疏散的反应时间差别很大，一些警觉性较高的乘客可以在几秒的时间内对疏散做出响应，一些安全意识较低的乘客可能需几分钟的时间，才会意识到疏散过程的开始。此外乘客在夜间睡眠时，其反应时间远大于白天的情景。如无特殊说明，本书采用 IMO MSC1/Circ. 1533 附件 1[6] 中所规定的两种反应时间，其中夜间反应时间的概率密度函数为

$$y = \frac{1.01875}{\sqrt{2\pi}0.84(x-400)}\exp\left(-\frac{(\ln(x-400)-3.95)^2}{2\times 0.84^2}\right) \quad (400<x<700) \qquad (2.1)$$

式中，x 为反应时间，单位为 s；y 为反应时间在 x 处的概率密度。

白天反应时间的概率密度函数为

$$y=\frac{1.00808}{\sqrt{2\pi}0.94x}\exp\left(-\frac{(\ln x-3.44)^2}{2\times0.94^2}\right)\quad(0<x<300) \tag{2.2}$$

2.4　行人的群体运动特征研究

2.4.1　行人密度与行人流量之间的关系

基本图(fundamental diagram)常见于消防工程师协会(Society of Fire Protection Engineers,SFPE)的消防工程师手册中,用来指导行人设施的设计,此外,基本图也是行人运动模型量化与衡量的重要手段[128]。基本图描述了行人平均密度 ρ 与流量 J 之间的经验关系。“基本”二字已经足以表明其重要程度,基本图是目前场地实验所研究的主要内容,它揭示了行人运动的宏观现象,同时也是验证微观疏散仿真模型的重要途径。该图包含了三种行人宏观运动参数,即行人流量、人群平均速度和人群平均密度。

行人流量指的是单位时间内通过某一区域或横截面的行人数目,通常有两种表示方法,一种是特定流量 J_s(specific flow),其单位是人/(m · s),另外一种是总体流量 J(flow),单位是人/s。人群平均速度反映了人群整体运动速度的快慢,通常用 v 来表示,单位为 m/s。人群平均密度 ρ 反映的是单位面积区域内行人的数目,单位是人/m^2。

借鉴流体力学的思想,通过宽度为 b 行人设施的总体流量 J 由人群平均密度 ρ 和人群平均速度 v 决定,可以表示为

$$J=\rho vb=J_s b \tag{2.3}$$

其中,特定流量 J_s 可以表示为

$$J_s=\rho v \tag{2.4}$$

由以上公式可得三种变量之间有等价的表现方式:$J_s(\rho)$、$v(\rho)$和 $v(J_s)$。基本图通常采用 $J_s(\rho)$和 $v(\rho)$的形式来表现三种变量之间的关系。文化和人口的差异[24,129]、短距离波动[27]、测量方法的差异[10]、运动动机不同所导致的心理因素差异[22]及交通方式的差异[130]等诸多因素使得不同学者所测量的基本图有所不同。例如不同学者所测得特定流 J_s 最大值在 1.2 ~ 1.8 人/(m · s)的区间内变化,密度 ρ 最大值在 3.8 ~ 10 人/m^2 的区间内变化。虽然不同基本图有所差异,但都拥有一个共同的特征,即平均速度随密度的增大而减小。

图 2.9 给出了 Daamend[131]等人统计的基本图中行人密度与流量之间的关系。基本图中一些重要的转折点或端点在行人运动中有特殊的意义[111]。曲线与横坐标轴的

交点有两个,左边的交点表示自由密度,该交点位于坐标轴圆点,此时密度趋近于 0,人群的速度即个体的自由行进速度,为原点处的斜率。而与坐标轴右侧的交点表示行人的停止密度,即此时行人的流量近乎为 0,行人停止前进。曲线转折点位置的密度称为容量密度,在容量密度之前,流量会随密度的增加而增加,但超过容量密度后流量开始减小。圆点到转折点之间线段的斜率表示人群的容量速度。

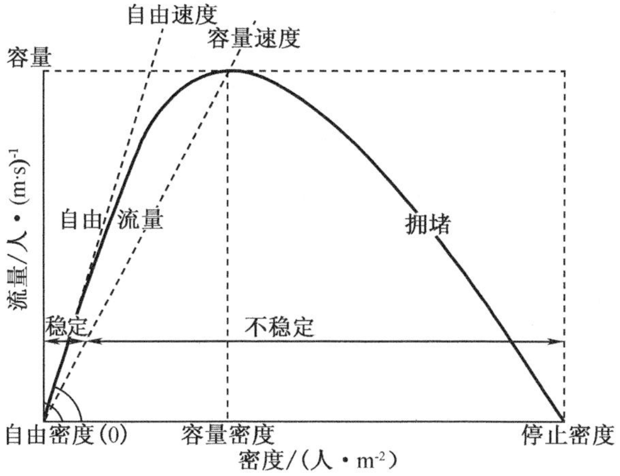

图 2.9　基本图中密度与流量之间的关系

2.4.2　基本图的测量方法

如上文所述,选取不同的测量方法会产生不同的测量结果,进而得到不同的基本图。本节简要介绍 4 种不同的测量方法[132]。

1. 方法 1

方法 1 计算的是在一段时间内流量和密度的均值,该方法选取走廊与位置 x 相交的截面(如图 2.10 所示)测量在一段时间 Δt 内的均值,是一种局部测量法。在 Δt 内的平均值用符号 $\langle\rangle_{\Delta t}$ 表示。通过该方法可以直接测得行人的流量 J 和每个行人通过位置 x 时的速度 v_i。流量平均值 $\langle J\rangle_{\Delta t}$ 可以通过下式计算:

$$\langle J\rangle_{\Delta t}=\frac{N_{\Delta t}}{t_{N_{\Delta t}}}\tag{2.5}$$

式中,$N_{\Delta t}$ 是在时间间隔 Δt 内通过位置 x 的行人数目,$t_{N_{\Delta t}}$ 是上述通过的 $N_{\Delta t}$ 个行人中第一人和最后一人之间的时间间隔。因而,$t_{N_{\Delta t}}$ 是上述 $N_{\Delta t}$ 个行人实际通过位置 x 的时间。速度平均值 $\langle v\rangle_{\Delta t}$ 是 $N_{\Delta t}$ 个行人所记录的瞬时速度 $v_i(t)$ 的平均值,可以通过下式计算:

$$\langle v \rangle_{\Delta t} = \frac{1}{N_{\Delta t}} \sum_{i=1}^{N_{\Delta t}} v_i(t) \tag{2.6}$$

式中，瞬时速度 $v_i(t)$ 通过行人 i 在 t 时刻附近的极小时间间隔 $\Delta t'$ 内的位移除以 $\Delta t'$ 获得，即

$$v_i(t) = \frac{x_i\left(t + \frac{\Delta t'}{2}\right) - x_i\left(t - \frac{\Delta t'}{2}\right)}{\Delta t'} \tag{2.7}$$

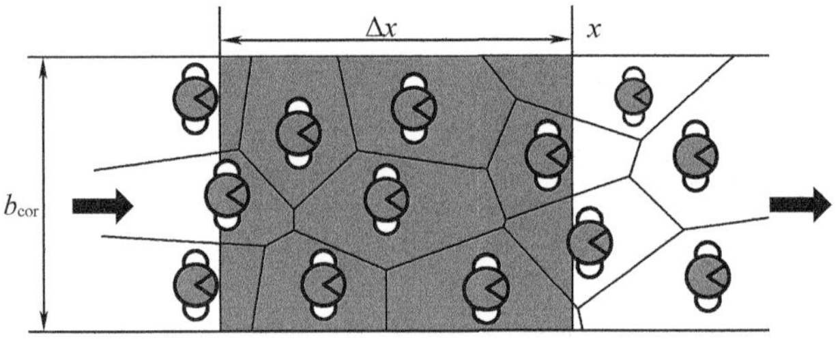

图 2.10　测量方法 1

2. 方法 2

方法 2 是计算空间上的速度和密度的均值，即通过选取一段长为 Δx 的走廊作为测量区域，计算该区域空间上的速度和密度的均值。行人 i 的速度 $<v>_i$ 被定义为测量区域的长度 Δx 除以行人通过该区域的时间，即

$$\langle v \rangle_i = \frac{\Delta x}{t_{\text{out}} - t_{\text{in}}} \tag{2.8}$$

式中，t_{in} 和 t_{out} 分别是行人 i 进入和离开测量区域的时间。行人 i 的密度 ρ_i 可表示为

$$\langle \rho \rangle_i = \frac{1}{t_{\text{out}} - t_{\text{in}}} \int_{t_{\text{in}}}^{t_{\text{out}}} \frac{N'(t)}{b_{\text{cor}} \Delta x} \mathrm{d}t \tag{2.9}$$

式中，b_{cor} 是测量区域的宽度，$N'(t)$ 是 t 时刻在测量区域内行人的数目。

3. 方法 3

方法 3 是一种传统方法。密度 $\langle \rho \rangle_{\Delta x}$ 被定义为测量区域内行人数目 N 除以测量区域的面积，即

$$\langle \rho \rangle_{\Delta x} = \frac{N}{b_{\text{cor}} \Delta x} \tag{2.10}$$

空间上的速度均值则是 t 时刻测量区域内所有行人的瞬时速度 $v_i(t)$ 的平均值，即

$$\langle v \rangle_{\Delta x} = \frac{1}{N} \sum_{i=1}^{N} v_i(t) \tag{2.11}$$

4. 方法 4

方法 4 是基于 Voronoi 图[133]实现的。Voronoi 图是由到空间内特定离散对象集合的距离所决定的一种空间度量的特殊分解。通过任意时刻行人位置所构成点的集合可以生成 Voronoi 图，即图 2.10 中所示的网格，通过 Voronoi 图可以得到每个行人 i 的 Voronoi 细胞面积 A_i。密度和速度在空间内的分布 ρ_{xy} 和 v_{xy} 可以表示为

$$\rho_{xy}=\frac{1}{A_i}，如果(x,y)\in A_i \tag{2.12}$$

$$v_{xy}=v_i(t)，如果(x,y)\in A_i \tag{2.13}$$

式中，$v_i(t)$ 是行人 i 的瞬时速度。Voronoi 速度和密度通过下式定义[134]。

$$\langle\rho\rangle_v=\frac{\iint\rho_{xy}\mathrm{d}x\mathrm{d}y}{b_{\mathrm{cor}}\Delta x} \tag{2.14}$$

$$\langle v\rangle_v=\frac{\iint v_{xy}\mathrm{d}x\mathrm{d}y}{b_{\mathrm{cor}}\Delta x} \tag{2.15}$$

图 2.11(a)给出了不同方法所获得的密度与速度之间的关系。方法 1 中流量和速度是直接测得的，密度是通过公式间接获得的，而方法 2、3 和 4 则通过在测量区域内计算平均值获取密度。采用不同方法所获得的基本图的整体趋势相同，但是数据的离散程度却有较大的差异。图 2.11(b)给出了不同方法所获得的密度与流量之间的关系，行人流量在行人密度较小的时候其波动较小，而在高密度时波动较大，与图 2.11(a)类似采用不同方法所获得的基本图的整体趋势相同。

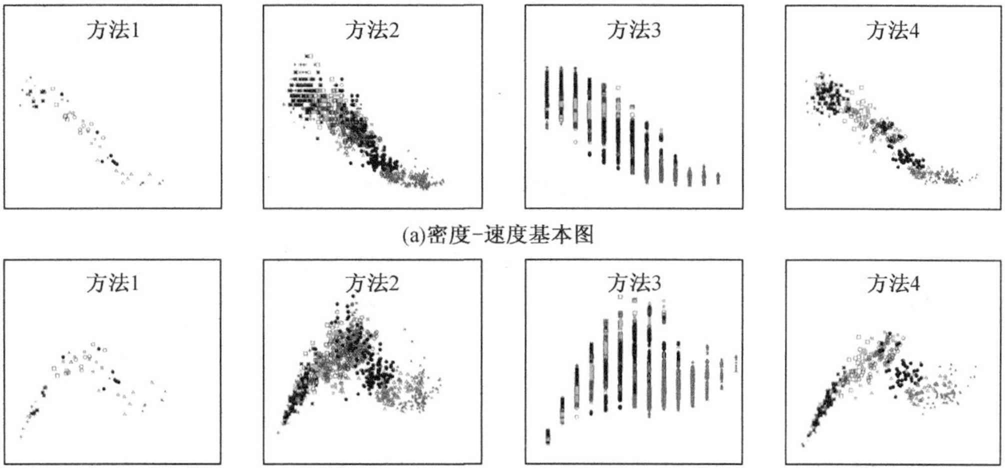

(a)密度-速度基本图

(b)密度-流量基本图

图 2.11　不同测量方法所获得的基本图

2.5 大型邮轮的疏散过程

大型邮轮的疏散过程包含了几个连续的阶段[78]，乘客到达集合地点之前的部分称为“逃离”，而乘客登艇与救生艇入水的部分称为“撤离”，如图 2.12 所示。如发生火灾或进水等事故时，自动警报会立即响起，乘客意识到紧急情况发生后应做好逃生准备。这时一些船员被指派到重点位置（如楼梯口）指导乘客为紧急疏散做好准备。当情况恶化时，船长需要决定是否集合乘客，如果集合乘客则激活警报并通过广播系统通知乘客。当乘客收到警报消息后，应离开住舱开始沿着标记的逃生路线向指定的集合地点行进。此时位于重点位置的船员会指导乘客穿戴救生衣并指引乘客去往集合地点，而另外一些船员会彻底地检查每间住舱是否仍有乘客滞留。乘客进入集合地点后，船员将为每名乘客指派救生艇，并把额外的救生衣分发给没有穿戴救生衣的乘客。如果情况继续恶化，船长会发出弃船指令，乘客应按照船员的指令前往登乘站，到达登乘站的乘客按照先后顺序登上救生艇，当最后一艘救生艇入水后整个疏散过程结束。实际疏散过程要比上述描述复杂，例如，救生衣通常存放在每个住舱内以节约空间，而集合地点内仅存放 5% 的额外救生衣，因此，疏散开始时不在住舱的乘客需要返回住舱取得救生衣，另外部分乘客会返回住舱取回个人的随身物品。

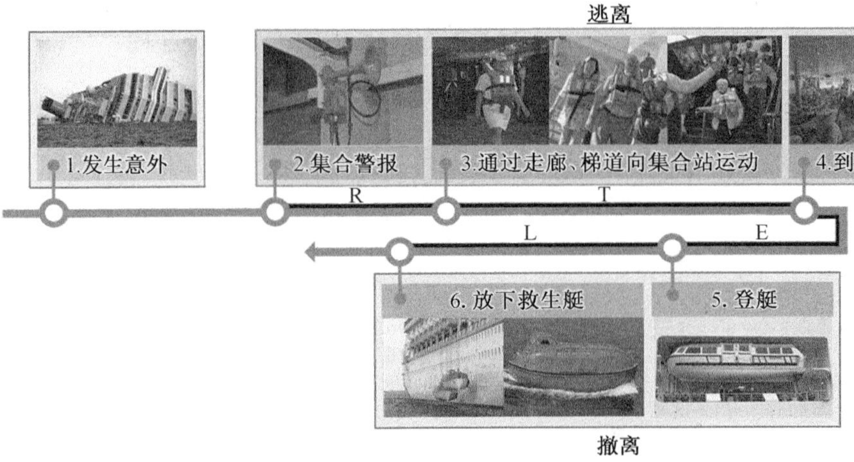

图 2.12 大型邮轮的疏散过程

2.6　影响船舶人员疏散的主要因素研究

大型邮轮是一种非常复杂的交通运输工具,具有结构复杂且人员众多的特点,邮轮航行在海上时,大量乘客聚集在封闭的、相对狭窄的空间内,一旦发生紧急情况则可能需要在很短的时间内疏散几千名乘客,海上乘客的安全疏散受到多方面因素的影响。本书参照其他学者的研究成果[12,69,135-138],对影响船舶安全疏散的 7 类主要因素进行了总结分析,如图 2.13 所示。其中一些因素是静态的,如障碍物,而一些因素则是动态变化的,如突发事故。需要注意的是一些因素会作用于其他因素,例如应急管理系统和突发事故会改变乘客的运动轨迹进而作用于疏散路径。

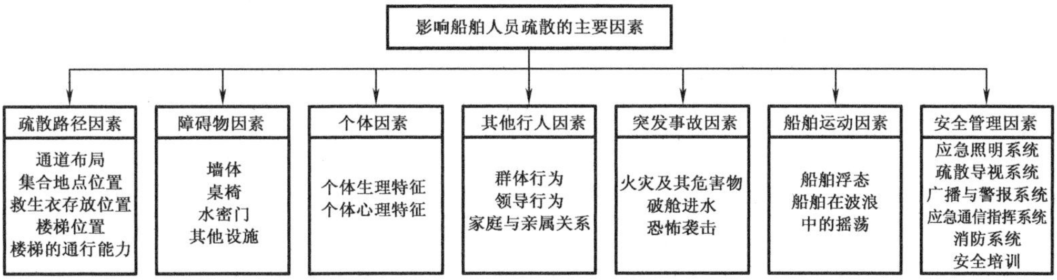

图 2.13　船舶安全疏散的影响因素

2.6.1　疏散路径因素

船舶疏散路径通常受到初始位置、通道布局、集合地点位置、楼梯位置及救生衣存放地点的影响。通常情况下,邮轮的逃生路线是乘客到达集合地点的最短路径(shortest path),往往标记在房卡或舱门内侧。但实际疏散过程中,乘客往往不会完全按照最短路径行走。乘客会根据自己对路径的熟悉程度、路径的通行速度及路径的安全程度选择不同的路径。救生衣存放地点是疏散过程中的中间目标,乘客需要先去往救生衣存放位置获取救生衣,之后再前往集合地点,进而影响整个疏散路径。目前 MSC.1/Circ.1533 规范中并未考虑到救生衣存放位置所引起的疏散路径变化,但从歌诗达协和号邮轮事故来看,穿戴救生衣行为所引起疏散路径的改变会极大地降低疏散效率,因此在构建船舶疏散仿真模型时需要考虑该因素。此外一些其他因素,如火灾、浸水、船员指挥等都会影响疏散路径的选择。大多数疏散模型中,行人会基于最短路径规划一条前往集合地点的路径。目前一些学者[139,140]开始基于最短时间原则为行人选择疏散路径,如在 Tan[141]等人的模型中行人基于对路径的熟悉程度选择疏散路径,而在 Azzi[69]等人的模型中行人则根据火灾情况动态地选择疏散路径。本书疏散路径的规划主要依据最短路径原则，公共舱室内行人的路径选择则会基于时间最短原则，此外当行人在楼梯处发生拥堵时部分行人可能绕行前往其他楼梯，这种绕行路径也是基于时间最短原则选取的。

2.6.2 障碍物因素

乘客在疏散过程中，在条件允许的情况下，通常会选择与障碍物保持一定的距离。社会力模型中乘客受到来自墙体的排斥力影响，会与墙体保持一定的距离。目前在大多数的船舶疏散仿真模型中大型舱室空间会被简化处理，即不考虑舱室内部的障碍物（如桌椅、健身器械、吧台、餐台等）。这种简化处理方式是历史遗留问题，是由当时计算机的性能与所需计算精度所共同决定的。计算机技术的飞速发展为模型考虑该因素提供了先决条件。本书模型考虑了舱内障碍物对疏散过程的影响，构建了障碍物绕行和障碍物跨越行为。

2.6.3 个体因素

个体因素包含了个体生理特征因素和个体心理特征因素，其中个体生理特征因素已经在前文中提到，主要影响个体的运动速度与反应时间。个体心理特征因素指的是个体在心理压力不断增加的情况下所表现出的心理素质。心理特征能够影响个体的决策，心理素质较差的个体在面对风险与压力时可能会做出不理智的行为（如推挤其他行人、破坏救生设施、使用电梯等）。虽然个体心理特征是影响安全疏散的重要因素之一，但由于疏散过程中心理活动难以测量与量化，目前大多数学者的研究并未深入到行人的心理层面。

2.6.4 其他行人因素

行人在运动过程中，会受到周围行人的影响，即人与人之间的交互。在条件允许的情况下，行人会与他人保持一定的安全距离以避免碰撞，同时也会在一定程度上跟随其他行人一起行动[75,76,78]。如前文所提到的从众现象就是一种典型的行人受其他乘客影响的现象。Aguirre[142]等人发现在社会关系团体中成员会作为一个整体一同行动。Kuligowski[143]等人发现在身份地位区分明显的团体中，其他行人会跟随其团体的领导进行疏散。Sime[144]等人发现当小团体内成员走失时，其他成员会尝试搜寻走失的成员。

2.6.5 突发事故因素

疏散过程会受到突发事故的影响，如发生爆炸、浸水、火灾等事故时，某些通道可能无法通行，此时乘客需要绕行前往其他通道继续完成疏散。目前船用商业疏散软件大多考虑了火灾对疏散过程的影响，通常将火灾模拟软件的计算结果导入疏散仿真软件中，进而模拟烟雾、高温、有害气体对行人的影响。火场中的高温会减缓人的思维活动，大量消耗行人的体能，会导致行人烧伤甚至昏迷休克；烟雾与有害气体会使人呼吸困难，逐渐丧失意志，吸入大量有害气体会导致人员伤亡；烟雾会导致能见度降低，阻挡行人的视线，间接影响行人的疏散[136]。目前 MSC. 1/Circ. 1533 并未对突发事故做出具体规定，而是通过安全系数的方式，即将所计算的疏散时间扩展到原来的 1.25 倍用以应对突发事故对疏散过程的影响。

2.6.6　船舶运动因素

行人的行走速度是影响船舶安全疏散的重要因素之一，而船舶在海上航行时会受到风浪的影响，船舶在海上航行的复杂运动通常被分解为横荡、垂荡、纵荡、横摇、纵摇和艏摇，其中横摇对行人运动影响最为剧烈，会削弱行人的运动能力，对疏散过程有着较大的影响[145]。日本海洋工程研究所[146]通过搭建走廊模拟器模拟了船舶静态横倾和纵倾环境，发现纵倾条件下行人行走速度随纵倾角度增大而减小，而横倾条件下行走速度无明显差异。Lee[74,147]等人通过搭建 10 m 长的走廊模拟器，研究了船舶静止状态和运动状态下行人的行走速度，发现船舶在运动状态下行人的行走速度降低了 10% ~20%。张德珍[89]等人通过海上救助模拟系统采集和分析了乘客在横摇影响下，横摇角度和行走速度的关系，建立了横摇影响下的速度模型。目前一些船舶商用疏散仿真软件如 maritimeEXODUS、VELOS 和 AENEAS 已经考虑了船舶运动对疏散过程的影响，但 IMO MSC. 1/1533 规范并未对船体的运动做出要求，仅要求对正浮状态下的客船进行高级疏散仿真分析，为此本书仅考虑了正浮状态下的人员疏散。

2.6.7　安全管理因素

船舶的安全管理涉及应急照明系统、疏散导视系统、广播与警报系统、应急通信指挥系统、疏散演习、安全培训及消防系统等。完备的应急辅助设施和训练有素的船员是保证乘客安全、有序疏散的基础。邮轮在启航后 24 h 内需要按照 IMO 的要求组织乘客进行安全疏散演习，进而熟悉逃生通道及救生衣的穿戴方法。目前 MSC. 1/Circ. 1533 规范并未要求对应急管理因素进行仿真，此外目前商业软件也并未考虑这一因素，仅有少数学者[148,149]在构建疏散仿真模型时考虑了这一因素，因此本书并未考虑安全管理因素。

2.7 常见的两种路径规划算法研究

在图论中，图被定义为一种有序对，通常用 $G(V,E)$ 表示，其中 V 是所有顶点（也称节点）的集合，E 是所有边的集合，而树则是任意两个顶点之间有且只有一条路径的图[150]。对给定的图 $G(V,E)$ 来说，给定源节点的最短路径树是图 $G(V,E)$ 的子树，最短路径树存储了该树上任意节点到源节点的最短路径。路径规划算法的作用是在图中寻找到一条连接起始点与目标点的路径。本书的路径规划主要基于距离最短原则，因此选取两种较为常见的最短路径搜索算法 Dijkstra[151] 和 A*[152]。Dijkstra 是一种经典的最短路径算法，其计算过程所遍历的节点较多，因此计算效率较低。A* 是一种启发式算法，是静态图中求解最短路径效率最高的算法[153]。

2.7.1 Dijkstra 算法

Dijkstra[151]算法是图论中计算最短路径的常见办法，该算法的核心是从起始点不断向四周搜索并扩展直到找到目标点为止。Dijkstra 算法首先将源节点添加到最短路径树上，之后将与源节点距离最近且未在最短路径树上出现的节点及其对应的边添加到最短路径树上，每次扩张都会在最短路径树上增加一条边。算法遍历完所有节点后最终得到一棵最短路径树，该树包含了任意节点到源节点之间的最短路径。如果为该算法提供一个目标节点，当发现目标时算法会立即终止，此时所生成的最短路径树包含了目标节点和所有已经遍历过的节点到源节点的最短路径。

图 2.14 给出了一个较为简单的图 $G(V,E)$，该图包含了每一条边的开销，以及任意节点到节点 L 的直线距离。本书将以该图为例阐述 Dijkstra 算法如何寻找从节点 C 到节点 L 的最短路径。该算法的计算步骤如图 2.15 所示，初始状态，顶点 C 首先被添加到最短路径树中，然后比较所有与之相连接的节点所对应边的开销，选取 B、D 和 I 中具有最小开销的 D（开销为 12）进行扩展，即节点 D 及所对应的边被添加到最短路径树中。与节点 D 相邻的节点为节点 C 和 E，其中 C 已经被添加到最短路径树中，因此下一步需要搜索的节点也包含节点 E。第二步在节点 B、E 和 I 中选取节点 B（开销为 14）进行扩张，重复进行该选择与扩张过程，直到目标节点被添加到最短路径树中。需要注意的是，步骤 4 中已经被扩展的节点 A 和 C 都与节点 I 相连，所需搜索的节点中出现两次节点 I，此时仅需要保留两次出现中开销最小的一次（如步骤 5 所示）。此外，在选取下一步所需扩展的节点时，有时可能

会遇到两个或多个节点开销相等的情况(步骤 9 中节点 K 和 G 的开销均为 78),此时只需任选其中一个节点(例如节点 K)先进行扩展,随后再扩展余下的节点(例如节点 G)。

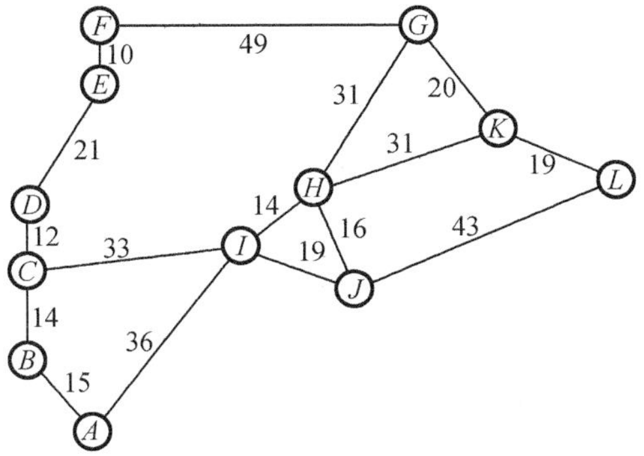

各点到点L的直线距离

A	90	G	39
B	95	G	47
C	92	I	59
D	91	J	43
E	81	K	19
F	83	L	0

图 2.14　用于阐述 Dijkstra 算法计算过程的简单图

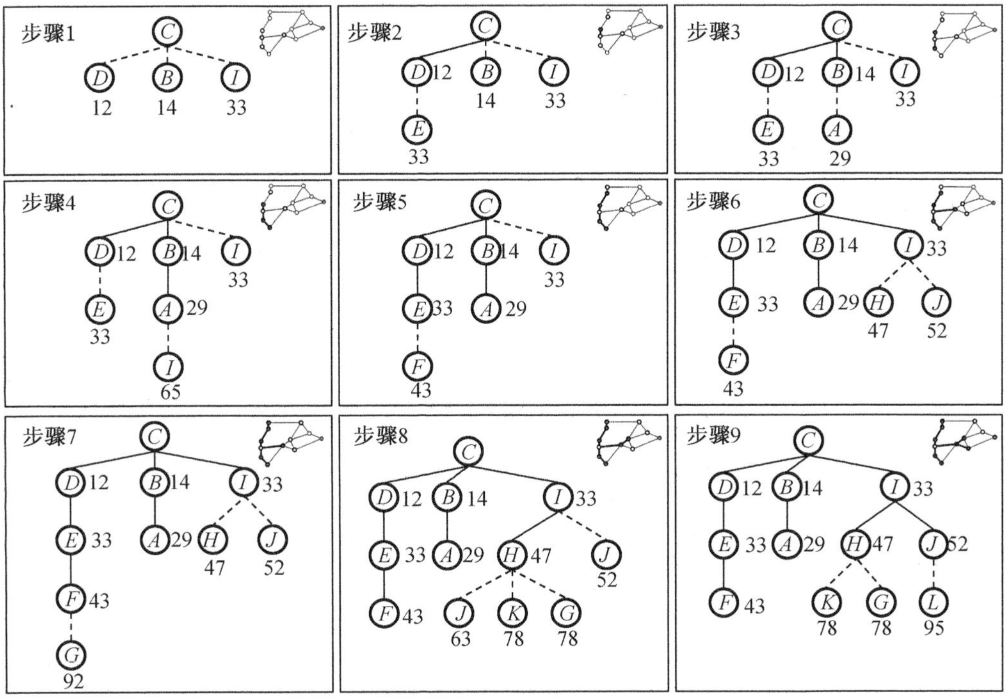

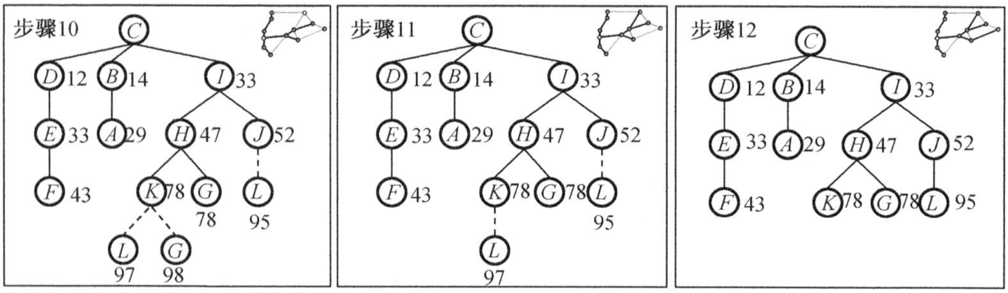

图 2.15　采用 Dijkstra 算法搜索顶点 L

目标节点 L 被添加到最短路径树后，整个搜索过程结束。由于最短路径树的每个子节点有且只有一个父节点，因而可以反向地获取最短路径，即从目标节点 L 开始逐层选取父节点直到选取到根节点 C 为止，该条路径就是顶点 C 和 L 之间的最短路径。

2.7.2　A* 算法

A* 算法[152]是一种经典的路径规划算法。A* 算法的计算过程与 Dijkstra 算法类似，不同之处在于 A* 通过选取具有最低代价估计的节点来进行扩展。节点 n 的代价估计为

$$f(n)=g(n)+h(n) \tag{2.16}$$

式中，$g(n)$ 是从初始节点到节点 n 的实际距离；启发函数 $h(n)$ 则是从节点 n 到目标节点所估计的最短距离，这里采用两者之间的欧氏直线距离作为估计距离。启发函数是启发式搜索的核心，如果所选取的启发函数为 $h(n)=0$，即不考虑估计距离，则 A* 算法与 Dijkstra 算法的计算过程相同。

为了与 Dijkstra 算法进行对比，同样的在图 2.14 中寻找从节点 C 到节点 L 的最短路径，计算步骤如图 2.16 所示。顶点 C 首先被添加到最短路径树中，然后计算所有与之相连的节点的代价估计，选取所需搜索节点 B、D 和 I 中具有最小代价估计的 $I(f=92)$ 进行扩展，将该节点及相应的路径添加到最短路径树中。下一步从所需搜索节点 B、D、J、A 和 H 中选取节点 $H(f=94)$ 进行扩张。重复进行该选择和扩张过程，直到目标节点 L 被添加到最短路径树中。与 Dijkstra 算法相同，根据最短路径树即可得到从源节点到目标节点的最短路径。从案例中可以看出 A* 算法的计算量明显小于 Dijkstra 算法的计算量，启发函数保证了 A* 算法在搜索路径时朝着目标方向进行，避免了许多不必要的节点扩展操作。

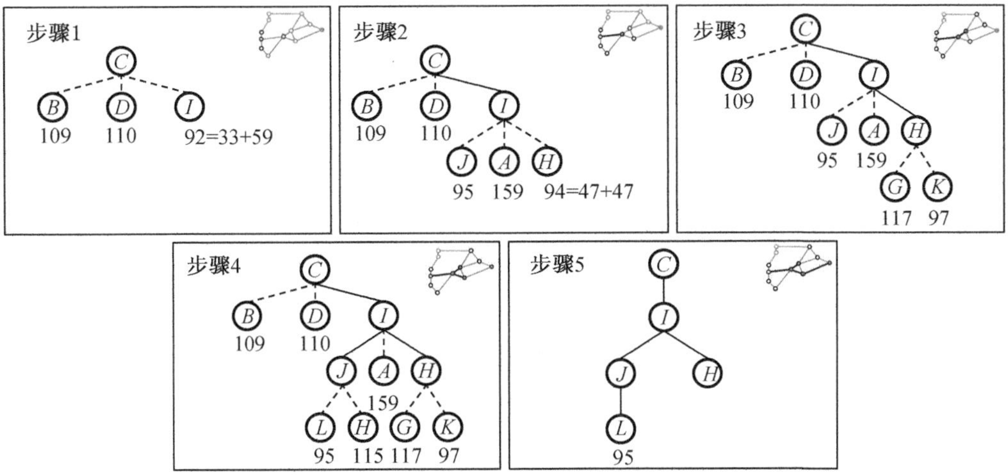

图 2.16　采用 A* 算法搜索顶点 L 的不同阶段

2.7.3　两种算法的对比与分析

Dijkstra 算法在遍历节点时会向四周方向搜索，其遍历的节点较多，因而计算量较大，而 A* 算法则通过启发函数限定了搜索方向，使其朝目标节点方向搜索，遍历的节点较少，因而其计算量较低。图 2.17 给出了两种搜索算法搜索结果的对比图。图 2.17 中的空间被划分为大小相同的网格，每个网格用一个节点表示并与相邻的节点连接(包含对角线方向)。对于不含墙体的场景，Dijkstra 算法向四周搜索，所有被扩展过的边近似一个圆形，而 A* 算法则不考虑多余的边。对于图 2.17 中含有墙体的场景来说，Dijkstra 算法几乎搜索了所有的边，而 A* 算法则仅搜索了约 1/4 的边，此外由于最短路径并不唯一，两种算法所计算的最短路径有所区别，但其长度相同。

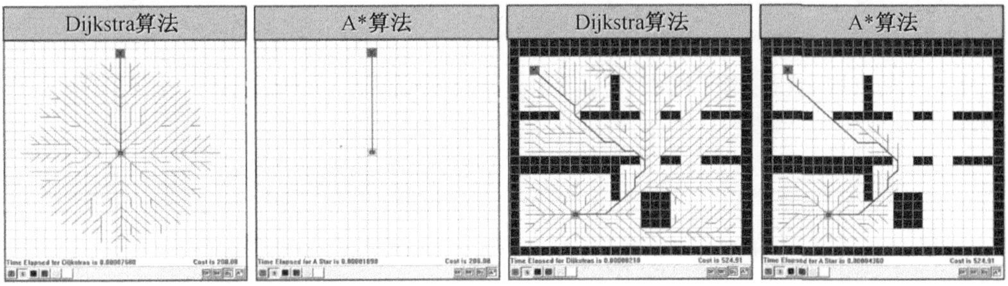

(a)简单无墙体场景　　　　(b)实际有墙体场景

图 2.17　两种搜索算法计算结果的对比

虽然 Dijkstra 算法的计算量较大，但是可以通过预计算的方式对所获得的最短路径树进行存储。将出口位置设定为源节点并遍历所有节点，进而获得出口到所有位置的最短路径树。对于同一场景的多次仿真来说，仅需在仿真开始前运行一次 Dijkstra 计算。对于拥有多个出口的场景，需要单独对每一个出口运行一次 Dijkstra 计算，同时存储每个节点到不同出口的最短距离。当存在多个出口时，根据所存储的出口距离，选取一个距离最近的出口，进而查找该出口对应的最短路径树则可获得所需最短路径。本书采用 Dijkstra 算法的预计算方式，规划乘客到集合地点的最短路径。预计算的方式虽然可以节约计算时间，但却增加了存储开销。乘客到救生衣位置的路径如采用上述的预计算方式，则需对上千件救生衣逐次进行 Dijkstra 计算，需要大量的存储空间，因此本书采用 A* 算法规划乘客到救生衣位置的最短路径。

2.8 常见的三种人员疏散仿真模型研究

2.8.1 社会力模型

社会力模型(social force model)[8,52]假定每个行人受到周围环境所施加的“社会力”的影响，该模型将行人的心理反应及物理接触通过量化的“社会力”表示。模型假定每个质量为 m_i 的行人 i 期望以固定的期望速度 v_i^0 朝某个确定的方向 e_i^0 运动，进而行人会在特征时间 τ_i 上改变他当前的速度 v_i，做加速运动(或减速运动)以便达到期望速度。此时行人会试图与墙体 W 和其他行人 j 保持一定的距离，这一行为通过构建交互作用力 $\boldsymbol{f}_{ij}$ 和 $\boldsymbol{f}_{iW}$ 来实现。在数学术语中，速度在时间 t 内的变化可以通过加速度方程获得，即

$$m_i \frac{\mathrm{d}\boldsymbol{v}_i}{\mathrm{d}t} = m_i \frac{v_i^0(t)\boldsymbol{e}_i^0(t) - \boldsymbol{v}_i(t)}{\tau_i} + \sum_{j(\neq i)} \boldsymbol{f}_{ij} + \sum_{W} \boldsymbol{f}_{iW} \tag{2.17}$$

式中，行人位置 $\boldsymbol{r}_i(t)$ 的变化由速度 $\boldsymbol{v}_i(t) = \mathrm{d}\boldsymbol{r}_i/\mathrm{d}t$ 给定。行人之间的交互作用力 $\boldsymbol{f}_{ij}$ 可表示为

$$\boldsymbol{f}_{ij} = \left(A_i \exp\left(\frac{(r_{ij} - d_{ij})}{B_i}\right) + kg(r_{ij} - d_{ij})\right)\boldsymbol{n}_{ij} + \kappa g(r_{ij} - d_{ij})\Delta v_{ji}^t \boldsymbol{t}_{ij} \tag{2.18}$$

式中，项 $A_i \exp\left[\frac{(r_{ij} - d_{ij})}{B_{ij}}\right]$ 为行人之间的排斥力，使行人 i 与行人 j 之间保持一定距离；项 $kg(r_{ij} - d_{ij})$ 为行人接触后的身体弹力，用来避免行人的重叠；项 $kg(r_{ij} - d_{ij})\Delta v_{ji}^t$ 为径向摩擦力，当行人相互触碰后阻碍行人的径向运动；A_i、B_i、k 和 κ 为常数，

$d_{ij}=\|r_i-r_j\|$表示行人之间的距离；$\boldsymbol{n}_{ij}=(n_{ij}^1,n_{ij}^2)=\dfrac{(\boldsymbol{r}_i-\boldsymbol{r}_j)}{d_{ij}}$，是从行人$j$指向行人$i$的单位向量；$r_{ij}=r_i+r_j$为行人$i$的半径$r_i$与行人$j$的半径$r_j$之和；$\boldsymbol{t}_{ij}=(-n_{ij}^2,\boldsymbol{n}_{ij}^1)$为与$n_{ij}$垂直的径向方向单位向量，$\Delta v_{ji}^t=(\boldsymbol{v}_j-\boldsymbol{v}_i)\cdot\boldsymbol{t}_{ij}$为行人$i$与行人$j$速度在径向$\boldsymbol{t}_{ij}$上的差异；$g(x)$为示性函数，当$x<0$时函数的值为0，其余情况等于$x$。此函数用以确保行人在相互接触之前其身体回弹力和径向摩擦力的大小均为0。

与墙体之间的交互作用力$\boldsymbol{f}_{iW}$与$\boldsymbol{f}_{ij}$类似，d_{iW}表示行人i到墙体W之间的距离，$\boldsymbol{n}_{iW}$表示垂直墙面指向行人一侧的单位向量，$\boldsymbol{t}_{iW}$与之垂直。行人与墙体间的交互作用力可以表示为

$$\boldsymbol{f}_{iW}=\left(A_i\exp\left(\frac{(r_{ij}-d_{iW})}{B_i}\right)+kg(r_i-d_{iW})\right)\boldsymbol{n}_{iW}-\kappa g(r_i-d_{iW})(\boldsymbol{v}_i\cdot\boldsymbol{t}_{iW})\boldsymbol{t}_{iW}\tag{2.19}$$

2.8.2　操纵力模型

操纵力模型[56]通常包含多种行为，如追逐目标、逃离某地、到达某地、障碍物避让、自由漫步、路径跟随、聚合、散开、对齐、匹配及跟随领导等，其中聚合、散开和匹配组合在一起称为群组行为，可以模拟动物群体，如羊群、鸟群和鱼群等。目前有学者采用群组行为模拟疏散过程中乘客的从众现象[75,76,78]。

在操纵力模型中群组行为是通过散开力$\boldsymbol{s}_i$、聚合力$\boldsymbol{k}_i$和匹配力$\boldsymbol{m}_i$的合力所实现的。散开力使得每个行人之间保持一定的距离，聚合力使行人朝向人群的中心运动，匹配力使行人的速度与周围行人保持一致。图2.18给出了群组行为中三种不同作用力的简单示意图。

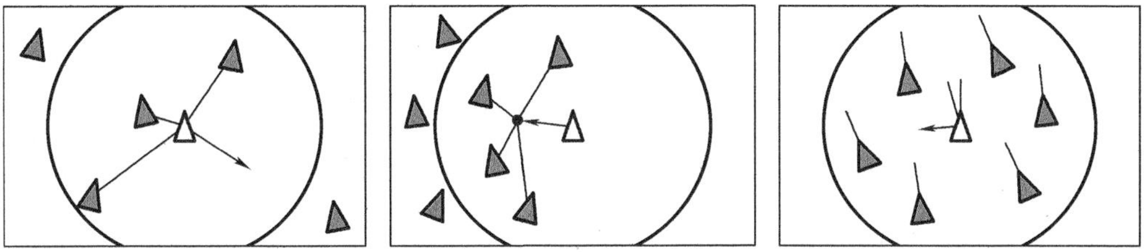
(a)散开力　　(b)聚合力　　(c)匹配力

图2.18　群组行为

散开力由行人i的位置$\boldsymbol{p}_i$和附近所有其他行人j的位置$\boldsymbol{p}_j$共同决定，散开力$\boldsymbol{s}_i$可表示为

$$\boldsymbol{s}_i=-\sum_{\forall j\in V_i}(\boldsymbol{p}_i-\boldsymbol{p}_j)\tag{2.20}$$

式中,V_i 为行人 i 附近其他行人的集合。

计算聚合力时,首先要确定附近行人的中心位置,即

$$\boldsymbol{c}_i = \sum_{\forall j \in V_i} \frac{\boldsymbol{p}_j}{m} \tag{2.21}$$

式中,m 为集合 V_i 内元素的个数。聚合力可表示为

$$\boldsymbol{k}_i = \boldsymbol{c}_i - \boldsymbol{p}_i \tag{2.22}$$

行人 j 的速度用 $\boldsymbol{v}_j$ 表示,匹配力 $\boldsymbol{m}_i$ 可以通过计算周围行人的平均速度得到,即

$$\boldsymbol{m}_i = \sum_{\forall j \in V_i} \frac{\boldsymbol{v}_j}{m}$$

行人 i 在 $t+\Delta t$ 时刻的位置 $\boldsymbol{p}_i^*$ 可表示为

$$\boldsymbol{p}_i^* = \boldsymbol{p}_i + \Delta t \boldsymbol{v}_i^* \tag{2.23}$$

式中,$\boldsymbol{v}_i^*$ 为行人 i 在 $t+\Delta t$ 时刻的速度,$\boldsymbol{p}_i$ 为行人 i 在 t 时的位置;$\boldsymbol{v}_i^*$ 可以通过计算散开力、聚合力和匹配力的合向量获得:

$$\boldsymbol{v}_i^* = \boldsymbol{v}_i + S \cdot \boldsymbol{s}_i + K \cdot \boldsymbol{k}_i + M \cdot \boldsymbol{m}_i \tag{2.24}$$

式中,S,K 和 M 为权重系数,用以调整三种力的作用强度。

2.8.3 基于智能体的模型

随着计算机技术的发展,越来越多的学者开始以人工智能(artificial intelligence, AI)技术为基础构建决策模型,目前人工智能技术在各个行业中都有广阔的应用前景[154]。智能体(agent)建模技术是人工智能领域中一个重要的分支,目前被广泛应用于当今世界的各个领域,如自动驾驶、图像分析、医疗诊断、疏散仿真和语言识别等[155]。智能体模型采用一种自下而上的建模方法,通过智能体之间的简单动态交互来呈现复杂现象[53]。这种建模的目的是对遵循简单行为的智能体所产生的共同行为提供解释性理解[53]。在疏散仿真模型中通常将每个行人视作一个单独的智能体,每个智能体根据周围的环境自主决策并与环境进行交互。严格来讲智能体是一种建模技术(或称模型框架),并不涉及具体的算法实现。基于智能体的疏散仿真模型通常会与其他类型模型(如社会力模型或元胞自动机模型)相互结合,智能体框架负责顶层行为的设计,而其他模型则负责行人的具体运动的控制。

目前较为常见的四种智能体类型为简单反应式智能体(simple reflex agent)、基于模型的反应式智能体(model-based reflex agent)、基于目标的智能体(goal-based agent)和基于效用的智能体(utility-based agent)[154]。

1. 简单反应式智能体

简单反射式智能体模型拥有最为简单的智能体模型结构。该类智能体仅根据

当前的感知来选择行为方式,并不考虑之前所感知的信息。图2.19给出了简单反应式智能体示意图,其中传感器用来感知世界的状态,而执行器则用来执行所选定的行动(action),智能体根据“条件—行动”规则(condition-action rule)来决定智能体的行为。通俗讲,智能体根据预先定义的一系列规则直接对环境进行响应。

2.基于模型的反应式智能体

对于部分可观察环境(例如视野受烟雾限制的环境),最有效的处理方式是让智能体跟踪现在无法观察到的世界,因此智能体需维持一种内部状态来反映当前世界不可被观测的状态。内部状态取决于感知历史和智能体的知识库。内部状态的更新需要两类知识库:第一类知识库给出了世界如何自身演化,第二类知识库给出了智能体对世界的影响。两类知识库的本质是给出了世界的运作方式,即对世界进行建模,因此此类智能体被称为基于模型的反应式智能体。图2.20给出了基于模型的反应式智能体示意图。

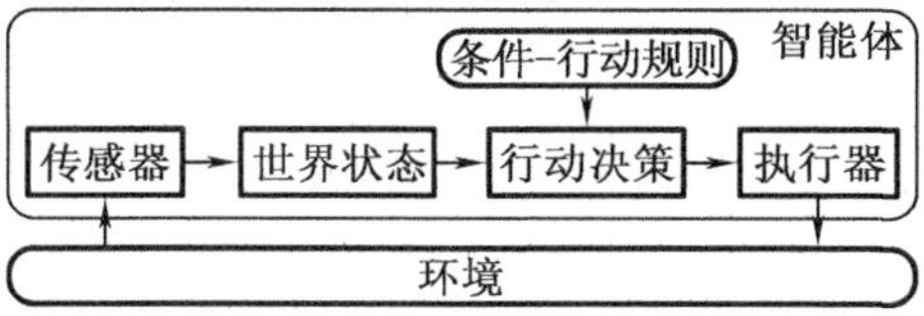

图2.19 简单反应式智能体示意图

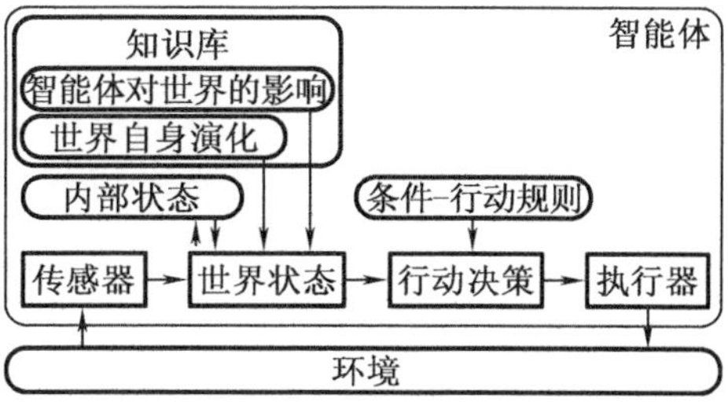

图2.20 基于模型的反应式智能体示意图

3.基于目标的智能体

智能体仅了解环境当前的状态并不总是足以做出决策,也就是说智能体有时需要额外的目标信息才可做出正确决策。基于目标的智能体(也称目标驱动的智能体)通过结合目标信息和知识库(与基于模型的反应式智能体的知识库相同)来选择行动,进而实现其目标。图2.21给出了基于目标的智能体示意图。有时基于目标的智能体在选择行动的时候非常直接,例如通过单一行动就可实现某个目标,有时则比较复杂,智能体需要考虑一组较长的动作序列以便发现实现目标的方法。需要注意的是这种基于目标的决策方式与前文中基于“条件—行动”规则的决策方式有着本质的区别,这是因为这种方式考虑到了环境的未来状态。

尽管基于目标的智能体的效率看似不高,但其决策模型所需的知识库是一种显式知识库,可以方便地进行修改。因此这种模型较为灵活,当环境改变时仅需修改对应的知识库,而反应式智能体则需要修改许多“条件—行动”规则。此外通过对目标的修改,可以轻松更改基于目标的智能体的行为方式。

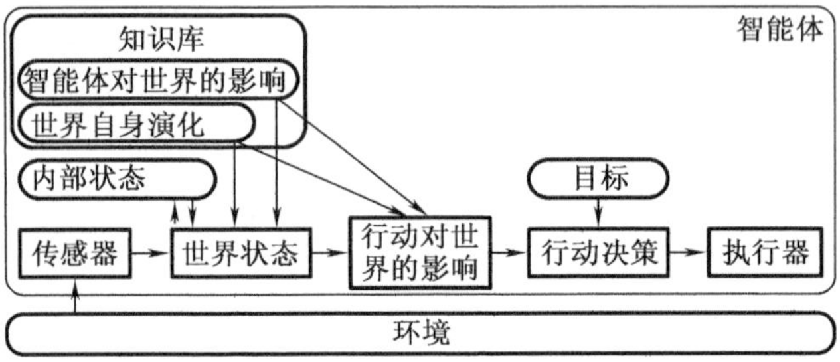

图 2.21　基于目标的智能体示意图

4. 基于效用的智能体

基于目标的智能体只能对世界状态提供“满意”和“不满意”两种状态。基于效用的智能体通过效用函数比较对不同世界状态的满意程度。图 2.22 给出了基于效用的智能体示意图,该智能体采用效用函数和知识库共同量化对世界状态的不同偏好,随后选取使效用期望最大的行动用以下一步执行。对于以下两种情况,基于效用的智能体能做出合理的决策,而基于目标的模型则不能:第一种情况是当有多个目标发生冲突时(只能实现其中部分目标),效用函数可以做出适当的权衡;第二种情况是当智能体可以选择多个目标时,但不能确保每个目标都能实现,效用函数会根据目标实现的可能性及目标的重要性进行权衡。

基于效用的智能体虽然相较于其他三种模型更为智能,但是其模型的开发较为复杂,该类智能体除了需要对环境建模外,还需要对环境进行跟踪记录,这些任务涉及感知、表示、推理和学习等方面的大量研究,此外选取效用最大化的行动方案也是一项艰巨的任务,需要精巧的算法设计。

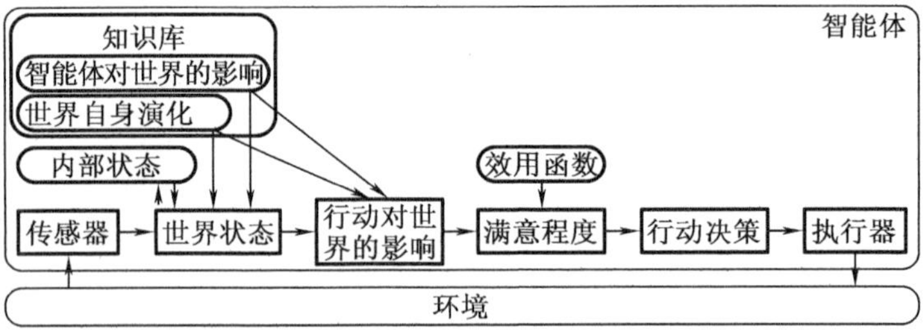

图 2.22　基于效用的智能体示意图

2.8.4　三种疏散仿真模型的比较与分析

由于元胞自动机模型中的时间与空间是离散的,因此元胞自动机模型的计算复杂程度较低,适用于大型场景的疏散仿真。目前商用疏散仿真软件大多是以元胞自动机模型为基础结合智能体建模技术所开发的，如 maritimeEXODUS、AENEAS 和 SIMPEV 等。对环境空间的离散化处理和对每个行人行为的同质化处理，使得元胞自动机模型在对复杂场景进行疏散仿真时其计算精度略显不足。此外元胞自动机模型的本质也使得针对个体特征和行为差异的建模变得较为复杂和困难。

社会力模型是一种连续模型，其计算精度高，但其计算量也很高。社会力模型会考虑每个行人之间的相互作用，因此当行人数目增加后，模型的计算量随着行人数目的平方而增长，因此并不适用于人员较多的大型场景疏散仿真。此外在智能体模型中行人仅会考虑与其他行人保持一定的距离，并没有考虑群体之间的从众行为，同时也缺乏合理的顶层路径规划能力。

相较社会力模型中通过微分方程计算行人的速度方式，操纵力模型的计算方法更为直接、简便，直接通过行为向量的加权合向量得到行人的速度。此外，模型中"附近行人"概念的引入限定了行人之间相互影响的作用范围。商用船舶疏散仿真软件 VELOS 就是基于操纵力模型所开发的。操纵力模型最早应用于计算机游戏场景，模型中包含了许多行为，可以通过行为组合构建更复杂的行人行为。操纵力模型并不适用于行人密度较高的场景，因为模型并未考虑到行人接触后的相互摩擦，也不能避免行人的相互重叠。

相较于元胞自动机模型，智能体模型可以轻松地避免行人个体的同质化属性，对于个体的异质化处理与社会力模型的原理具有一定相似性。智能体模型赋予行人"思考"的能力，可以为行人指定多个目标，进行顶层路径规划，可以实现许多复杂的行为方式。从算法实现角度考虑，智能体模型的逻辑结构与面向对象编程技术高度一致，因此程序的逻辑结构设计较为简单且易于实现[154]。目前大多数疏散仿真模型采用的是基于模型的反应式智能体，即通过"条件—行动"规则进行决策，如上文所述此类智能体添加新行为时需要修改大量的规则，因此本书采用基于目标的智能体可以避免这一问题。此外本书借鉴了基于效用智能体的概念，通过分数评估器在两个冲突的目标之间进行选择。

由于近些年计算机硬件的迅猛发展及对仿真结果精度要求的提升，这些客观条件为社会力模型应用到大型场景提供了可能性。本书采用智能体建模技术将社会力模型与操纵力模型相结合构建了船舶疏散仿真模型，受到操纵力模型中"附近行人"概念的启发，将社会力模型中力的作用半径限制在一定范围内，使得模型计算所需时间随行人数量呈线性增长。

2.9 疏散仿真模型的验证方法

对于任何复杂的模型来说，模型的校验都是其生命周期中不断持续的过程。IMO MSC.1/Circ.1533 附件 3 中提供了 11 项测试用来验证疏散模型，如表 2.4所示，其中测试 1 ~7 为功能测试，即检查模型的主要组件是否能达到预期的功能，前 3 项测试用来检验行人是否按照设定的行走速度行进，测试 4 用来检查出口位置的特定流量是否过大，测试 5 用来检验反应时间是否与设定值一致，测试 6 用来检验行人是否能在走廊转角处顺利转弯，测试 7 用来检验模型是否按照人口统计参数自动生成对应的行走速度。测试 8 ~11 为定性验证，测试 8 用来检验所预测的疏散时间是否随逆行人数增加而增加，测试 9 用来检验出口数量翻倍时所预测的疏散时间是否减半，测试 10 用来检验乘客是否去往指定的安全出口，测试 11 用来检验乘客是否在出口处和楼梯前发生拥堵。

虽然 IMO 所提供的 11 项测试并非强制性的，但目前现有商用船舶疏散仿真软件均已通过了上述 11 项测试，后文也将采用这 11 项测试对所提出的模型进行验证。由于缺乏相关数据，IMO 并未提供定量验证，11 项测试仅为基础测试，即使模型满足了所有测试的要求，其预测结果仍可能与实际情况存在较大的差异，仍然需要进一步的验证。

表 2.4　IMO 所提供的疏散工具验证测试项目

编号	描述	类别
测试 1	在走廊内保持设定的行走速度	功能测试
测试 2	上楼梯时保持设定的行走速度	功能测试
测试 3	下楼梯时保持设定的行走速度	功能测试
测试 4	出口处特定流量	功能测试
测试 5	反应时间	功能测试
测试 6	走廊拐角	功能测试
测试 7	设定人口统计参数	功能测试
测试 8	逆流	定性测试
测试 9	大型公共空间的人群疏散	定性测试
测试 10	指定出口	定性测试
测试 11	楼梯	定性测试

2.10　本章小结

本章主要研究了船舶人员安全疏散的基本理论，首先介绍了现有的行人流种类划分，后文将按照行人流复杂程度采用逐步深入的方式构建船舶疏散仿真模型，之后分析总结了近些年研究人员所观测的行人自组织现象，包括路径形成、条纹形成、拥堵、瓶颈处振荡、密度波动及从众等现象。行人的自组织现象是行人宏观集体行为的主要表现方式，能够为模型的构建提供重要的相关信息。其次，研究了行人个体生理特征和行人群体运动特征，介绍了基本图中曲线各个分段的表示含义。基本图是衡量行人群体特征的重要方法，也是模型验证的必要手段，后文将多次采用基本图对所开发的仿真模型进行验证。之后通过分析大型邮轮的疏散过程及船舶安全疏散的影响因素，发现现有模型并未考虑到舱内障碍物对疏散过程的影响，后文第3章将对此问题进行研究，此外现有模型忽略了船舶实际疏散过程中乘客逆行返回舱室穿戴救生衣这一重要行为，后文第4章将对此问题进行研究。接下来对几种路径规划算法和疏散仿真模型进行了阐述，并归纳和总结了相关模型的优缺点，为后续模型的构建奠定了坚实的基础。最后介绍了IMO所提供的11项测试，后文将采用这些测试对所开发的仿真模型进行验证。

第3章　基于目标驱动智能体的船舶疏散仿真模型研究

随着IMO国际规范的不断完善与更新,采用计算机仿真技术对船舶进行高级安全疏散仿真分析已势在必行。计算机技术的快速发展及人们对安全领域重视程度的提高,打破了以往计算效率和计算精度之间的平衡,为此一些研究人员试图采用复杂模型对场景进行仿真以便获取更高的计算精度。本章采用智能体建模技术将社会力模型与操纵力模型相结合构建了船舶疏散仿真模型,通过限定交互力的作用范围提升了计算效率,同时以目标驱动的决策模型代替传统的以规则驱动的决策模型使得模型的修改更加灵活。目前关于船舶疏散仿真模型的研究通常忽略舱室内部的布局,不考虑舱内障碍物对疏散过程的影响,这种假设显然与实际情况不相符,为此本章构建了障碍物绕行和障碍物跨越两种行人行为。

本章首先简要介绍了疏散仿真模型的框架,然后详细介绍了该模型的构建过程与参数的选择,通过IMO所提供的11项测试场景、其他学者餐厅场景、基本图验证场景及障碍物绕行与跨越行为测试场景对模型进行了验证。最后,采用该模型对大型邮轮的餐厅进行了疏散仿真分析,研究了舱内障碍物对疏散过程的影响。

3.1　基于目标驱动智能体的船舶疏散仿真模型框架设计

智能体模型是一种微观模型,它通过智能体间的简单动态交互呈现复杂现象,这种建模的目的是对遵循简单行为的智能体所产生的共同行为提供解释性理解[53]。这种建模方法已经广泛地应用于生物学、生态学和社会学科中。本章所构建的基于目标驱动智能体的疏散仿真模型由三个模块所组成,即感知模块、决策模块和行动模块(如图3.1所示)。

感知模块部分模仿人类的视觉、听觉及其他感知等。智能体通过感知模块感知周围空间环境(如墙壁、障碍物和出口等)和周围其他智能体。决策模块则模仿人类的大脑,根据智能体知识库中所存储的路线知识和感知模块所感知的周围环境选取所需执行的目标。知识库内存储的是智能体的相关知识,如导航图、出口位置和救生衣位置等。路径规划模型根据目标位置和智能体位置通过图搜索算法规划出一条去往目标的最短路径。行动模块模仿的是人类的运动器官,将目标、周围物体、周围智能体和自身属性传递给行人运动模型后,运动模块驱动智能体向既定的目标运动,该模块控制智能体的底层物理运动。

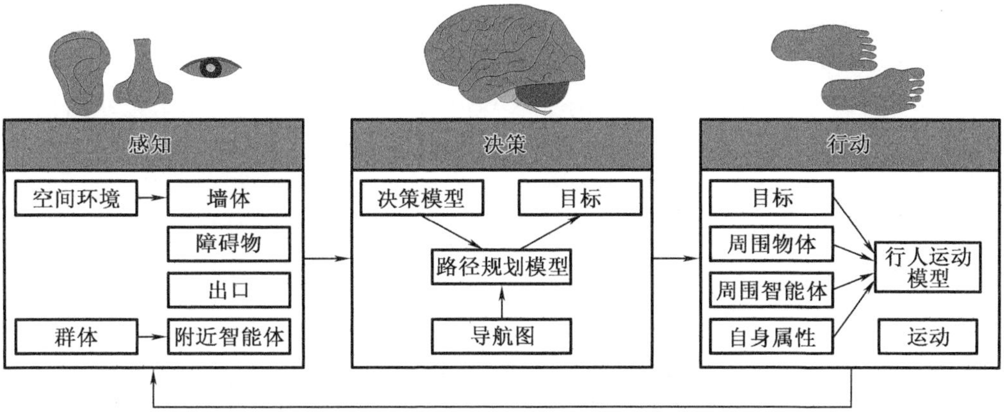

图 3.1　智能体的运作机制

3.2　基于目标驱动智能体的船舶疏散仿真模型构建

3.2.1　智能体属性模型构建

不同的行人通常会拥有不同的生理特征与心理特征，而这些特征则是决定疏散过程中个体行为的主要因素，进而会影响最终疏散结果。行人作为整个疏散过程中的主体，是仿真模型构建过程中需要重点考虑的因素。本书将每个行人定义为一个智能体，每个智能体拥有单独的属性。智能体的属性定义如图 3.2 所示。

$$Attribute=\begin{bmatrix} ID \\ Age \\ Gender \\ BodySize \\ MaxFlatSpeed \\ MaxStairUpSpeed \\ MaxStairDownSpeed \\ ResponseTime \\ Position \\ Velocity \\ Orientation \\ Density \\ AssemblyStationPosition \\ CabinPosition \\ LifeJacketState \\ Character \end{bmatrix}\begin{matrix} \leftarrow \text{编号} \\ \leftarrow \text{年龄} \\ \leftarrow \text{性别} \\ \leftarrow \text{身体尺寸} \\ \leftarrow \text{水平最大行走速度} \\ \leftarrow \text{上楼最大行走速度} \\ \leftarrow \text{下楼最大行走速度} \\ \leftarrow \text{反应时间} \\ \leftarrow \text{当前所在位置坐标} \\ \leftarrow \text{当前速度矢量} \\ \leftarrow \text{当前面向方向} \\ \leftarrow \text{当前位置人群密度} \\ \leftarrow \text{集合地点位置} \\ \leftarrow \text{舱室位置} \\ \leftarrow \text{救生衣穿戴状态} \\ \leftarrow \text{性格特点} \end{matrix}$$

图 3.2　智能体属性的定义

每个智能体的 *ID* 字段存储了唯一的编号，通过编号可以快速查找或区分不同的智能体。行人年龄、性别、身体尺寸、最大行走速度和反应时间等生理特征的详细介绍参见 2.3 节。*Position*、*Velociy* 和 *Orientation* 三个字段分别用来记录智能体当前位置、速度和面朝方向。*Density* 字段用来记录行人当前位置的人群密度，*AssemblyStationPosition* 字段用来存储智能体集合地点的位置（或出口的位置）。最后的三个属性字段将在后续章节中应用，其中 *CabinPosition* 字段用来存储智能体所居住舱室的位置，*LifeJacketState* 字段用来记录智能体是否穿戴救生衣，*Character* 字段表示智能体的性格特点，用来标记乘客是否属于冒险性格。

3.2.2 行人运动模型构建

行人运动模型的主要作用是控制行人朝目标节点前进，目标节点则是由决策模型所指定的，行进过程中运动模型会综合考虑周围墙体、障碍物和其他行人对运动的影响。本书将社会力模型[8,52]与操纵力模型[56]相结合用以构建智能体的运动模型。社会力模型用来反映智能体的个体行为，而操纵力模型则用来反映智能体的组间行为。社会力模型采用微分方程控制行人的运动，是一种计算精度较高的连续模型，但是计算量较大。操纵力模型是一种基于速度矢量的模型，将行人之间的相互作用视作三种不同的操纵矢量，将操纵矢量的合向量当作行人的速度变化，进而可以得到行人任意时刻的速度。操纵力模型最早用于游戏场景的开发，其计算量较小但计算精度不高，当行人密度较大时，会导致行人相互重叠。

本书提出了社会力模型与操纵力模型相结合的新型组合模型[156,157]，该模型不仅具有社会力模型的计算精度，同时其计算效率也相对较高。社会力模型并未考虑到群体行为，例如当大量乘客涌向出口时，乘客不考虑周围拥堵情况，而是尽可能地向前推挤，毫不避让。但在引入了操纵力模型后，行人会在发生拥堵的区域降低速度，随着人群一起运动。

模型假定每一个智能体 i 受到期望力 $\boldsymbol{f}_i^{\mathrm{de}}$、来自墙体 W 的交互力 $\boldsymbol{f}_{iW}$、与行人 j 之间的交互力 $\boldsymbol{f}_{ij}$ 及来自座位 S 的阻碍力 $\boldsymbol{f}_{iS}^{f}$ 的影响。智能体 i 的速度 $\boldsymbol{v}_i$ 在时间 t 内的变化可通过加速度方程获得

$$m_i \frac{\mathrm{d}\boldsymbol{v}_i}{\mathrm{d}t} = \boldsymbol{f}_i^{\mathrm{de}} + \sum_W \boldsymbol{f}_{iW} + \sum_{\forall j \in B_i} \boldsymbol{f}_{ij} + \sum_S \boldsymbol{f}_{iS}^{f} \tag{3.1}$$

式中，m_i 是智能体 i 的质量；B_i 表示智能体 i 邻域空间内的其他智能体的集合，即

$$B_i = \{j \mid j \in A, j \neq i, \boldsymbol{p}_i - \boldsymbol{p}_j < R\} \tag{3.2}$$

式中，$\boldsymbol{p}_i$ 和 $\boldsymbol{p}_j$ 分别表示智能体 i 和 j 的位置向量；A 表示所有智能体的集合。图 3.3 展示了智能体的邻域半径，值得注意的是在原始的社会力模型中，计算行人之间交

互力$\boldsymbol{f}_{ij}$的时候会考虑所有的智能体,其计算复杂度为$O(n^2)$,计算耗时与智能体数目的平方成正比。社会力模型中交互力的大小是随着行人间距离增大成指数衰减的,但超过一定距离(>1 m)后其大小(<1 N)可以忽略不计。为此,本书模型在计算时仅考虑智能体邻域半径R内的其他智能体,则计算复杂度降为$O(n)$,计算耗时仅与智能体的数量成正比。

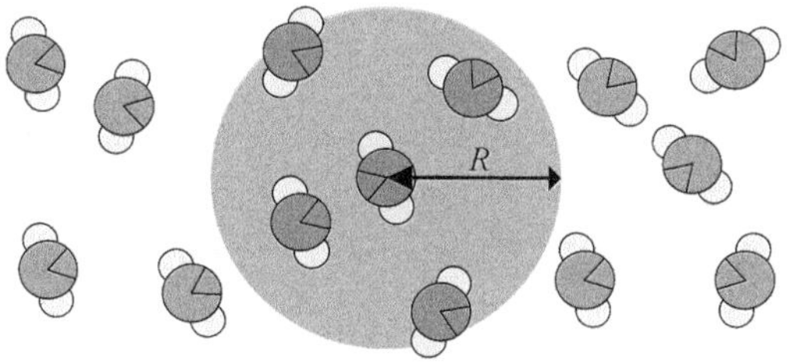

图3.3　智能体的邻域半径

期望力$\boldsymbol{f}_i^{\mathrm{de}}$反映了智能体$i$期望以一个固定的期望速率$v_i^0 = |\boldsymbol{v}_i^0|$朝给定的目标运动,该目标由决策模型确定。期望力计算方法如下:

$$\boldsymbol{f}_i^{\mathrm{de}} = m_i \frac{\boldsymbol{v}_i^0(t) - \boldsymbol{v}_i(t)}{\tau_i} \tag{3.3}$$

式中,τ_i为智能体i改变其当前速度$\boldsymbol{v}_i$到期望速度所需要的时间,期望速度为

$$\boldsymbol{v}_i^0(t) = v_i^{\max} \frac{(\boldsymbol{p}_i^0(t) - \boldsymbol{p}_i(t))}{\boldsymbol{p}_i^0(t) - \boldsymbol{p}_i(t)} \tag{3.4}$$

式中,$v_i^{\max}$是智能体i的最大行走速率,$\boldsymbol{p}_i^0(t)$和$\boldsymbol{p}_i(t)$分别为智能体i的目标位置和当前位置,$\boldsymbol{p}_i^0(t)$由决策模型确定。

智能体i与墙W之间的交互力$\boldsymbol{f}_{iW}$由三部分组成:排斥力$\boldsymbol{f}_{iW}^{\mathrm{r}}$,使智能体和墙体保持一定的距离;身体弹力$\boldsymbol{f}_{iW}^{\mathrm{b}}$,避免人体与墙体重叠;径向摩擦力$\boldsymbol{f}_{iW}^{\mathrm{s}}$,在智能体与墙体接触时阻碍其径向方向的运动(如图3.4所示)。智能体i与墙W之间的交互力$\boldsymbol{f}_{iW}$可表示为

$$\boldsymbol{f}_{iW} = \boldsymbol{f}_{iW}^{\mathrm{r}} + \boldsymbol{f}_{iW}^{\mathrm{b}} + \boldsymbol{f}_{iW}^{\mathrm{s}} \tag{3.5}$$

$$\boldsymbol{f}_{iW}^{\mathrm{r}} = k_{\mathrm{r}} \frac{g(R - d_{iW})}{R - r_i} \boldsymbol{n}_{iW} \tag{3.6}$$

$$\boldsymbol{f}_{iW}^{\mathrm{b}} = k_{\mathrm{b}} \exp(g(r_i - d_{iW})/B) \boldsymbol{n}_{iW} \tag{3.7}$$

$$\boldsymbol{f}_{iW}^{\mathrm{s}} = -k_{\mathrm{s}} g(r_i - d_{iW})(\boldsymbol{v}_i \cdot \boldsymbol{t}_{iW}) \boldsymbol{t}_{iW} \tag{3.8}$$

和

$$g(x) = \begin{cases} x, x > 0 \\ 0, x \leqslant 0 \end{cases} \tag{3.9}$$

式中，B，k_r，k_b 和 k_s 是常量；r_i是智能体 i 的半径；d_{iW}是智能体 i 与墙 W 之间的距离；R 是智能体的邻域半径；$\boldsymbol{n}_{iW}$表示垂直于墙指向智能体 i 的单位向量；$\boldsymbol{t}_{iW}$为与 $\boldsymbol{n}_{iW}$ 垂直的单位向量。需要注意的是$\boldsymbol{f}^{r}_{iW}$，$\boldsymbol{f}^{b}_{iW}$和$\boldsymbol{f}^{s}_{iW}$三种作用力源于社会力模型。为了加快计算，$\boldsymbol{f}^{r}_{iW}$的作用范围比原始模型小很多，仅考虑了智能体邻域半径内的墙体。

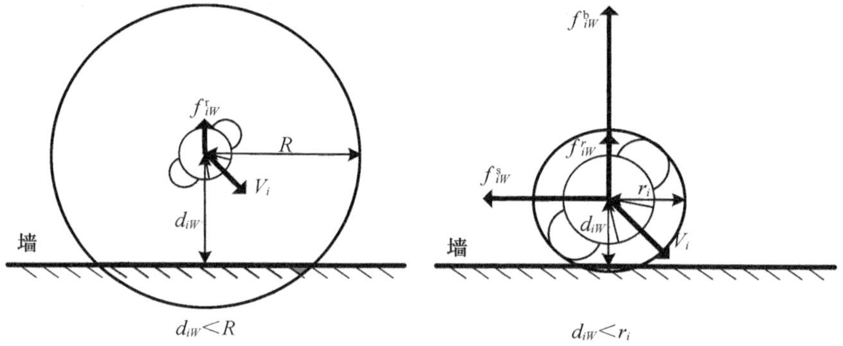

图 3.4　智能体与墙体之间的交互力

智能体 i 与 j 之间的相互作用力$\boldsymbol{f}_{ij}$由 5 部分组成：散开力$\boldsymbol{f}^{se}_{ij}$使智能体与周围其他智能体保持一定距离（如图 3.5（a）所示）；聚合力$\boldsymbol{f}^{co}_{ij}$使智能体向着周围其他智能体的中心运动（如图 3.5（b）所示）；匹配力$\boldsymbol{f}^{al}_{ij}$使智能体的速度与周围其他智能体相匹配（如图 3.5（c）所示）；身体回弹力$\boldsymbol{f}^{b}_{ij}$防止智能体之间相互重叠；径向摩擦力$\boldsymbol{f}^{s}_{ij}$在智能体相互接触时阻碍其径向方向上的运动（如图 3.6 所示）。智能体 i 与 j 之间的相互作用力$\boldsymbol{f}_{ij}$可表示为

$$\boldsymbol{f}_{ij}=\boldsymbol{f}^{se}_{ij}+\boldsymbol{f}^{co}_{ij}+\boldsymbol{f}^{al}_{ij}+\boldsymbol{f}^{b}_{ij}+\boldsymbol{f}^{s}_{ij} \tag{3.10}$$

$$\boldsymbol{f}^{se}_{ij}=k_{se}\frac{\boldsymbol{n}_{ij}}{d_{ij}} \tag{3.11}$$

$$\boldsymbol{f}^{co}_{ij}=k_{co}\frac{\boldsymbol{p}_j-\boldsymbol{p}_i}{|B_i|} \tag{3.12}$$

$$\boldsymbol{f}^{al}_{ij}=k_{al}\frac{\boldsymbol{v}_j-\boldsymbol{v}_i}{|B_i|} \tag{3.13}$$

$$\boldsymbol{f}^{b}_{ij}=k_b\exp(g(r_i-d_{ij})/B)\boldsymbol{n}_{ij} \tag{3.14}$$

和

$$\boldsymbol{f}^{s}_{ij}=k_s g(r_i-d_{ij})\cdot\Delta v^{t}_{ji}\boldsymbol{t}_{ij} \tag{3.15}$$

式中，$d_{ij}=\boldsymbol{p}_i-\boldsymbol{p}_j$ 为智能体 i 和 j 之间的距离；$\boldsymbol{n}_{ij}=(n^1_{ij},n^2_{ij})=(\boldsymbol{p}_i-\boldsymbol{p}_j)/d_{ij}$是从智能体 j 指向 i 的标准向量；$|B_i|$ 是集合 B_i 内元素的个数；k_{se}，k_{co}和 k_{al}是常量；$\boldsymbol{t}_{ij}=(-n^2_{ij},n^1_{ij})$是垂直于 $\boldsymbol{n}_{ij}$的标准向量；$\Delta v^{t}_{ji}=(\boldsymbol{v}_j-\boldsymbol{v}_i)\cdot\boldsymbol{t}_{ij}$是切线方向上的速度变化。需要注意

的是$\boldsymbol{f}_{ij}^{se}$，$\boldsymbol{f}_{ij}^{co}$和$\boldsymbol{f}_{ij}^{al}$源于操纵力模型，而$\boldsymbol{f}_{ij}^{b}$和$\boldsymbol{f}_{ij}^{s}$则源于社会力模型（与$\boldsymbol{f}_{iW}^{b}$和$\boldsymbol{f}_{iW}^{s}$相似）。

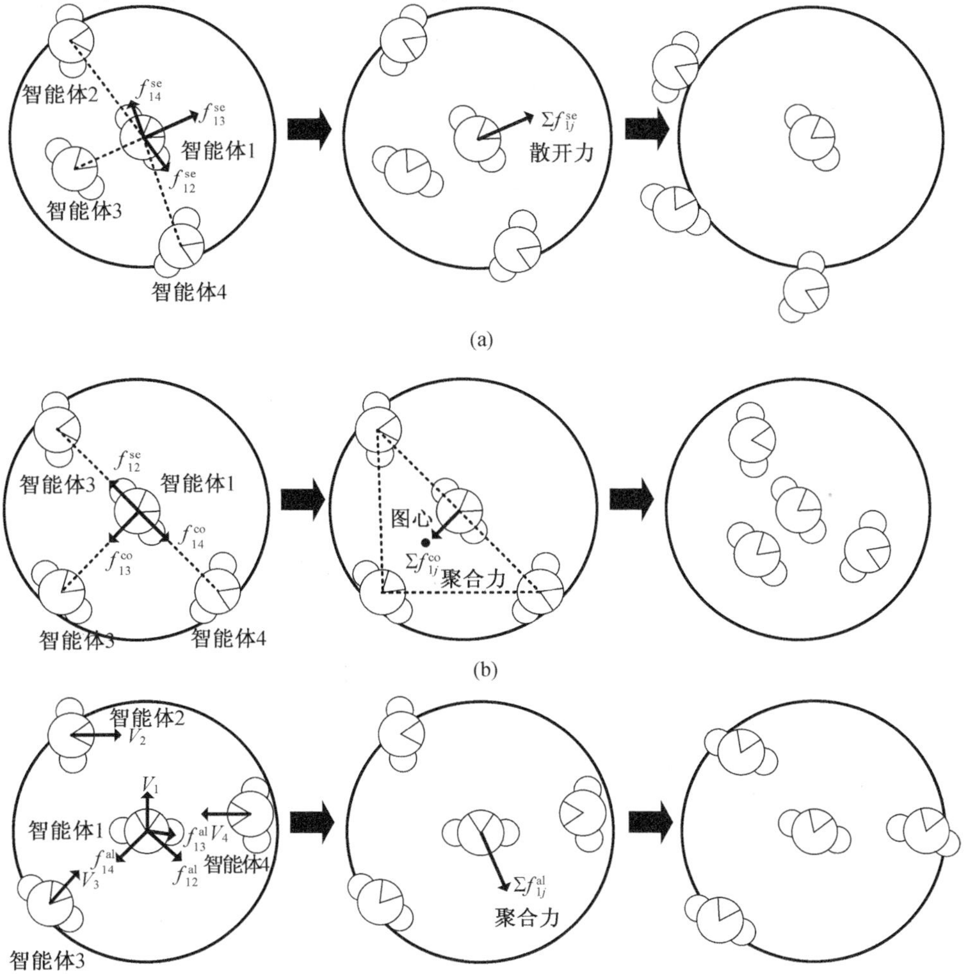

图3.5　操纵力

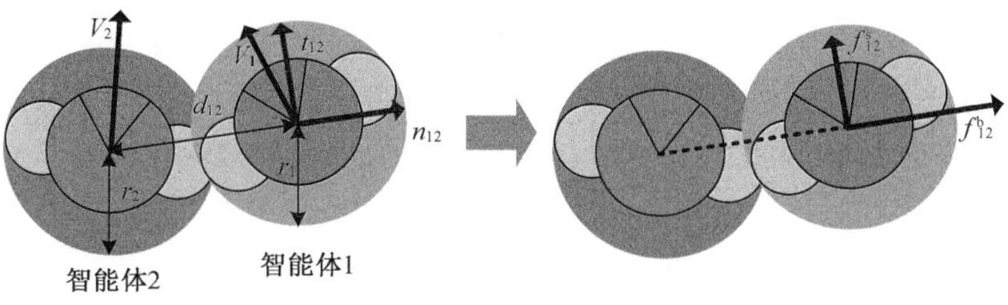

图3.6　身体回弹力与径向摩擦力

智能体 i 受到来自座位 S 的阻碍力 $\boldsymbol{f}_{iS}^{\mathrm{f}}$ 可表示为

$$\boldsymbol{f}_{iS}^{\mathrm{f}} = -k_f \frac{g(r_i + r_S^{\mathrm{st}} - d_{iS})}{r_i + r_S^{st}} \boldsymbol{v}_i \tag{3.16}$$

式中，k_f 是常量；r_S^{st} 是座位 S 的近似半径（座位宽 0.4 m，本书选取 $r_S^{\mathrm{st}} = 0.24$ m）；d_{iS} 表示智能体 i 与座位之间的距离（见图 3.7）。

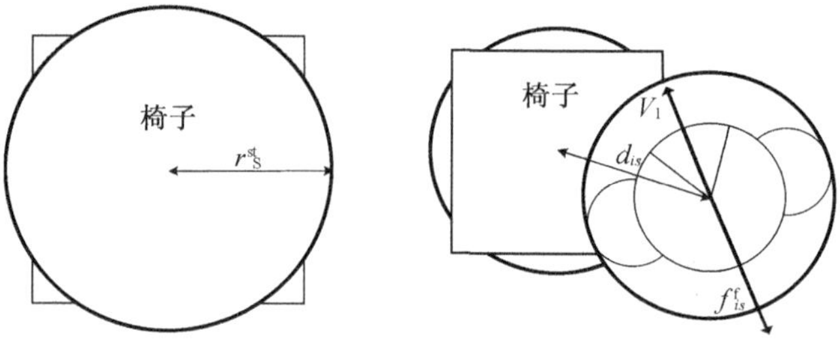

图 3.7　座位的近似半径与座位阻力

3.2.3　环境空间模型构建

在疏散的整个过程中，行人作为人员疏散的主体始终位于物理环境空间中，行人所在的位置及其周围环境是影响疏散过程的重要因素，因此在疏散仿真模型的开发中具有举足轻重的地位。疏散仿真模型的环境空间建模方法有很多种，如连续坐标表示法、网络表示法、射线表示法和网格表示法等[158]。本书采用连续坐标表示法表示墙体、障碍物、门和出口等空间环境，而行人规划路径所依据的导航图则采用网格表示法。

1. 连续空间表示方法

每段墙体包含两个端点及其法线方向，墙体由两个端点之间的线段所表示，法线方向则指向墙体的正面一侧。如 2.8.1 节所述，社会力模型中向量 $\boldsymbol{n}_{iW}$ 所指向的方向为墙体的法线方向，该法线指向行人一侧，确定了墙体阻力的方向。本书为减少计算 $\boldsymbol{n}_{iW}$ 所需的时间，直接在每个墙体中给出了法线方向。需要注意的是，此时的墙体是一种单面墙体，即墙体的正面是不可穿透的，而从墙体反面则可穿过墙体。因此在绘制空间模型时需要特别注意墙体的法线方向，对于一些双面都不能穿透的墙体（如相邻房间之间的共用墙体）则需要绘制两段墙体。对于空间内不可穿越的障碍物（桌子），本书采用多段墙体所围成的多边形表示。而对于可跨越的障碍物（座位）则采用圆形图案表示，即由座位的近似半径和位置定义。

2. 导航图表示方法

导航图 $G(V,E)$ 中存储了环境空间内行人所有可以到达的地点及这些地点之间的连接。该图的每条边包含从一个节点到另外一个节点的开销,在本书中该开销用两个节点之间的欧氏距离表示。导航图 $G(V,E)$ 的生成过程如图3.8所示,首先在环境中任意选取一个位置并在该位置上放置一个种子节点,然后应用广度优先的搜索算法获取所有顶点。广度优先算法从种子节点开始向八个方向上搜索其他节点,如果被测试的节点与种子节点之间不存在墙体,则将测试节点及其对应的边添加到图中,重复该过程直到所有行人可到达的地点都被添加到图 $G(V,E)$ 后停止搜索。本书模型中节点之间的距离为0.4 m(对角线方向为 $2\sqrt{2}/5$ m),该距离可以根据计算精度进行调节,距离越小精度越高,但计算量会随之增大。

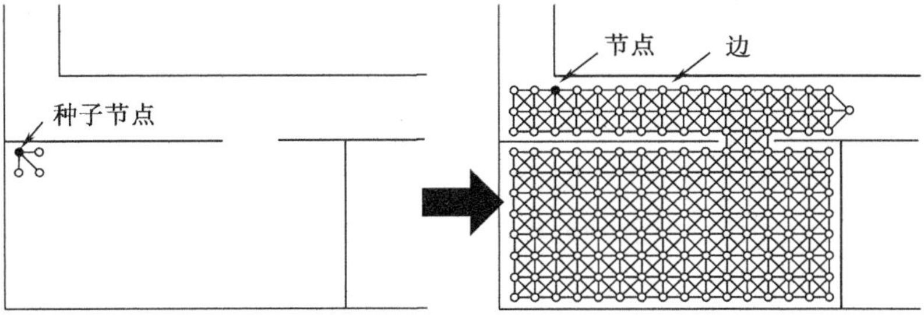

图3.8 导航图的生成过程

为了实现座位绕行行为,增加了图 $G(V,E)$ 中座位附近边的开销,使得行人在搜索最短路径时会避开这些边。将每个座位附近的节点按照其与座位中心的距离赋予虚拟高度,节点之间边的开销则根据节点间的距离与虚拟高度通过三角函数计算获得,即点 N_M 和点 N_N 之间边 E_{MN} 的开销 c_{NM} 可以表示为

$$c_{NM} = \sqrt{(h_M - h_N)^2 + d_{NM}^2} \tag{3.17}$$

其中

$$h_N = \sum_S \frac{g(r + r_S^{\mathrm{st}} - d_{NS})}{r + r_S^{\mathrm{st}}} h_{\max} \tag{3.18}$$

$$g(x) = \begin{cases} x & x > 0 \\ 0 & x \leqslant 0 \end{cases} \tag{3.19}$$

式中,h_N 和 h_M 分别是点 N_N 和点 N_M 的虚拟高度;d_{NM} 是点 N_N 和点 N_M 之间的水平距离(欧氏距离);r 是乘客的平均身体半径($r = 0.25$ m);d_{NS} 是点 N_N 和座位 S 之间的水平距离,图3.9给出了座位附近边开销的计算过程;$h_{\max}$ 是最大虚拟高度($h_{\max} = 1.8$ m),也可为 $h_{\max}$ 设定不同的值,如果选取一个较小的 $h_{\max}$ 值则乘客更倾向于穿过座位。

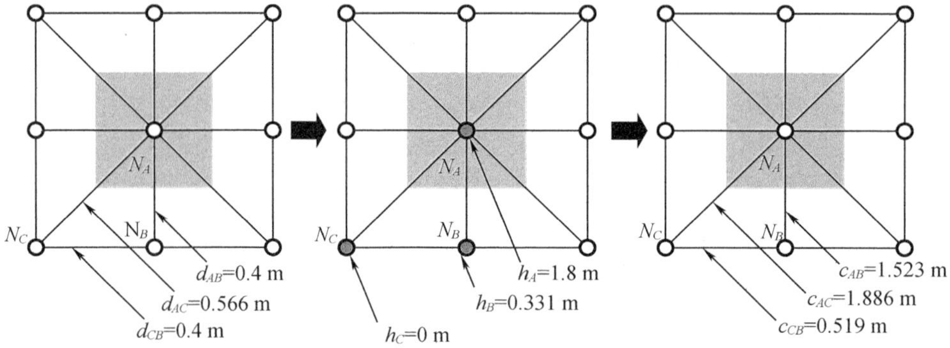

图 3.9　边开销的计算过程

3. 导航图存储

邻接矩阵和邻接列表是用于存储图的两种常见的数据结构。邻接矩阵采用布尔型或浮点型二维矩阵存储图的连接信息,其中布尔型用于边开销均为零的图,而浮点型则用于含有开销的情况。图 3.10(a)给出了图 2.14 中示例图的邻接矩阵,其中数字“1”表示两个节点之间相连接,而数字“0”则表示不相连,例如节点 A 和 B 之间存在一条边将其连接,而节点 A 和 C 则不相连。邻接矩阵是一种非常直观的存储方式,然而对于大型稀疏图来说,会浪费大量的存储空间去存储数据“0”。而对于稀疏图来说邻接列表这种数据结构更为合适。在邻接列表中,每一个节点将其相邻的其他节点存储在一个连接的表结构中,图 3.10(b)给出了对应的邻接列表,从中可以看出邻接列表不会浪费空间去存储不存在的空连接。邻接矩阵存储图$G(V,E)$所需的空间与$|V|+|E|$(节点与边的总数)成正比,而邻接矩阵则与$|V|^2$(节点数的平方)成正比。由于导航图中每个节点最多与 8 个节点连接,而节点数量可能多达上万个,因此本书选取邻接列表存储导航图。

4. 邻域空间实现

邻域空间概念的引入,使得智能体仅考虑周围邻域空间内其他智能体,使得计算复杂度从 $O(n^2)$降低到 $O(n)$,前文并没有给出算法的具体实现方法。如何快速标记邻域内其他智能体,是降低算法复杂度的关键。本书将整个平面空间划分成一系列的网格,每个网格以列表的方式存储了其包含的所有智能体编号。当智能体的位置更新后则需要更新对应列表,如果智能体进入新的网格内,则将其从旧的网格移除并添加到新的网格。此时仅需测试智能体附近网格内的其他智能体,而无需对每一个智能体进行测试,具体步骤如下。

(1)如图 3.11 所示,智能体的邻域空间用圆形表示,将该圆形邻域空间扩展为其外切正方形,即图中正方形。

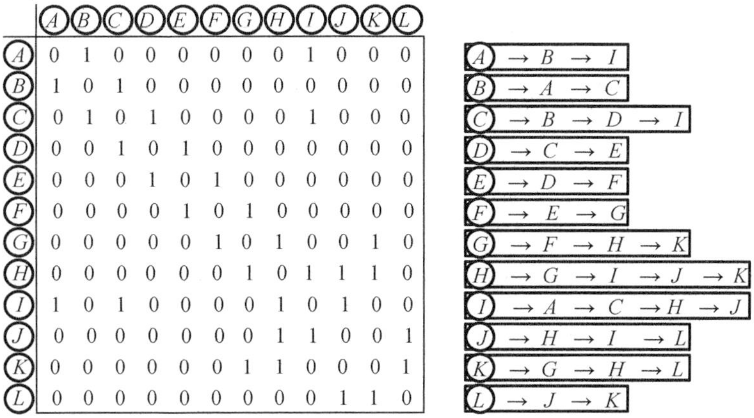

(a)邻接矩阵　　　　(b)邻接列表

图 3.10　用于存储图的两种常见数据结构

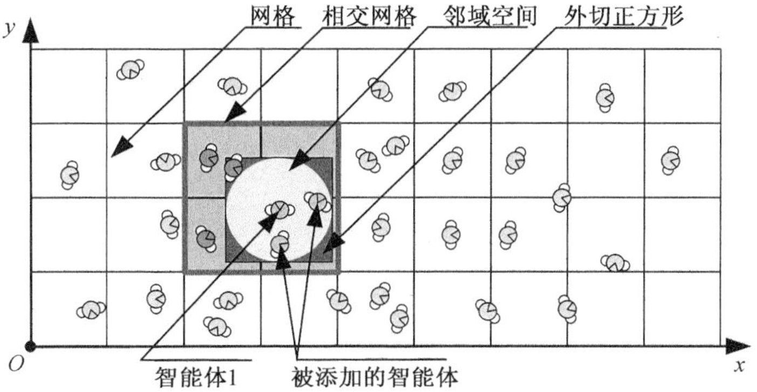

图 3.11　网格空间划分

(2)选取与外切正方形相交的网格。

(3)判断所有相交网格内的每个智能体是否在邻域空间内，如果是则将其添加到邻域列表中。

从坐标零点开始将整个环境空间划分为长宽均为 b_{grid} 的网格，b_{grid} 的选取不会影响最终的计算结果，但却会影响计算效率，较小的 b_{grid} 值需要对网格内所包含的编号进行频繁删除和添加操作，而较大的 b_{grid} 值则会导致相交网格内含有大量的智能体，进而进行大量不必要的判断。本书 b_{grid} 的初始值为 3 m，该划分并不一定是最优划分，仅是一个较为合理的划分。将网格按照顺序存储到二维数组 Grid_space[i][j]中。在第二步中选取相交网格时，不需要对每一个网格进行判断，根据智能体的位置与邻域半径即可立即获取所相交的网格。智能体的位置坐标为(x, y),邻域半径为 R,则可知与外切正方形相交网格的数组下标 i 和 j 的取值范围,即

$$\left|\frac{x-R}{b_{\mathrm{grid}}}\right| \leqslant i \leqslant \left|\frac{x+R}{b_{\mathrm{grid}}}\right| \tag{3.20}$$

且

$$\left|\frac{y-R}{b_{\mathrm{grid}}}\right| \leqslant j \leqslant \left|\frac{y+R}{b_{\mathrm{grid}}}\right| \tag{3.21}$$

通过上述下标取值范围,可以直接获取对应的相交网格。

在选定邻域空间半径和网格大小后,每次与之相交网格的数目是有限的,本书每次最多有 4 个网格与之相交,总计 36 m^2 的空间,该空间内最大可能存在智能体数为 $n_{\max}$,算法的复杂度为 $O(n_{\max}n)$,由于有限空间内最大可容纳的人数为常量,即 $n_{\max}$ 为常量,对于算法复杂度 O 来说括号内的常量是可以简化掉的,最终算法复杂度简化为 $O(n)$。

3.2.4 路径规划模型构建

路径规划模型可以为智能体规划出一条从智能体 i 当前位置到出口 j 的最短路径 P_{ij}。从智能体 i 当前位置到距离其最近出口的最短路径可表示为

$$P_i = \min(P_{i1}, P_{i2}, \cdots) \tag{3.22}$$

其中最短路径 P_{ij} 通过如下方式获得

$$P_{ij} = f^*(G(V,E), \boldsymbol{p}_i, \boldsymbol{e}_j) \tag{3.23}$$

式中,$\boldsymbol{p}_i$ 是智能体 i 的位置,$\boldsymbol{e}_j$ 是第 j 个出口(或集合地点)的位置,函数 f^* 是 Dijkstra 搜索算法。通过搜索算法计算所得的最短路径如图 3.12 所示。

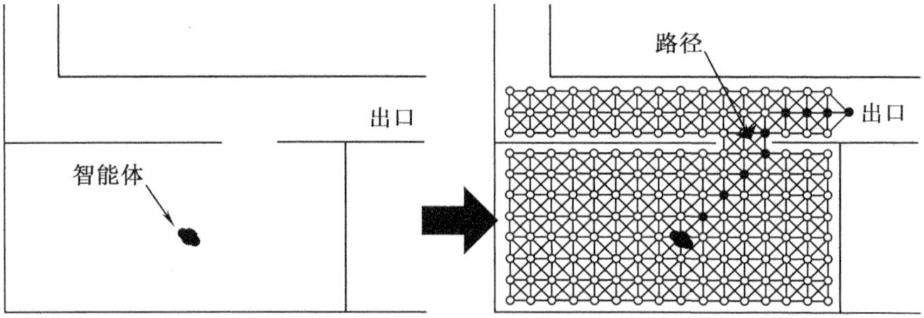

图 3.12 通过搜索算法计算所得的最短路径

为了加快计算,在仿真运行前将每个出口设置为源节点分别运行一次 Dijkstra 搜索算法,随后将每个出口所对应的最短路径树存储,并在图 $G(V,E)$ 中为每一个节点存储所有最短路径树上的父节点及其到对应出口的距离。在仿真运行时可通

过比较到不同出口的距离选取距离最近的出口，随后依次选取所对应的父节点，即可得到一条到最近出口的最短路径。本书存储了每个节点到多个出口所对应的父节点，虽然增加了一定的存储空间，但当需要设定某个出口失效时，则无须重新运行 Dijkstra 算法。

3.2.5 基于目标的决策模型构建

人类通常会根据自己的需求选取一个顶层抽象目标，然后将目标逐层分解为一系列可执行的方案[155]。例如，某人选取了一个顶层目标“购物”，但该目标是一个抽象目标不能被立刻执行，需要将其分解为更小的子目标如“穿上外衣”“拿上钱包”“去往车库”和“开车去往商场”等。这些目标都是抽象的目标，需要进一步地进行分解。例如，“穿上外衣”首先被分解成更小的目标，如“去往衣柜”和“挑选衣服”。而“去往衣柜”则被分解为两个可以执行的底层目标“规划路径”和“沿路径行进”。“规划路径”会请求大脑规划一条去往衣柜位置的路线，而“沿路径行进”则是通过沿着规划的道路前往衣柜所实现。通常人类不愿花费宝贵的精力去分解所有抽象目标[155]，而是在需要实现目标时才去思考。例如一般人类不会在拿到牙刷前去思考先刷牙齿的哪一部分。因此当“穿上衣服”被实现后才开始将“拿上钱包”分解为可执行的目标如“规划路径”和“沿路径行进”。

在某种程度上，目标驱动的决策模型反映了人类制订方案时的思考过程，分层级的结构便于设计人员直观地定义智能体的行为。在每次更新时，智能体会评估其周围环境状态并选择需求度最高的目标，然后将其分解为子目标并依次实现每个子目标。

智能体的目标集合见表 3.1。

表 3.1 智能体的目标集合

编号	名称	描述	类别
Goal_1	疏散	进行疏散	复合目标
Goal_2	准备疏散	开始行动前的准备工作，用来表示行人的反应时间	原子目标
Goal_3	前往集合地点	向指定的集合地点撤离	复合目标
Goal_4	规划路径	规划一条从智能体当前位置到目标位置的最短路径	原子目标
Goal_5	跟随路径	沿着所规划的最短路径运动	复合目标
Goal_6	前往路径点	前往最短路径上的路径点	复合目标
Goal_7	随人群行动	放弃原有出口，跟随人群运动	原子目标
Goal_8	进入集合地点	进入集合地点，疏散过程结束	原子目标

1. 目标的分解与实现

本章模型共定义了 8 种不同的目标：Goal_1（疏散）、Goal_2（准备疏散）、Goal_3（前往集合地点）、Goal_4（规划路径）、Goal_5（跟随路径）、Goal_6（前往路径点）、Goal_7（随人群行动）和 Goal_8（进入集合地点），其中目标 2、4、7 和 8 为原子目标不可被分解，而其他目标则是复合目标可以被分解成多个子目标。仿真开始时，智能体将“疏散”添加到目标列表，该目标是一个复合目标需要被分解成子目标。如图 3.13(a)所示，目标“疏散”被分解成“准备疏散”和“前往集合地点”目标。这里用“准备疏散”目标表示不同行人的反应时间，仿真开始后智能体追逐“准备疏散”目标，该目标使智能体保持原地不动的等待状态，当等待时间超过反应时间，从目标列表中删除该目标。之后智能体开始追逐“前往集合地点”目标，该目标被分解成“规划路径”“跟随路径”和“进入集合地点”目标，如图 3.13(b)所示。其中“规划路径”目标通过路径规划模型来实现，实现该目标后从目标列表中将其删除，智能体随后选择“跟随路径”目标，并将其分解成一系列的“前往路径点”目标，如图 3.13(c)所示。在乘客追逐“前往路径点”目标时，当周围乘客密度大于等于 3.5 人/m^2时，乘客会选择跟随人群一同行动，此时期望力 $\boldsymbol{f}_i^{de}$ 的大小为零，“随人群行动”目标被添加到目标列表中作为“前往路径点”的子目标，如图3.13(d)所示。当周围乘客的密度小于 3.5 人/m^2 时，智能体放弃“随人群行动”目标，执行该目标的退出逻辑，恢复期望力 $\boldsymbol{f}_i^{de}$ 并将聚合力 $\boldsymbol{f}_{ij}^{co}$ 和匹配力 $\boldsymbol{f}_{ij}^{al}$ 的大小调整为零。

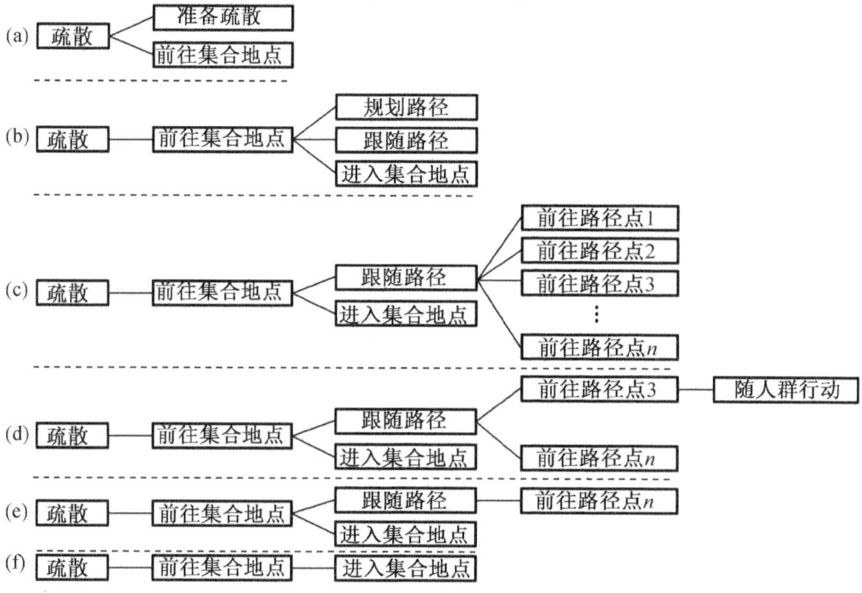

图 3.13　目标分解和实现的过程

图3.14给出了智能体实现其目标的流程图，包含了模型中所有目标及其相应的响应。其中矩形表示不同的目标，菱形则表示判断条件，箭头方向代表动作流方向。智能体在实现目标“前往路径点”时，需要评估该目标的状态，这是因为有时智能体可能会被其他智能体推挤，以致偏离其规划的路径，不能及时到达预定的路径点，在这种情况下目标不能被实现，需要重新规划路径。如果该目标得以实现并且当前目标点是最后一个路径点，则智能体选择目标“进入集合地点”，否则，智能体将继续向下一个路径点运动。智能体周围行人的密度决定其是否跟随行人一同行动。如果密度小于3.5 人/m^2，则智能体独自行动，否则跟随其他行人一起行动。

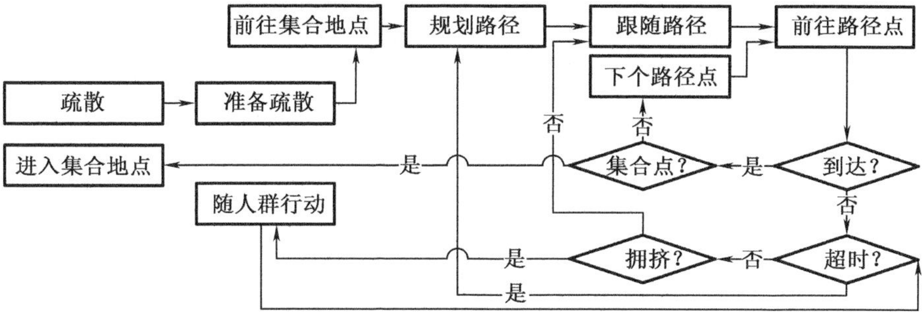

图3.14 智能体实现目标的流程图

2. 目标驱动决策模型的实现

目标驱动决策模型是通过分层级嵌套方式实现的，利用面向对象编程语言C++来实现。首先定义一个抽象的基础类(目标)，通过对其继承的方式定义简单目标类和复合目标类，这种继承的方式使得智能体能够以相同的方式处理所有目标，不论目标是否可以被分解。图3.15给出了智能体目标类的设计图，图中清晰地显示了复合目标类如何聚合目标实例，而每个实例又可以是复合目标或简单目标。每个复合目标类拥有一个先进后出(LIFO)的数据结构，通过函数AddSubGoal()将子目标存储在该数据结构中，进而保证智能体仅追逐最新添加的目标。目标类中函数Render()的功能是显示目标列表。

Active()函数包含了目标的相应初始化逻辑，用来表示方案制订的阶段，函数Active()可以被多次执行，每次执行表示重新制订相应的方案。例如当行人未在规定的时间内到达相应的路径点，此时需要重新规划路径，即运行一次“路径规划”目标的Active()函数。

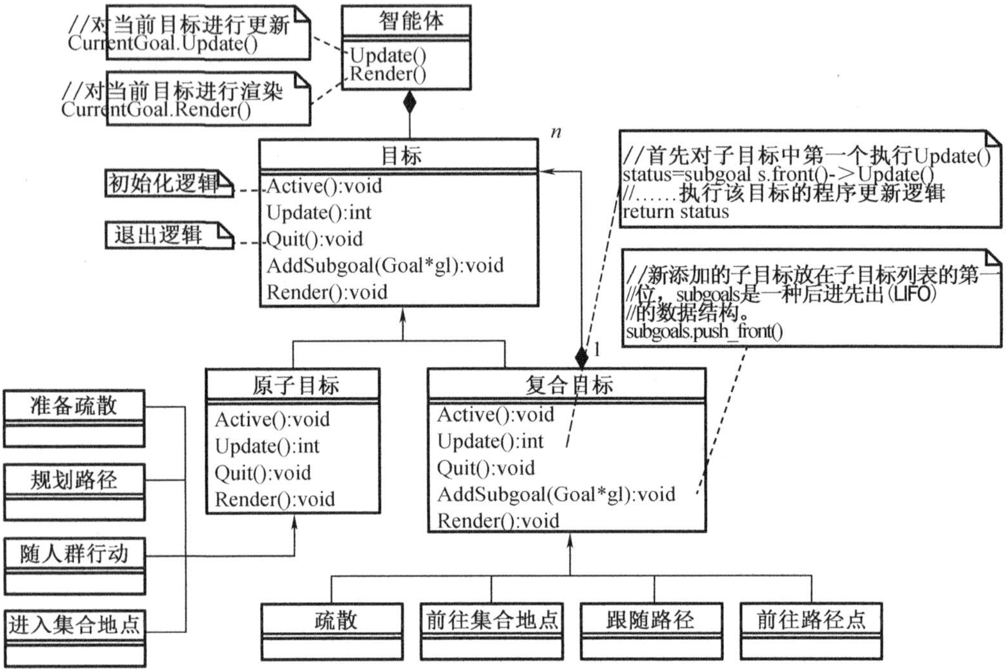

图 3.15　智能体目标类的设计图

Update( )函数需要在每步更新时运行一次,函数的返回结果表示目标的对应状态,共计四种返回结果:

(1)未激活,表示目标目前未被激活,等待被激活;

(2)已激活,表示目标已经被激活,每次运行都会调用 Update( )函数一次;

(3)完成,表示已经完成目标,在下一次更新时将被删除;

(4)失败,表示没有达成目标,在下一次更新时被删除或重新规划(调用 Active( )函数)。

Quit( )函数在目标类的实例被销毁时调用,用来处理退出目标时一些逻辑与状态的还原工作。

3.3　疏散仿真模型初始参数选取

表 3.2 列出了运动模型参数的初始值,其中一些是行人的物理与统计学属性,如 m_i, $v_i^{\max}$ 和 r,其他一些参数则是与运动模型本质相关。这些参数的取值摘选自其他学者的研究[6,52,60,75]。需要注意的是 k_{se} 的初始值选取自 Helbing 等人的文章[52],而 k_{se},k_{co} 和 k_{al} 之间的比例是从 Ha 等人的文章[75]获得,根据该比值推算出

k_{co}和 k_{al}的初始值,k_f 则是通过实验获得。虽然社会力模型是一种连续模型,但仍需对时间进行离散化处理,即在每个时间间隔内更新所有智能体的位置。Helbing[8]等人选取的时间步长为 0.2 s,相比于元胞自动机模型(如 0.5 s[75])要小得多。本书模型计算复杂度较低,因而可以选取更小的时间步长(0.02 s)以确保计算精度。本章所有仿真是在处理器为 Intel 1.7 GHz,显卡为 Intel 5500 及内存为 4 GB RAM 的移动计算机上进行的。

表 3.2　运动模型参数的初始值

参数	初始值	单位	描述	来源
m	80	kg	乘客的质量	文献[52]
v_i^{max}	0.97 ~ 1.62	m/s	乘客的最大行走速度	文献[6]
τ_i	0.5	s	速度特征时间	文献[52]
k_r	2 000	N	排斥力的强度	文献[52]
k_b	120 000	kg/s^2	身体回弹力的强度	文献[52]
k_s	240 000	kg/(m · s)	摩擦力的强度	文献[52]
R	1.0	m	邻域半径	文献[75]
B	0.08	无量纲	排斥力增长因子	文献[52]
k_{se}	2 000	$kg \cdot m^2/s^2$	散开力的强度	文献[52]
k_{co}	400	kg/s^2	聚合力的强度	文献[52,75]
k_{al}	800	kg/s	对齐力的强度	文献[52,75]
k_f	1 500	kg/s	椅子阻力的强度	实验

由于跨越椅子行为的持续时间较短,并且其开始时间与结束时间较难测定,因而本节选取了一个长为 10 m、宽为 0.8 m 的走廊进行实验(如图 3.16 所示),通过对比受试者在该场景下及椅子被移走的场景下的不同行走时间,间接地推算出跨越椅子所需时间。图 3.17 为参数选取实验的场地照片,实验场地中每块地砖的长和宽均为 0.8 m,实验通过限定行人仅在靠墙一侧的一排地砖内行走来模拟 0.8 m 宽的走廊。表 3.3 给出了 10 名受试者的相关信息及其行走时间,需要注意的是男性跨越椅子的平均时间小于女性所需的时间,本书为了简化计算并未区分男性和女性,选取了受试者跨越椅子所需的平均值(2 s)作为模型参数选取的边界条件。

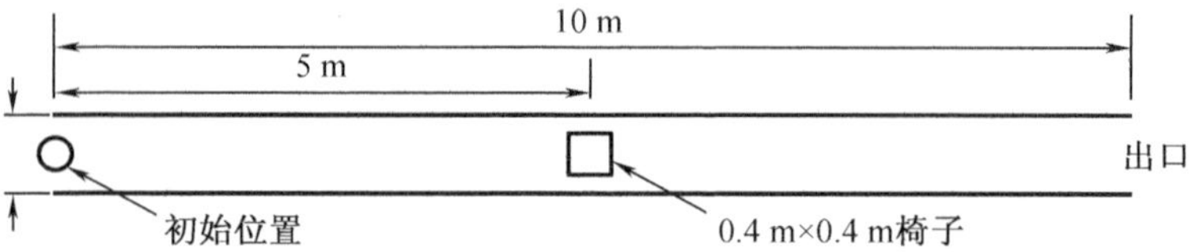

图 3.16　选取参数 k_f 所采用的测试场景

图 3.17　参数选取实验的场地

表 3.3　受试者的信息与行走时间

受试者编号	年龄	性别	有椅子时的行走时间/s	无椅子时的行走时间/s	跨越椅子的时间/s	平均跨越时间/s
1	24	女	9.7	7.6	2.1	2.01
2	26	女	10.4	7.8	2.6	
3	23	女	9.8	7.5	2.3	
4	25	女	10.1	7.4	2.7	
5	30	女	11.3	8.4	2.9	
6	22	男	7.8	6.2	1.6	
7	23	男	7.6	6.3	1.3	
8	25	男	8.1	6.5	1.6	
9	24	男	7.6	6.4	1.2	
10	28	男	8.9	7.1	1.8	

在仿真过程中,乘客以 1 m/s 的行走速度从左到右穿过走廊。选取了参数 k_f 的不同初始值,并对每个初始值进行了 10 次仿真。图 3.18 给出了参数 k_f 与疏散时间的关系。当 k_f =1 500 kg/s 时,乘客需要约 2 s 的时间跨越座椅(走廊中间的座椅被移走时,乘客需要 10 s 时间通过走廊),与实验中跨越座椅的平均时间相同,因而选取 k_f =1 500 kg/s 为模型的初始值。

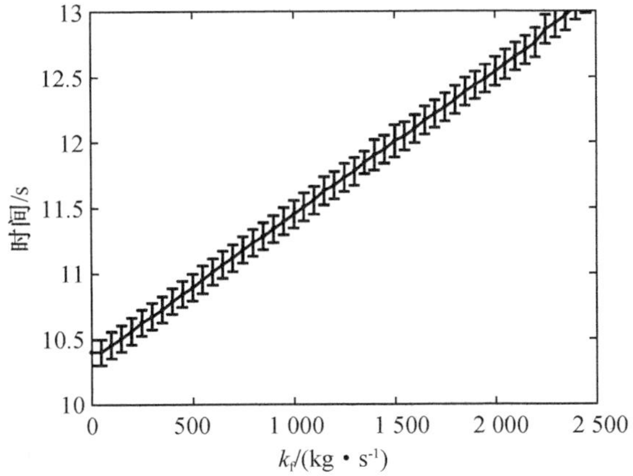

图 3.18　参数 k_f 与疏散时间的关系

3.4　基于简单场景的疏散仿真模型验证

3.4.1　IMO 所提供的 11 项测试场景

本章模型通过了 IMO 的所有 11 项测试,其中测试 1 是要求行人以设定的 1 m/s速度在 40 s 内走完 40 m 长的走廊。测试 2 要求行人以设定的 1 m/s 速度 10 s内登上斜面长 10 m 的楼梯。测试 3 要求行人以设定的 1 m/s 速度 10 s 内走下斜面长 10 m 的楼梯。本章模型的预测结果与 IMO 的预期有 0.5 s 左右的误差,这是因为模型中行人从静止到最大行走速度需要有 0.5 s 的加速时间。第 6 章将介绍更复杂的反应时间和人口统计参数的设定,因而测试 5 和测试 6 本章不再详细介绍。测试 8 是对逆流的测试,第 4 章会在本章模型的基础上增加逆流模型,因而测试 8 的结果详见第 4 章,测试 11 是对楼梯的测试,测试结果详见第 5 章。本节仅对测试 4、6、9 和 10 的结果进行详细说明。

1. 测试 4:出口处特定流量

一百名乘客均匀地分布在一个 5 m×8 m 的房间内,在长为 5 m 墙的中央有一个宽为 1 m 的出口(如图 3.19 所示),乘客的最大行走速度在 0.97 ~ 1.62 人/m^2 区间内均匀分布,IMO 预期的结果为整个过程中出口的行人特定流量小于 1.33 人/(m·s)[6]。行人特定流量是指单位时间内通过单位宽度的出口的行人数目。图 3.20 显示了乘客的瞬时行人特定流量和平均行人特定流量。在模拟过程中,平均与瞬时行人特定流量均小于 1.33 人/(m·s),结果与预期一致,模型满足该测试的要求。

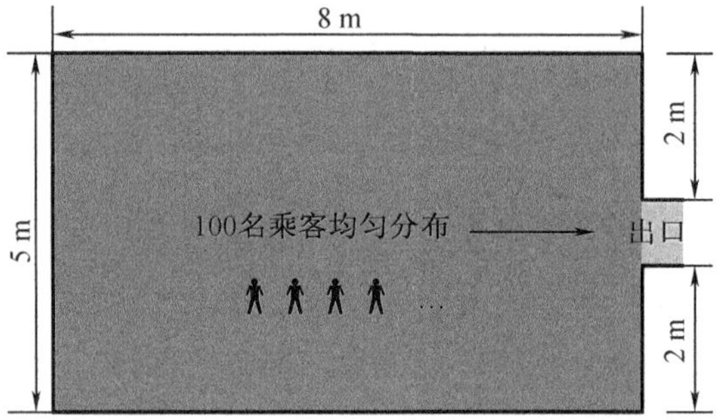

图 3.19 IMO 测试 4 的布置图[6]

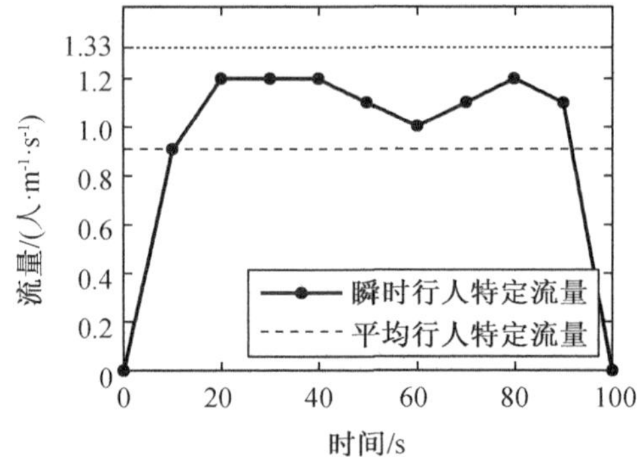

图 3.20 IMO 测试 4 中的行人特定流量

2. 测试 6:走廊拐角

20 名乘客均匀分布在 L 形走廊入口处 2 m×4 m 的深色区域,如图 3.21 所示,仿真开始后乘客沿着 2 m 宽的走廊行走,IMO 预期的结果是乘客在拐角处顺利地转弯且不会穿透墙壁[6]。图 3.22 中的线条为乘客的运动轨迹,该运动轨迹表明所有乘客成功地在拐角处转弯,结果与预期一致,模型满足该测试的要求。

3. 测试 9:大型公共空间的人群疏散

1 000 名 30～50 岁的男性乘客位于 30 m×20 m 的公共空间内,该空间共有四个出口,仿真开始后每位乘客选择距离其最近的出口离开,所有乘客均匀地分布在房间的中央(图 3.23 中深色区域)。乘客的行走速度在 0.97～1.62 m/s 区间内均匀分布。该测试包含两种情况:所有四个出口都可用;只有两个可用。IMO 所预期的结果是双出口疏散时间大约是四出口疏散时间的两倍[6]。

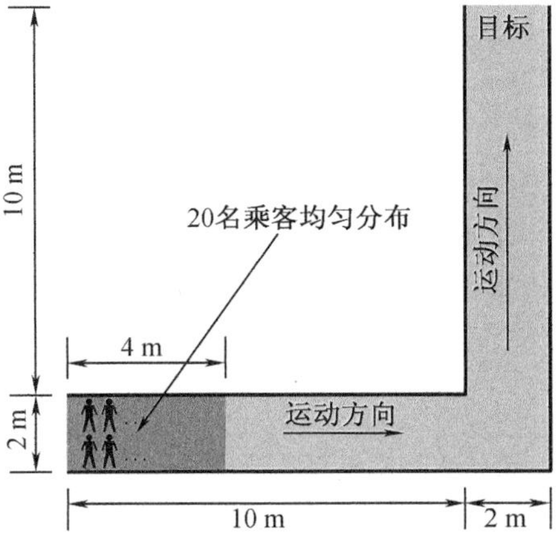

图 3.21　IMO 测试 6 的布置图[6]

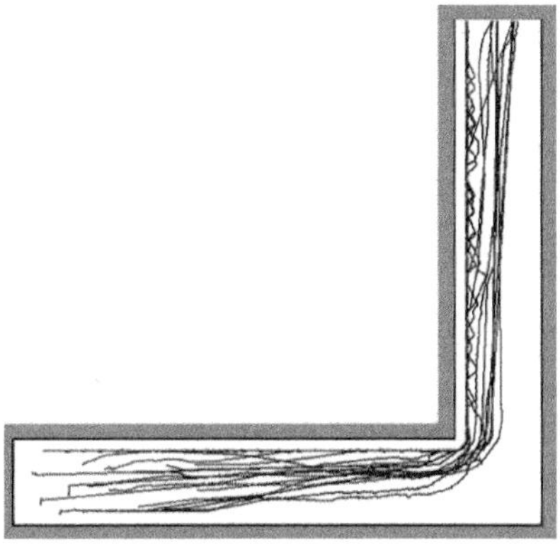

图 3.22　IMO 测试 6 中乘客的运动轨迹

分别对每个场景进行了 10 次仿真。图 3.24 分别为四出口和双出口仿真的运行结果,可以观察到乘客在出口前成拱形聚集现象[52]。图 3.25 给出了两种不同出口方案累积到达时间曲线,可以看出除了开始和结尾部分整个曲线的斜率几乎一致,这意味着整个疏散过程中乘客几乎以恒定的速率离开房间。图 3.26 给出每次仿真所预测的疏散时间及平均疏散时间。由于疏散过程的随机性,疏散时间会在一定范围内波动。

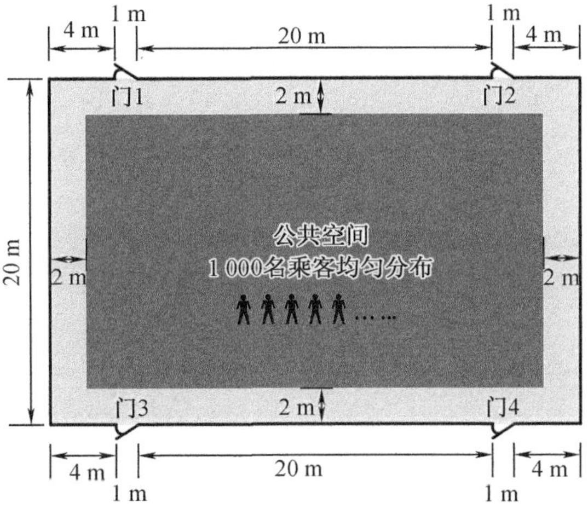

图 3.23　IMO 测试 9 的布置图[6]

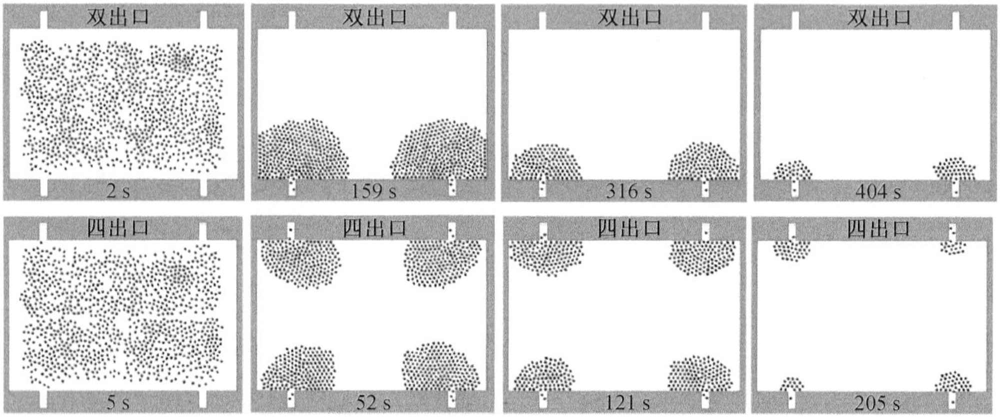

图 3.24　IMO 测试 9 的仿真运行结果

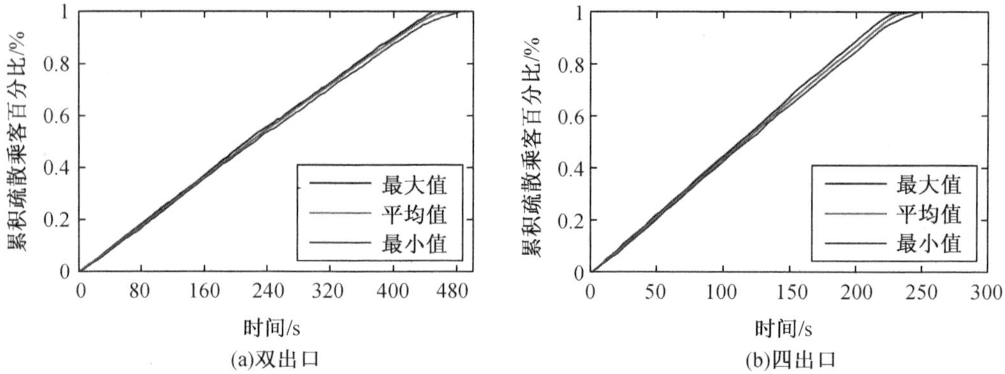

图 3.25　IMO 测试 9 的累积疏散乘客百分比

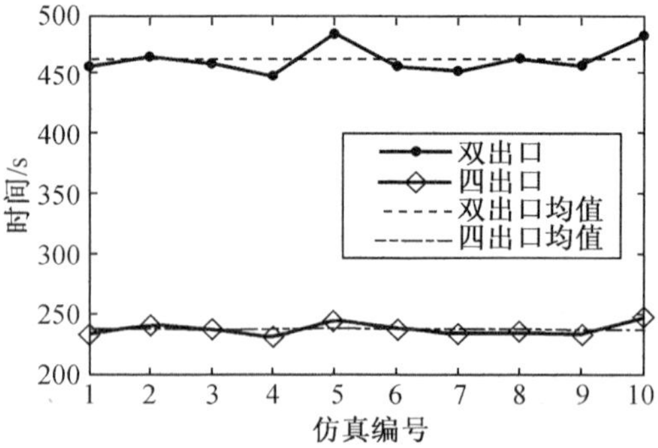

图 3.26　IMO 测试 9 每次仿真运行所得的疏散时间

表3.4给出了不同疏散模型关于IMO测试9的疏散时间。本书模型计算所得的四个出口的平均疏散时间为464 s，两个出口的平均疏散时间为238 s，两种疏散时间的比为1.95，符合IMO测试的要求。值得注意的是本书模型的疏散时间比Pathfinder(SFPE)[159]给出的疏散时间少约11%，但比SIMPEV[77]给出的疏散时间多约35%。目前由于缺少足够的可靠实验数据，因此难以确定哪种模型预测的时间更为精准。

表3.4　不同模型所预测的IMO测试9的疏散时间

模　型	疏散时间/s		疏散时间比
	双出口	四出口	
Pathfinder(Steering)[159]	211	429	2.03
Pathfinder(Steering + SFPE)[159]	295	584	1.98
Pathfinder(SFPE)[159]	270	545	2.02
FDS + EVAC[160]	241	420	1.74
SIMPEV[77]	155	299	1.92
本书模型	238	464	1.95

4. 测试10：指定出口

如图3.27所示，总计23名年龄在30～50岁之间的男性乘客分布在有两个出口的客舱区域内。乘客的行走速度在0.97～1.62 m/s区间内均匀分布，规定住舱5,6,11和12中的乘客从备用出口离开，而其他乘客则从主要出口离开。IMO所预期的结果是每名乘客按照指定的出口离开[6]。

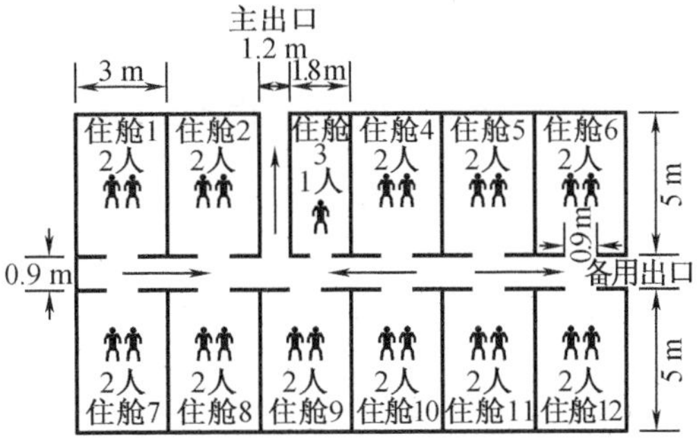

图3.27　IMO测试10的布置图[6]

对该场景重复进行了10次仿真，最后一次仿真运行快照如图3.28(a)所示，从备用出口离开的乘客用黑色标记,可看出乘客按照所分配的出口离开,此外主要出口分配的乘客最多且距离较远,因而最后完成疏散。图 3.28(b)给出了最后一次仿真中乘客的运动轨迹。仿真结果与预期相吻合,模型满足该测试的要求。

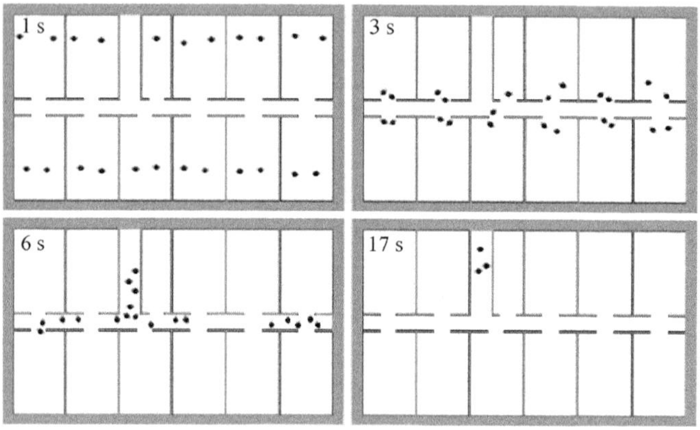

(a)仿真运行快照

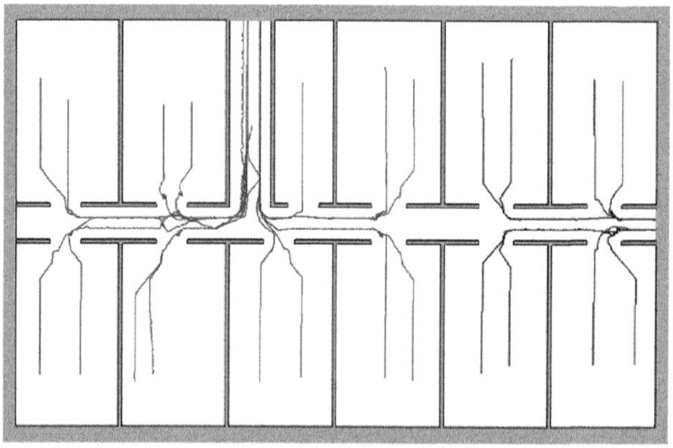

(b)乘客运动轨迹

图 3.28　IMO 测试 10 的仿真运行结果

3.4.2　其他学者的餐厅场景

本节对一间 11.2 m×7.2 m 大小的餐厅进行疏散仿真,该餐厅共有 18 张桌子和 110 名顾客,仿真的初始条件选取自 Alizadeh[105,106]等人的文章,其中 110 名顾客的行走速度为 1 m/s,初始位置如图 3.29 所示,通过仿真分析了左侧墙中央位置的出口宽度对疏散时间的影响。从图 3.30 中可以看出曲线整体趋势匹配良好,没有障碍物的情况下,疏散时间随着出口的宽度增长而减小直到临界宽度值(本书模型为2.4 m),超过该宽度时疏散时间不再减小。而在障碍物存在的情况下,疏散时间随着出口的宽度增加而减小。此外，障碍物的存在使所预测的疏散时间有更大的不确定性。

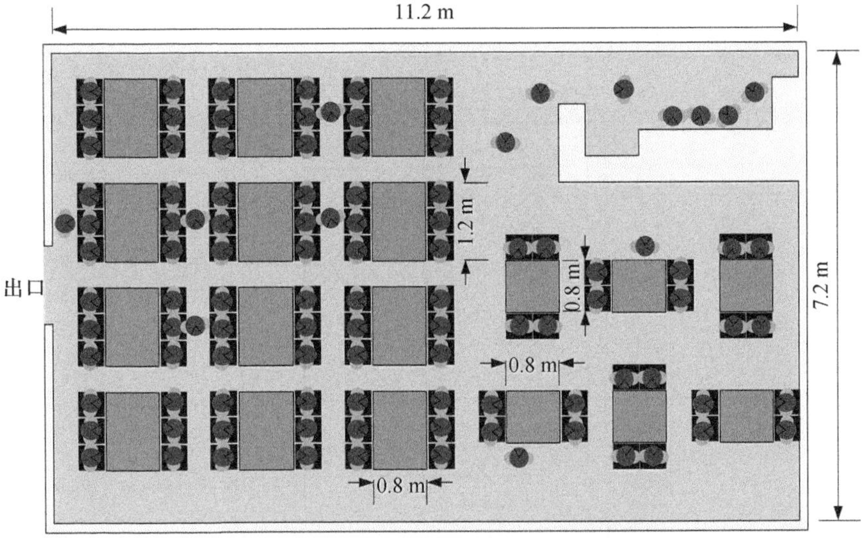

图 3.29　一间有 18 张桌子和 110 名顾客的餐厅

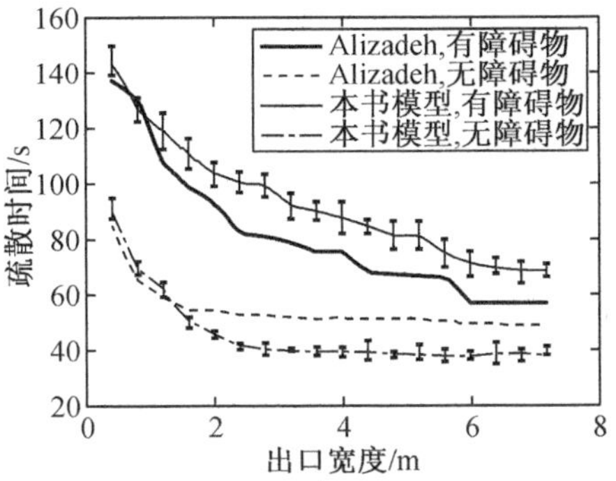

图 3.30　不同出口宽度下的疏散时间

3.4.3　基本图的验证场景

为了获取模型的基本图，本节采用不同数目(50,100,150,200,250,300,350 和 400)的行人对图 3.31 所示的走廊进行仿真。该走廊被设计成环形用来避免行人的进入和退出对边界条件的影响[60]，仿真开始后行人在走廊内沿着逆时针行走。图 3.32 将仿真所获得基本图(采用方法 1)与其他学者所获得的基本图做了比较。

如前文所述,由于一些客观原因不同学者所获得的基本图是有所区别的,但整体趋势基本相同,从图中可以看出特定流量首先会随行人密度的增加而增加,当密度足够大的时候会妨碍行人的行走、特定流量也会随密度的增大而减小,此外,本书模型所预测的结果非常接近 Older[161] 的实验数据。

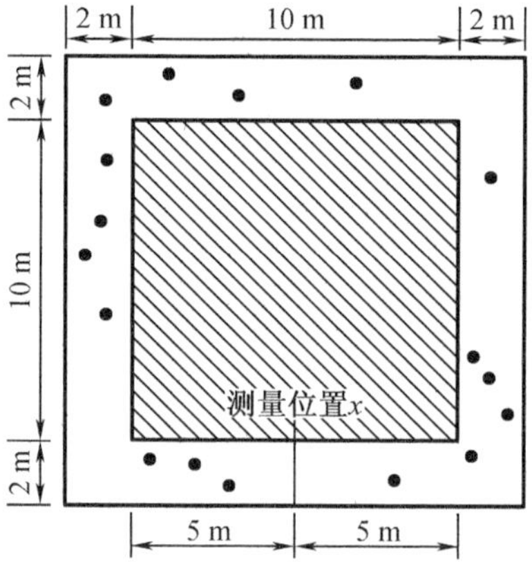

图 3.31 用于计算特定流的走廊布置图

3.4.4 障碍物绕行和跨越行为测试场景

为了验证障碍物绕行和障碍物跨越行为,选取了包含一组桌椅的场景(如图 3.33)作为测试场景。在该场景中,一名乘客位于 10 m × 6 m 的舱室内,出口的宽度为 0.6 m 且位于右侧宽为 6 m 墙的中央。将 9 把 0.4 m × 0.4 m 的椅子相隔 0.2 m 的距离在舱室中间排成一列,并将一张 1.8 m × 0.6 m 的餐桌及 6 把椅子放置在距出口 2.5 m 的地方。假定乘客从初始位置以 1 m/s 的行走速度向出口走去,对 8 种不同的情景进行了仿真,如图 3.34 所示。

情景 1 中,乘客的初始位置与出口之间的椅子被移走,乘客需要 10.05 s 的时间到达出口。情景 2、3 和 4 逐步地增加了椅子的数量,可以看到此时乘客更倾向于绕过障碍物,这是因为此时绕行所需的时间更短(情景 5 和 6 中选择跨越障碍物,总共需要 12.02 s)。随着椅子数目的继续增加,绕行所需的时间超过了直接跨越障碍物所需时间(情景 5 和 6)。当情景 7 中的餐桌被加入时,乘客会选择绕过中间的一列椅子。结合情景 6 和 8 可以推测出,如果情景 7 中乘客选择跨越中间的一列椅子则其所需时间约为 14.7 s,大于绕行所需的时间(12.98 s),因而情景 7 中的乘客选择绕行。

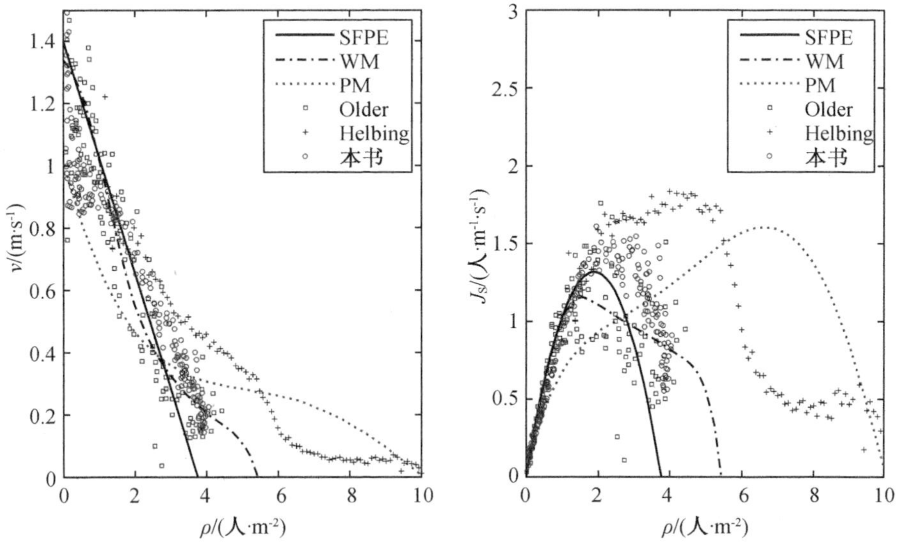

(a)速度-密度图　　(b)特定流-密度图

图 3.32　走廊内行人流基本图的对比(SFPE[128],WM[22],PM[162],Older[161]和 Helbing[24])

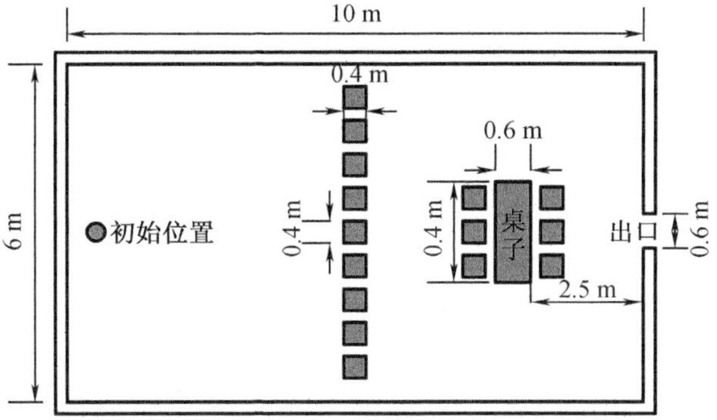

图 3.33　行为验证场景的布置图

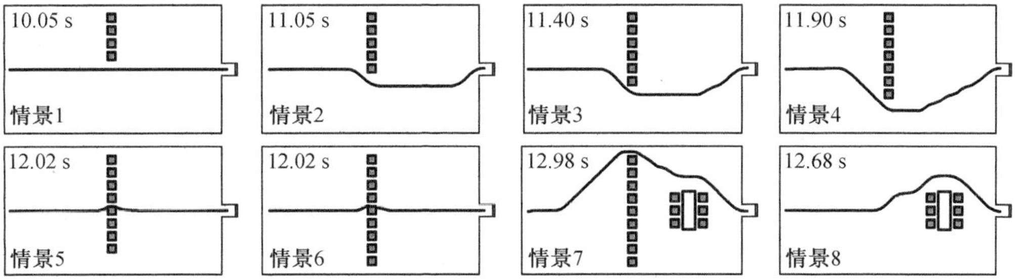

图 3.34　行为验证场景的乘客运动轨迹

3.5 模型计算效率的对比与分析

表 3.5 列出了 IMO 测试 8 和 9 的模型仿真所需的实际计算时间。本书模型的计算时间显著小于 SIMPEV 的计算时间。SIMPEV 模型没有给出仿真运行的计算机配置,因此难以断定哪种模型更为优秀。

表 3.5 模型计算速度的对比

情景	模拟 1 s 所需的实际计算时间	
	SIMPEV[75]	本书模型
IMO 测试 8 (200 人)	0.31 s	0.06 s
IMO 测试 9 (1 000 人)	2.31 s	0.24 s

为了更为直观地判断计算效率,本节选取了 Kobayashi[163] 等人的地面场模型进行了对比,此次所采用的计算机配置与 Kobayashi 等人的配置相同,因而可以直观地判断计算效率。图 3.35 为 Kobayashi[163] 等人所采用的两种典型地下购物街的布置图。仿真开始时 100 名行人均匀地分布在地下街内,行人行走速度为 0.8 m/s,每个场景分别进行了 10 次仿真。表 3.6 给出了本书模型所预测的疏散时间与场地模型计算结果的比较,可以看出本书模型的计算效率更高,约为 Kobayashi 等人模型计算效率的 10.2 倍,此外两者预测的疏散时间均匹配较好。本书模型预测的疏散时间具有较大的标准差,符合疏散事件随机性的特点。

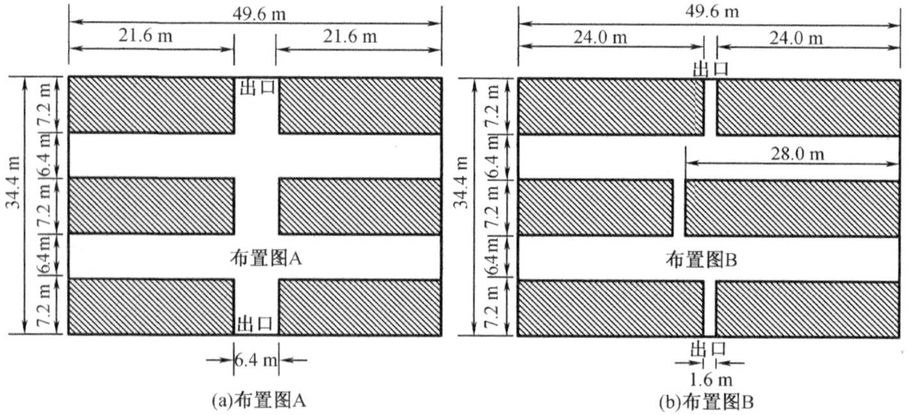

图 3.35 两种典型地下购物街的布置图[163]

表3.6 本书所提出的模型与场地模型仿真结果的对比

模型	布置图 A		布置图 B		平均计算时间/s
	平均值/s	标准差/s	平均值/s	标准差/s	
场地模型[163]	125.5	0.33	145.3	1.18	31.7
本书模型	120.4	3.14	139.8	6.04	3.11

为了进一步研究模型的计算效率,本节采用不同行人数目对上述两种典型的地下购物街进行了仿真,并统计了模型的计算时间,计算结果如图3.36所示。从图中可以看出两组数据有相同的趋势,计算开销随行人数量的增长呈线性增加。对于该场景来说,模型的计算速度超过实时计算速度。此外模型可以通过适当牺牲计算精度为代价,增加计算效率,如增加网格间距、增大计算步长等,此外也可以采用并行计算技术进一步提升计算效率。

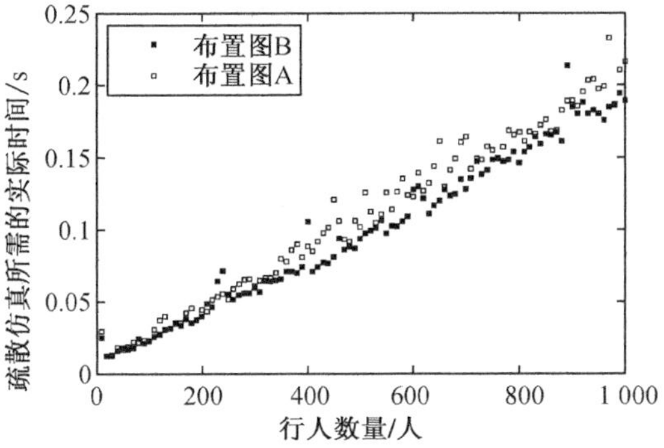

图3.36 模型的计算时间与行人数量的关系

3.6 基于目标驱动智能体的船舶疏散仿真模型应用与分析

3.6.1 案例1 船舶餐厅区域的疏散仿真

案例1为一艘客船的餐厅区域(如图3.37所示),该区域的大小约为33.4 m×24.2 m,其中共有9间舱室、25扇门、344把椅子、61张餐桌、9个配餐台及2个集合地点。所有门的宽度均为0.8 m,走廊的宽度为2 m。该区域内有两种餐桌:尺寸为0.6 m×1.8 m的六人餐桌和尺寸为0.6 m×1.2 m的四人餐桌。椅子的尺寸为

0.4 m×0.4 m。每间舱室内有一个 3.6 m×0.6 m 的配餐台。仿真开始时,所有 344 名乘客都坐在椅子上,且这些乘客的行走速度在 0.97 ~ 1.62 m/s 区间内均匀分布。仿真开始后,乘客立即向距离其最近的集合地点运动。此外,将不含舱内障碍物的场景作为对比场景,进行了相应的仿真。

图 3.38 给出了案例 1 两种场景的仿真过程的快照,比较了两种场景在 $t=8$ s 时的乘客分布情况。从图 3.38 中可以发现,在不考虑桌椅的场景中乘客更早地在出口处聚集。图 3.39 给出了累积疏散乘客数量的百分比随时间的变化曲线,两种场景的曲线趋势基本相同,值得注意的是,有障碍物的场景其疏散时间要小于没有障碍物的情况,舱内障碍物的放置反而加快了疏散过程。

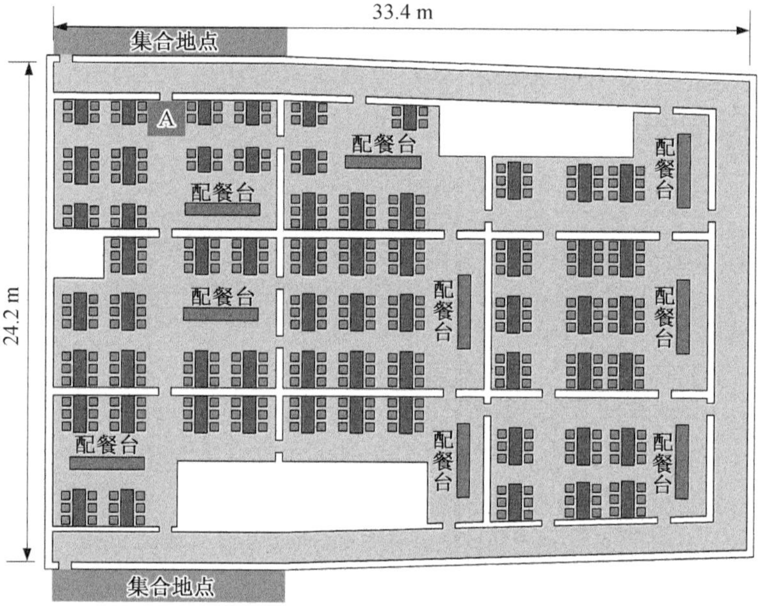

图 3.37　案例 1 的布置图

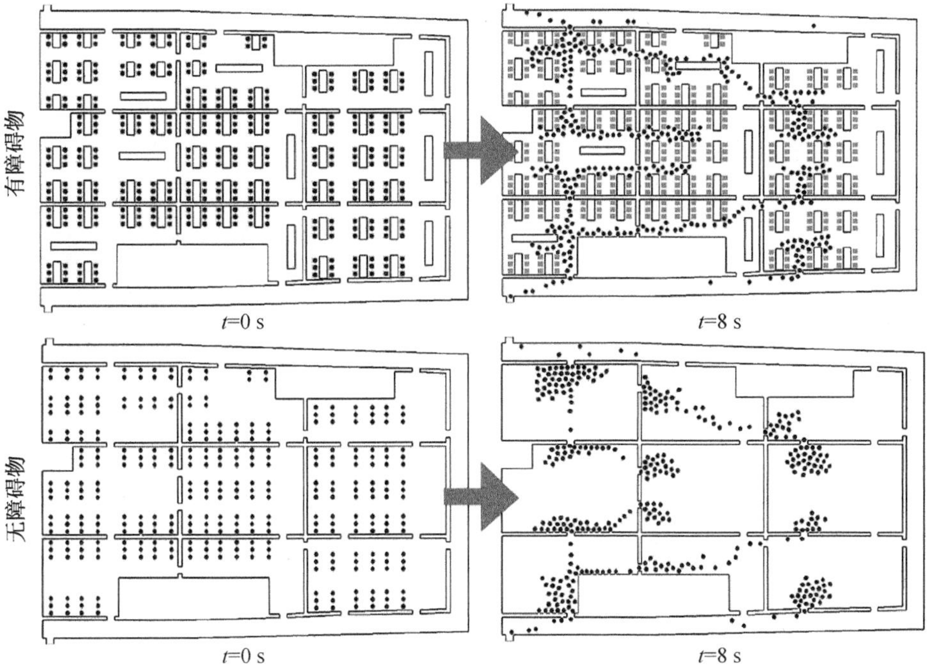

图 3.38　案例 1 仿真过程的快照

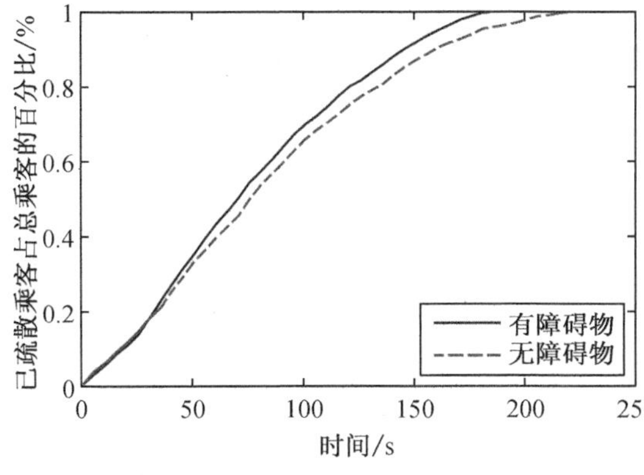

图 3.39　案例 1 中累积疏散乘客百分比随时间变化曲线

计算行人密度是衡量拥堵的重要方法。当某区域内密度持续超过临界值(3.5 人/m^2)一段时间后，则认为该区域内发生拥堵[10]。图 3.40 给出了密度超过 3.5 人/m^2 时不同区域的累积时间分布。从图 3.40 可以看出，在没有障碍物的场景下区域 A 的拥堵时间最长(超过 180 s)。在没有障碍物场景下,乘客在出口处大量聚集争抢出口进而导致疏散时间变长。

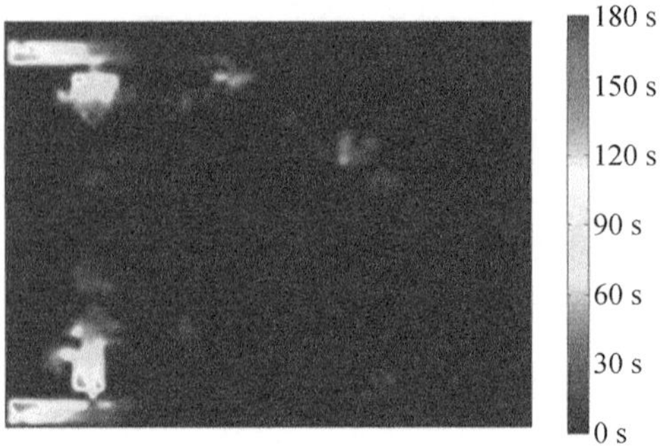

(a)有障碍物场景

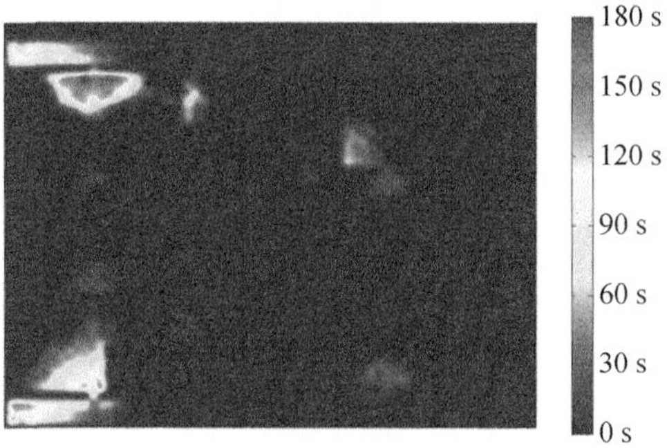

(b)无障碍物场景

图 3.40　案例 1 中密度超过临界值的累积时间分布图

此外,为了研究不同出口宽度和乘客数目对疏散过程的影响,总共进行了 2 700次仿真。仿真结果如图 3.41 所示,对于相同数量的乘客来说,疏散时间随着门宽度的增加而减小。当门的宽度固定时,疏散时间随着乘客人数增加而增加。通过比较不同场景的疏散时间,同样可以发现案例 1 中的障碍物会加快疏散过程。

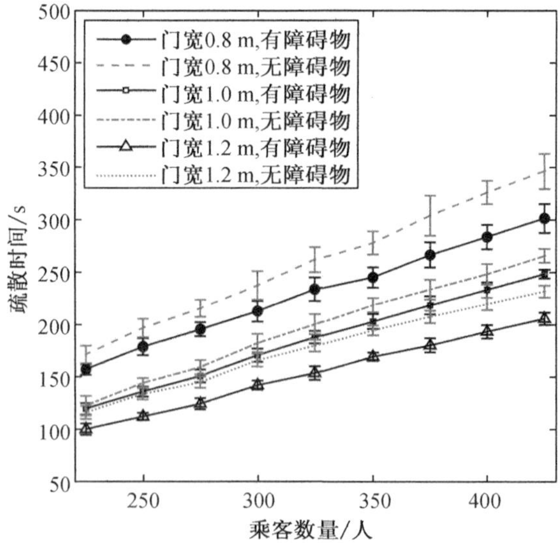

图 3.41　案例 1 中不同出口宽度和行人数目下的疏散时间

3.6.2　案例2　不同障碍物形状对疏散过程的影响

为了进一步研究障碍物(桌椅)对疏散时间的影响,本书选取了一个16.4 m×15.8 m的餐厅,对其进行了疏散仿真,并设计了以下四种疏散场景:

场景A,将36张六人餐桌及相对应的216把椅子布置在餐厅内(分布情况如图3.42所示)。桌椅的尺寸与案例1相同。仿真开始时乘客坐在椅子上,随后立即朝出口前进,乘客的行走速度及其分布情况与案例1相同。

场景B,将场景A中的餐桌A和B及其相对应的乘客与座椅移走。

场景C,将场景B中的餐桌C和D及其相对应的乘客与座椅移走。

场景D,将场景A中除餐桌A和B及其座椅之外的所有桌椅移走。

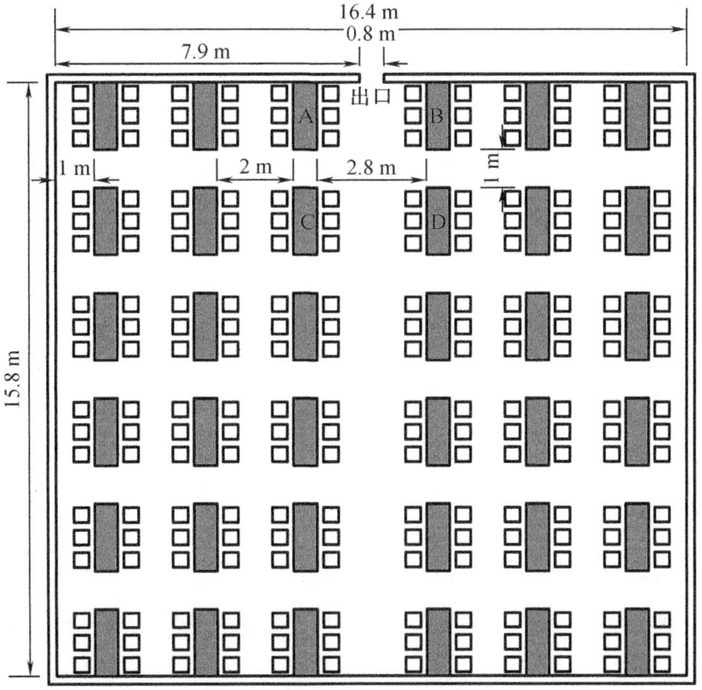

图3.42　案例2的布置图

四种场景中乘客的分布位置如图3.43所示。此外,通过移走场景内的障碍物为每个场景增加了一个对照场景。对每个场景进行了50次仿真,其疏散结果如表3.7所示。在场景B中,有障碍物的疏散时间T_1为333.7 s,比没有障碍物的疏散时间T_2(311.9 s)要长。T_1与T_2的比值为1.07,意味着障碍物的存在使得疏散时间增加了约7%(21.8 s)。在场景C中,不论障碍物是否存在疏散时间基本相同。

然而在场景 A 中,障碍物的存在使得疏散时间降低了约 6%。因此,可以断定餐桌 A 和 B 及其座椅的存在加快了疏散过程,此外通过比较场景 D 中 T_1 与 T_2 也可以得到相同结论。

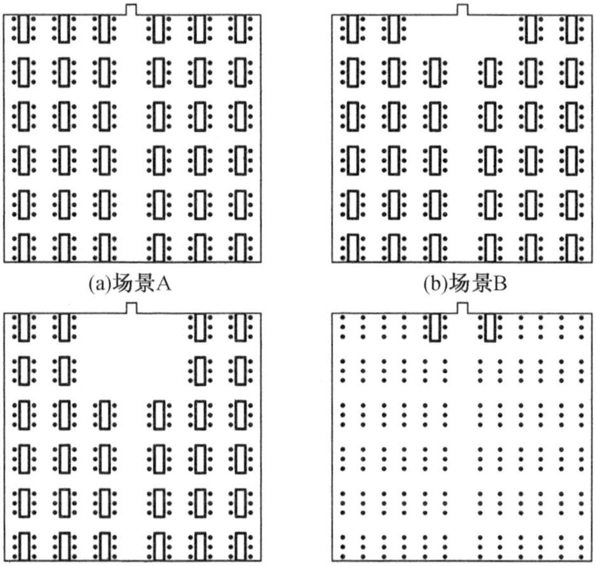

(a)场景A (b)场景B (c)场景C (d)场景D

图 3.43 案例 2 中不同场景的乘客分布

图 3.44 给出了案例2 中不同场景的空间利用图。在场景 A 和场景 D 中,桌子 A 和 B 的存在改变了拥堵乘客的形状,与场景 B 相比疏散效率得到了提高。桌子 A 和 B 及其椅子限制了乘客垂直于出口方向上的运动,减少了其他方向上的乘客对出口的争抢,提升了疏散效率。此外桌子 A 和 B 在出口处所构成的形状在某种程度上与漏斗形状类似。

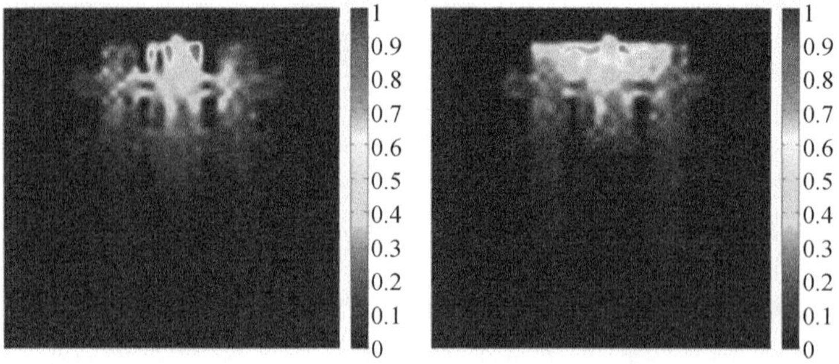

(a)场景A (b)场景B

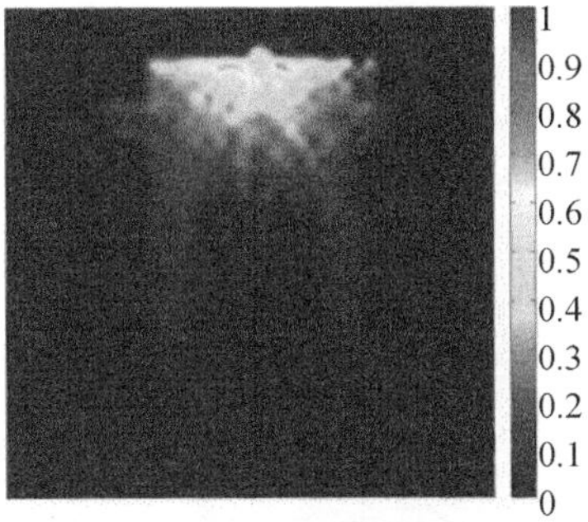

(c)场景C

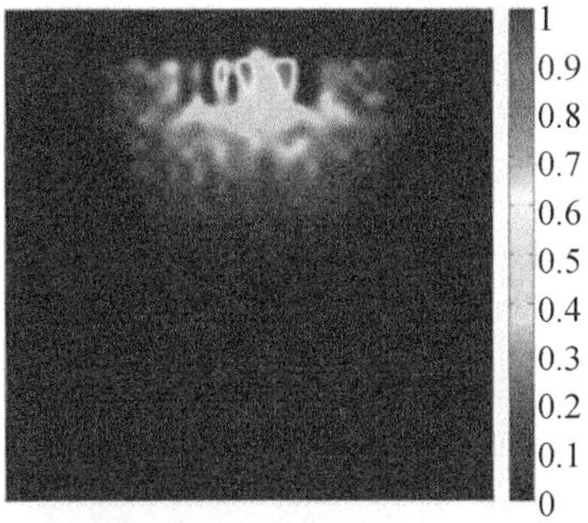

(d)场景D

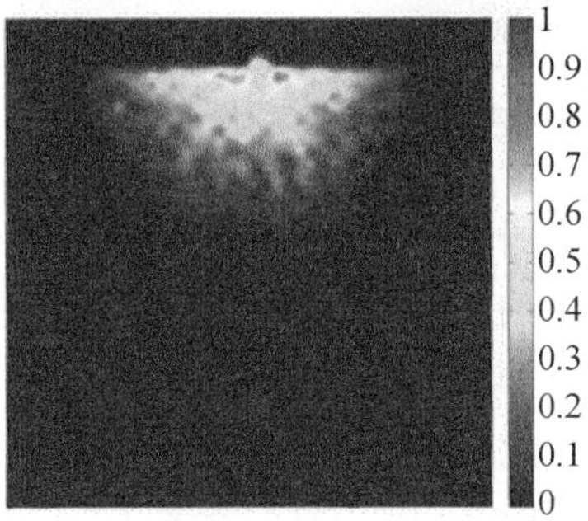

(e)场景E

图3.44　案例2的空间利用率图

表3.7　案例2中不同方案的疏散时间

场景	A	B	C	D
乘客人数	216	204	192	204
有障碍物的平均疏散时间 T_1/s	295.7	333.7	301.1	295.0
无障碍物的平均疏散时间 T_2/s	315.2	311.9	298.7	315.2
T_1 的标准差 /s	16.0	22.3	16.7	9.4
T_2 的标准差 /s	14.6	15.7	18.8	14.6
疏散时间比值 T_1/T_2	0.94	1.07	1.01	0.94

3.6.3　案例3　不同出口角度对疏散过程的影响

为了进一步证明改变拥堵乘客的运动方向会影响疏散效率，在案例3中进行了一系列的仿真。图3.45给出了案例3的平面布置图，图中房间出口处的角度是可以变化的。出口的宽度为0.8 m，仿真开始时，乘客均匀地分布在舱室最左侧

7 m×10 m 的区域内。乘客的行走速度及其分布情况与案例 2 相同。

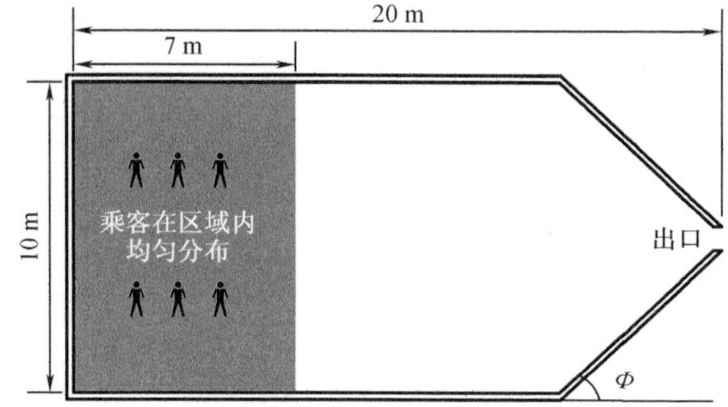

图 3.45　案例 3 的布置图

图 3.46 给出了乘客疏散时间随出口角度变化的曲线。结果表明,瓶颈处漏斗形状的出口对疏散过程有着促进作用。对于相同角度的出口来说,乘客越多则其所需的疏散时间越长。曲线的趋势表明疏散时间随着出口角度的增加而增加。图 3.47 给出本书模型的出口处流量与其他仿真程序或实验结果的比较。仿真软件 FDS + Evac、MASSEgress 和 Simulex 的仿真结果摘自文献[164]。结果表明,模型的计算结果与 FDS + Evac 和 MASSEgress 软件匹配较好,但与软件 Simulex 和 Seyfried[9] 实验的结果有很大不同。这可能是由初始条件(例如,房间的几何形状、行人的初始密度、行人的行走速度及拥挤程度等)的差异所引起的。图 3.48 给出了案例 3 的空间利用率图,可以看出堵塞的乘客的形状随着出口角度的变化而变化。

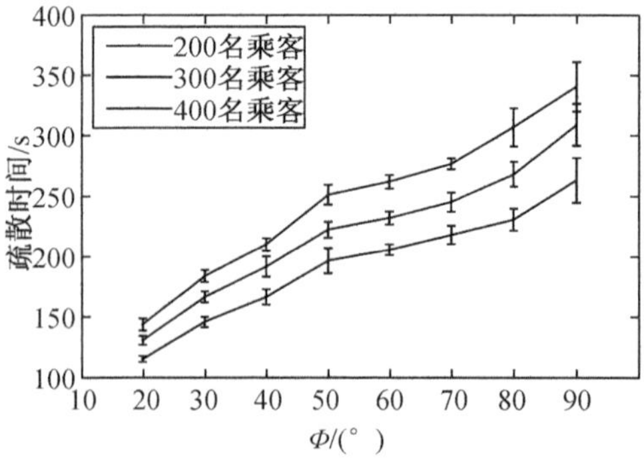

图 3.46　案例 3 中疏散时间随角度变化曲线

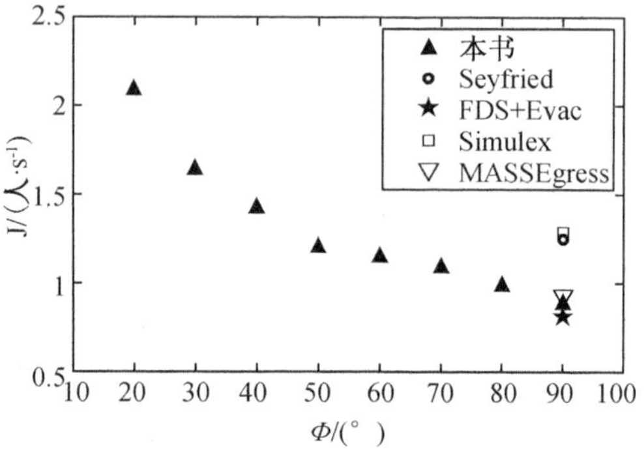

图 3.47　本书出口流量与其他文献出口流量的比较

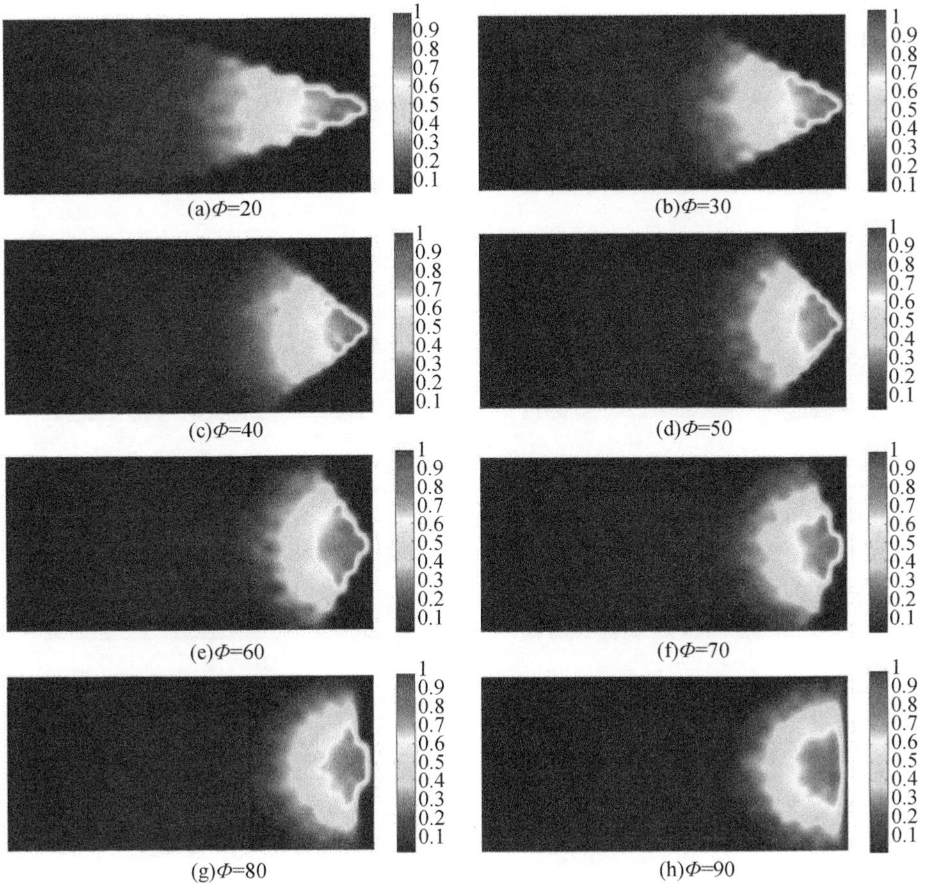

图 3.48　案例 3 的空间利用率图

从图 3.49 中可以看出,拥堵时间随着出口角度的增加而增加。当出口角度较小时,出口前乘客前进方向差异较小,乘客可以快速通过出口。随着出口角度增加,多方向上的乘客会争抢出口,并在出口处发生拥堵(出口周围形成拱形拥堵)。总体而言,出口附近的障碍物减少了不同方向上的乘客对出口的争抢,从而提高了疏散效率,某种意义上来说这与 Zheng[107] 等人发现出口处的影壁可以减小疏散时间有着相似之处。

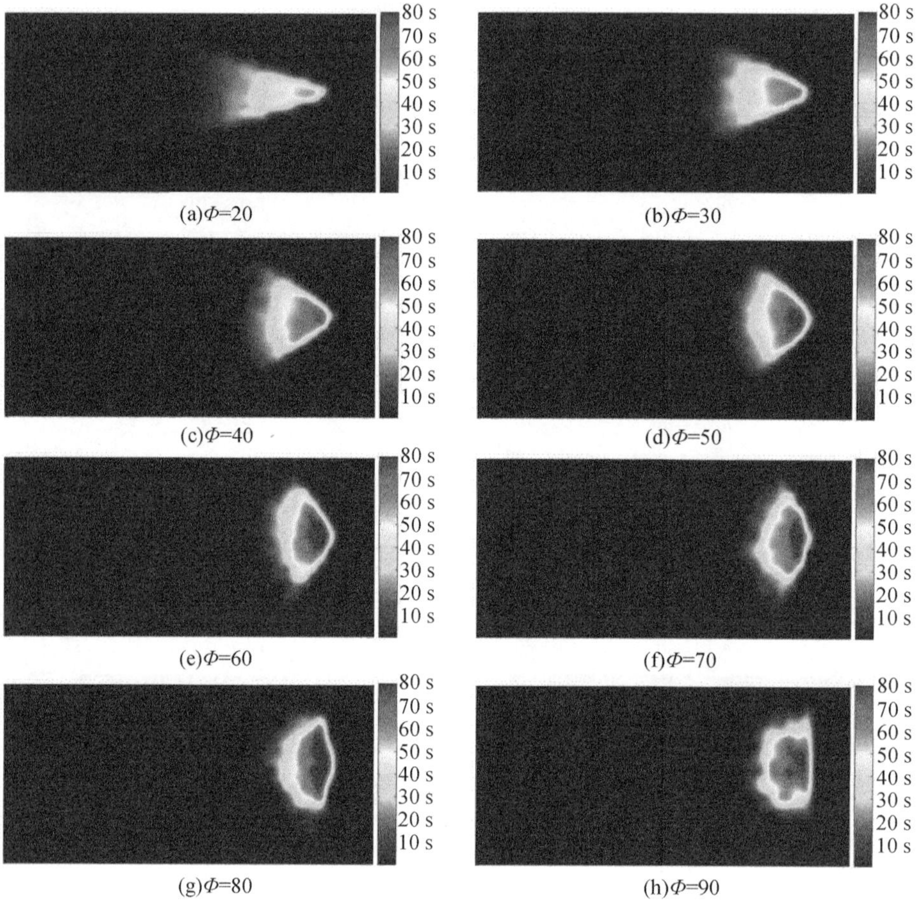

图 3.49　案例 3 密度超过临界值的累积时间分布图

3.7　本章小结

本章提出了一种新型的智能体模型,该模型能够模拟不同的行人行走速度及身体尺寸。在所提出的模型中,运动模型是社会力模型与操纵力模型的组合,通过限定模型中交互力的作用范围,使算法的复杂度从 $O(n^2)$ 降低到了 $O(n)$,使得模型可以实时地对上千个智能体进行疏散仿真,极大地缩短了仿真所需的时间。本章搭建了疏散仿真模型的基本框架,为后续研究奠定了基础,其中目标驱动的决策模型将抽象目标分解为可执行的子目标,然后依次序实现每个目标。这一过程反映了人类制订方案时的思考过程。目标驱动的决策模型在增加新目标时较为便捷,可直接将新目标添加到决策模型中。

现有的船舶疏散仿真模型在构建仿真环境时不考虑舱内具体布局,对于大型公共舱室来说其内部空间复杂,这种简化处理显然与实际不符合。本章以此为考量,将不可跨越的障碍物用闭合的墙体表示,在行人运动模型中增加了来自座椅的阻力,用来模拟跨越障碍物时乘客速度的降低,此外通过引入虚拟高度概念改变了图中座椅周围边的开销,赋予行人绕行障碍物的能力。通过两种行人行为的模拟及不可跨越障碍物的构建,本章考虑到了大型公共空间内的复杂布局对疏散过程的影响,进一步提升了模型的计算精度。

本章通过 IMO 所提供的 11 项基本测试对模型进行了初步验证,将模型应用于餐厅场景的疏散仿真,并与元胞自动机模型的计算结果进行了比较,进一步验证了该模型。随后通过单向流基本图中行人密度与流量之间的关系从宏观的角度对模型进行定性验证,通过所构建的简单测试场景,验证了模型所赋予行人的障碍物绕行行为和障碍物跨越行为。本章结尾将所提出的模型应用于大型邮轮餐厅场景的疏散仿真(案例 1),发现舱内障碍物可以促进疏散过程,为了进一步分析障碍物的作用,通过对案例 2 中四种布局的分析,发现出口附近漏斗形状的障碍物对疏散过程有促进作用。最后通过案例 3 阐述了出口角度与疏散过程之间的关系,即出口角度越小所需疏散时间越短。

第4章 考虑穿戴救生衣行为的船舶疏散仿真模型研究

目前现有的疏散仿真模型并未考虑穿戴救生衣行为，然而歌诗达协和号海难事故表明大量乘客逆行返回舱室取得救生衣会造成大规模的人员拥堵，使得疏散过程场面混乱且难以指挥，该行为对疏散过程有着重要的影响。此外，IMO 在其最新的指南(MSC.1/Circ.1533)中增加了新的要求，即在乘客登艇下水之前需要完成救生衣的穿戴。目前 IMO 并未对救生衣穿戴与获取过程做出相应的说明，仅考虑了 8.3% 的船员逆行去往距集合地点最远舱室的情况。在实际疏散中，乘客在去往集合地点之前需要首先寻找救生衣。救生衣通常存放在住舱内，乘客需要返回舱内穿戴救生衣，此时会与从住舱出发去往集合地点的乘客相遇造成大规模的双向行人流。

双向行人流的出现使得所开发的单向行人流模型不能直接应用于穿戴救生衣行为的模拟，因此需要对仿真模型进行扩展，使其可应用于双向行人流场景。为此，本章考虑到了穿戴救生衣行为对疏散过程的影响，同时顺应 IMO 规范的发展趋势，在上一章单向流疏散仿真模型的基础上构建了双向行人流疏散仿真模型。该模型通过在决策模型中增加相关的目标赋予了乘客搜寻救生衣并佩戴救生衣的行为。随后通过 IMO 提供的逆流测试场景对该模型进行验证，并通过双向流基本图与国外场地实验进行了比较。最后通过仿真实例评价了不同救生衣的存放方案，为设计人员提供了一些参考性意见。

4.1 Heliövaara 等人的逆流模型

在原始的社会力模型中，行人并不会躲避迎面走来的其他行人，会产生不真实的直接碰撞，为此一些学者将社会力模型进行了改进：

(1)Smith[165]等人通过在期望速度上增加一个分向量实现双向行人流的仿真；

(2)Lee[166]等人通过构建一些作用力来改变行人的运动轨迹；

(3)Heliövaara[60]等人则通过行动决策的方式选取避让方向。

前两种方法与原始社会力模型的建模思想相符合，模型容易实现，但是前两者每次只能对一个行人进行避让，只适用于行人流密度较低的场景。最后一种模型一次可避让多个行人，但该模型的计算量较大且拥有大量的参数难以校订。虽然

Heliövaara 等人的模型存在上述问题，但是其建模思想是值得借鉴的，本书参考了 Heliövaara 等人的逆流模型开发了新型的逆流避让模型。

Heliövaara 等人的模型主要用来模拟密集人群的双向行人流，在他们的模型中，智能体 i 前方的区域被分割成三个重叠的扇形 $S_i^\theta = \{S_i^{-\theta}, S_i^0, S_i^{+\theta}\}$，每个扇形分别指向左侧 $\boldsymbol{u}_i^{-\theta}$、前方 $\boldsymbol{u}_i^0$ 及右侧 $\boldsymbol{u}_i^{+\theta}$（如图 4.1）。其中前方 $\boldsymbol{u}_i^0$ 指的是智能体的原始运动方向，通常指向出口。该逆流模型的基本思想是选择逆流最小的扇形作为智能体的运动方向。模型通过位于每个扇形中智能体的速度和位置分别确定三个扇形的分数，进而选取分数最高的扇形。

如果智能体 i 的前方扇形 $\boldsymbol{S}_i^0$ 中至少有一个其他智能体，则智能体每$\frac{1}{10}$s 就会在所有扇形方向 $\boldsymbol{U}_i^\theta = \{\boldsymbol{u}_i^{-\theta}, \boldsymbol{u}_i^0, \boldsymbol{u}_i^{+\theta}\}$ 中选择分数最高扇形方向 $\boldsymbol{u}_i^*$ 作为其运动方向。$\boldsymbol{u}_i^*$ 通过下式选取：

$$\boldsymbol{u}_i^* = \underset{\boldsymbol{u}_i^\theta \in U_i^\theta}{\operatorname{argmax}}\left\{ \sum_{j \in S_{i,\uparrow\uparrow}^\theta} \frac{c_{df} + d_{df}\langle \boldsymbol{v}_j - \boldsymbol{v}_i, \boldsymbol{u}_i^0 \rangle}{\max(0.2, D_{ij})} - \sum_{j \in S_{i,\downarrow\uparrow}^\theta} \frac{c_{cf} + d_{cf}\langle \boldsymbol{v}_j, \boldsymbol{u}_i^0 \rangle}{\max(0.2, D_{ij})} + \right.$$
$$\left. c_{v_0}(\delta_{\theta>0} - \delta_{\theta<0}) + |c_{v_0}| v_i \delta_{\theta=0} + N_0(c_{ncf} + d_{v_0} v_i)\delta_{\theta=0}\delta_{N_0^{cf}=0} \right\} \tag{4.1}$$

式中，$\boldsymbol{u}_i^0 = \dfrac{\boldsymbol{v}_i^0}{|\boldsymbol{v}_i^0|}$是智能体 i 指向门的原始目标方向，D_{ij}是智能体 i 和 j 之间扣除各自身体半径的距离，$\boldsymbol{v}_i^0$ 和 $\boldsymbol{v}_j^0$ 是智能体的速度，尖括号表示其内部参数的内积，c_{df}、d_{df}、c_{cf}和 d_{cf}是常量。分母中取最大值是避免除法分母为零的情况。通过将智能体 j 的目标运动方向 $\boldsymbol{u}_j^0$ 投影到智能体 i 的目标运动方向，$\boldsymbol{u}_i^0$ 可以将所有扇形区 $S_i^\theta = \{S_i^{-\theta}, S_i^0, S_i^{+\theta}\}$ 内的其他智能体分成顺行（↑↑）和逆行（↓↑）两类智能体。如果 $\theta > 0$则符号 $\delta_{\theta>0}$等于 1，其他情况等于 0。$\delta_{\theta<0}$和 $\delta_{\theta=0}$的取值方式与 $\delta_{\theta>0}$类似。

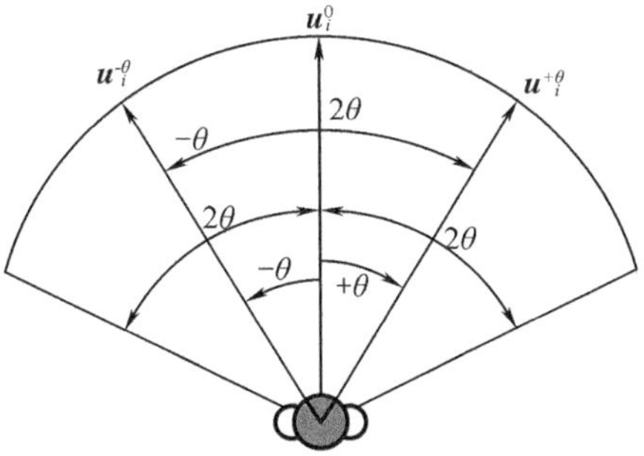

图 4.1　Heliövaara 等人逆流模型中扇形的定义

公式中的一些项使得智能体选择方向时相比于左侧方向对右侧（或前方）有

一定的偏好，以便模拟行人靠右交通现象。右侧（或左侧）扇形有额外的权重 c_{v_0}（或 $-c_{v_0}$），前方扇形的权重为 $|c_{v_0}|v_i$。如果 c_{v_0} 的取值为负数则可模拟行人靠左交通现象。如果前方扇形 S_i^0 内没有逆行智能体（$N_0^{cf}=0$），则项 $N_0(c_{ncf}+d_{v_0}v_i)$ 用来增加智能体对该扇形的偏好，可以避免智能体在门口前向一侧聚集的不真实行为，其中 c_{ncf} 和 d_{v_0} 是常量，N_0 是前方扇形 S_i^0 内智能体的数目。

4.2 考虑穿戴救生衣行为的船舶疏散仿真模型构建

4.2.1 逆流模型构建

本书逆流模型的核心思想来自 Heliövaara[60] 等人的模型。他们将智能体前方的区域划分为三个重叠的扇形，并选择具有最高计算分数的扇形作为其移动方向。有别于原始模型，本书通过计算扇形的开销替代了原始模型中分数的计算，降低了计算量。为了使逆流模型更加逼真，模型中增加了两个新的扇形（S_i^L 和 S_i^R，如图 4.2所示），并将智能体闪避方向从三个离散的方向改进为连续方向[167]。

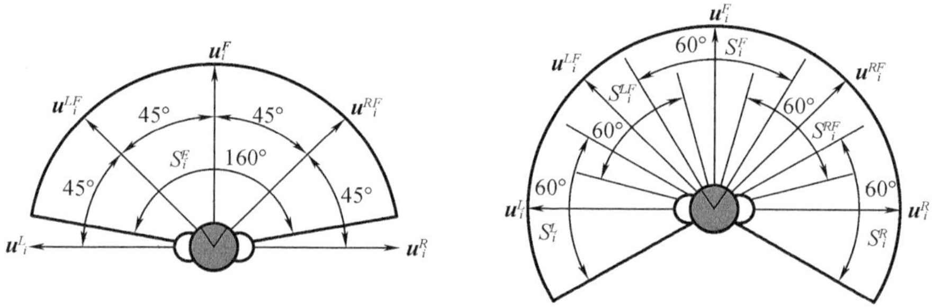

图 4.2 逆流模型中扇形的定义

本书的逆流模型包含了两种行为，即跟随前方行人和逆流避让。跟随前方行人行为使得智能体跟随前方与其运动方向相同的其他智能体。如果智能体处于双向行人流中且其前方没有与其运动方向相同的其他智能体，则此时逆流避让行为会使智能体向其左侧或右侧躲避。

如图 4.2 所示，本书逆流模型选择了 5 个测试向量 $\boldsymbol{U}_i=\{\boldsymbol{u}_i^L,\boldsymbol{u}_i^{LF},\boldsymbol{u}_i^F,\boldsymbol{u}_i^{RF},\boldsymbol{u}_i^R\}$ 分别指向智能体的左、左前、前、右前和右侧。五个重叠的测试扇形 $S_i=\{S_i^L,S_i^{LF},S_i^F,S_i^{RF},S_i^R\}$ 分别覆盖测试向量 $\boldsymbol{U}_i=\{\boldsymbol{u}_i^L,\boldsymbol{u}_i^{LF},\boldsymbol{u}_i^F,\boldsymbol{u}_i^{RF},\boldsymbol{u}_i^R\}$ 周围 60°的扇形。向前测试向量 $\boldsymbol{u}_i^F$ 是智能体 i 当前速度 $\boldsymbol{v}_i$ 方向上的单位向量。评估扇形 S_i^E 是覆盖向前测试向量 $\boldsymbol{u}_i^F$ 周围 160°宽的扇形，评估扇形是用来确定智能体是否处于双向行人流。

评估扇形内其他智能体的集合可表示为

$$S_i^{E\_P} = \left\{ j \middle| j \in P, j \neq i, |\boldsymbol{p}_j - \boldsymbol{p}_i| < R^S, \arccos((\boldsymbol{p}_j - \boldsymbol{p}_i) \cdot \boldsymbol{u}_i^F) < \frac{4\pi}{9} \right\} \tag{4.2}$$

式中，R^S 是所有扇形的半径，P 表示所有智能体的集合，$\boldsymbol{P}_i$ 和 $\boldsymbol{P}_j$ 分别表示智能体 i 和 j 的位置。

双向行人流模型的核心思想是选择具有最小逆流的扇形。如果评估扇形 S_i^E 中至少有一个逆行智能体，则它选择所有扇形 $S_i = \{S_i^L, S_i^{LF}, S_i^F, S_i^{RF}, S_i^R\}$ 中总开销最小的扇形，每 0.2 s 选择一次。对于任意测试向量 $\boldsymbol{u}_i^* \in \boldsymbol{U}_i$，其所对应的扇形 $S_i^* \in S_i$ 的基本开销可表示为

$$C_i^* = \arccos * \boldsymbol{c}_i^E \cdot \boldsymbol{u}_i^*) f(n_i^{*\_c}) \tag{4.3}$$

其中

$$c_i^E = \sum_{j \in S_i^{E\_P}} \frac{\boldsymbol{p}_j - \boldsymbol{p}_i}{\boldsymbol{n}_i^{E\_nc}} f(\boldsymbol{u}_i^0 \cdot \boldsymbol{u}_j^0) \tag{4.4}$$

$$f(x) = \begin{cases} 1 & x > 0 \\ 0 & x \leqslant 0 \end{cases} \tag{4.5}$$

式中，$\boldsymbol{c}_i^E$ 是指向评估扇形 S_i^E 中所有顺行智能体的中心，$n_i^{E\_nc}$ 是评估扇形 S_i^E 内所有顺行智能体的数目，$n_i^{*\_c}$ 则表示测试扇形 S_i^* 中逆行智能体的数目，目标方向 $\boldsymbol{u}_i^0 = \dfrac{\boldsymbol{v}_i^0}{|\boldsymbol{v}_i^0|}$ 是智能体期望速度 $\boldsymbol{v}_i^0$ 方向上的单位向量（指向目标或出口）。如果两个智能体的运动方向相同，则其目标方向的内积 $\boldsymbol{u}_i^0 \cdot \boldsymbol{u}_j^0$ 大于 0，反之，$\boldsymbol{u}_i^0 \cdot \boldsymbol{u}_j^0$ 小于 0。一般而言，除了测试扇形 S_i^* 内没有逆行智能体的情况下（$\boldsymbol{n}_i^{*\_c} = 0$），任意测试扇形 S_i^* 的基本开销是其测试方向 u_i^* 与指向评估扇形 S_i^E 中顺行智能体的平均位置向量之间的夹角。

对于任何测试扇形 $S_i^* \in S_i$，其总开销 T_i^* 是基本开销与权重的组合，即

$$\begin{aligned} T_i^* = C_i^* &+ c^L h(|\boldsymbol{u}_i^* - \boldsymbol{u}_i^L|) + c^{LF} h(|\boldsymbol{u}_i^* - \boldsymbol{u}_i^{LF}|) + c^F h(|\boldsymbol{u}_i^* - \boldsymbol{u}_i^F|) + \\ &c^{RF} h(|\boldsymbol{u}_i^* - \boldsymbol{u}_i^{RF}|) + c^R h(|\boldsymbol{u}_i^* - \boldsymbol{u}_i^R|) \end{aligned} \tag{4.6}$$

其中

$$h(x) = \begin{cases} 1 & x = 0 \\ 0 & x \neq 0 \end{cases} \tag{4.7}$$

式中，c^L, c^{LF}, c^F, c^{RF} 和 c^R 分别是测试扇形 $S_i^L, S_i^{LF}, S_i^F, S_i^{RF}$ 和 S_i^R 的偏好因子。当计算完所有总开销后，模型会选择总开销最低的扇形，然后选择指向所选扇形 S_i^{Se} 中顺行乘客的中心的向量 $\boldsymbol{c}_i$ 作为其运动方向。$\boldsymbol{c}_i$ 可表示为

$$\boldsymbol{c}_i = \sum_{j \in S_i^{Se}} \frac{\boldsymbol{p}_j - \boldsymbol{p}_i}{n_i^{Se\_nc}} f(\boldsymbol{u}_i^0 \cdot \boldsymbol{u}_j^0) \tag{4.8}$$

式中，$n_i^{Se\_nc}$ 是所选扇形 S_i^{Se} 中顺行智能体的数目。

如果一个智能体其测试扇形 S_i^E 中逆行智能体的数目为 0（$n_i^{E\_nc}=0$），本书称该智能体为局部领导。上述模型仅描述了当智能体不是局部领导时的前方行人跟随行为。如果智能体是局部领导，则智能体更偏向于选择右侧方向行进，进而模拟右侧交通现象。首先将测试扇形 S_i^{RF} 平均地分成四个子扇形 $S_i^{\mathrm{RF\_sub}}=\{S_i^{\mathrm{RF\_1}},S_i^{\mathrm{RF\_2}},S_i^{\mathrm{RF\_3}},S_i^{\mathrm{RF\_4}}\}$，随后在与之对应的四个方向 $\boldsymbol{u}_i^{\mathrm{RF\_low}}\in\{\boldsymbol{u}_i^{\mathrm{RF\_1}},\boldsymbol{u}_i^{\mathrm{RF\_2}},\boldsymbol{u}_i^{\mathrm{RF\_3}},\boldsymbol{u}_i^{\mathrm{RF\_4}}\}$ 中选取逆行智能体数目最少的方向作为其运动方向（如图 4.3 所示）。此过程描述的是局部领导的逆流避让行为。

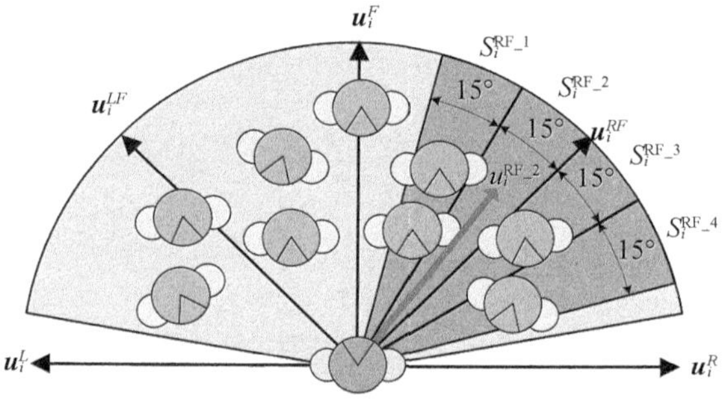

图 4.3　局部领导对扇形的细分

图 4.4 给出了逆流模型的流程图。图中矩形表示不同的步骤，椭圆表示不同的行为，菱形表示判断条件，箭头表示动作流的方向。图 4.5 给出逆流模型的不同计算步骤的示例。首先，对于智能体来说，其评估扇形中存在五个顺行的智能体（$n_i^{E\_nc}=5\neq0$），因此，该智能体不是局部领导。第二步，向量 $\boldsymbol{c}_i^E$ 是通过计算由五个顶点包围的多边形的中心得到。第三步，计算每个测试方向的总开销 T_i^*。第四步，扇形 S_i^{RF} 的总开销（$T_i^{RF}=7.2$）是所有方向中最小的，因而选择该扇形。最后一步，通过计算扇形 S_i^{RF} 中由四个顶点包围的多边形的中心得到向量 $\boldsymbol{c}_i$，并选择该矢量作为智能体的运动方向。

4.2.2　路径规划模型构建

本章模型采用 Dijkstra 算法计算智能体当前位置到出口位置的最短路径。与上一章类似，为了加快计算速度，在仿真开始前对每个出口运行一次 Dijkstra 算法并存储每个出口的最短路径树。智能体通过比较几个出口的距离以选择最近的出口，通过查找该出口的最短路径树获得最短路径。如前文所述，Dijkstra 算法并不适用于计算智能体到其救生衣位置之间的最短路径。如采用 Dijkstra 算法则需要对每个救生衣进行计算，极大地增加了计算时间与内存的消耗（算法运行上千次且需要存储上千个最短路径树）。因此采用第 2 章中的 A^* 搜索算法来规划智能体到救生衣所在位置的最短路径，选择智能体和其救生衣之间的直线距离作为估计距离。

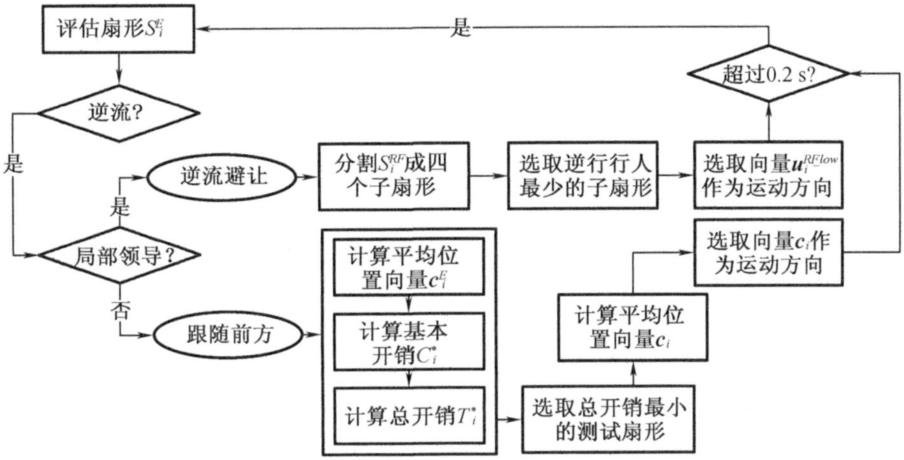

图 4.4　逆流模型的流程图

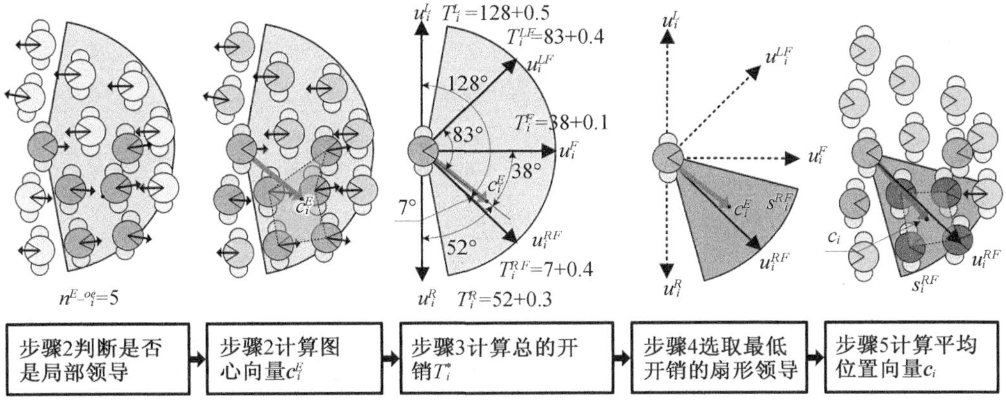

图 4.5　逆流模型的计算步骤实例

4.2.3　决策模型构建

1. 目标的分解与实现

在本章模型中，智能体在前往集合地点之前需要穿戴救生衣，因此在上一章的基础上增加了三个目标：Goal_9（“取得救生衣”）、Goal_10（“穿戴救生衣”）和 Goal_11（“避免逆流”）。表 4.1 给出了智能体的目标集合。图 4.6 给出了目标分解的过程，在疏散开始时，智能体选择“疏散”目标，为了实现该目标将其分解为“准备疏散”“取得救生衣”和“前往集合地点”目标。此后“取得救生衣”目标可以进一步被分解为“路径规划”“路径跟随”和“穿戴救生衣”目标。之后“跟随路径”被分解为一系列的“前往路径点”目标。不在住舱的智能体需要返回住舱，会与前往集合地点的其他智能体相遇，进而产生双向行人流。智能体会选择“避免逆流”目标进而向左或向右躲闪。与上一章相同，如果智能体在追逐“前往路径点”目标时，且周围智能体密度大于等于3.5 人/m^2，智能体会选择跟随其他智能体一同行动，即追逐“随人群运动”目标。

表 4.1　智能体的目标集合

编号	名称	描述	类别
Goal_1	疏散	进行疏散	复合目标
Goal_2	准备疏散	开始行动前的准备，用来表示智能体的反应时间	原子目标
Goal_3	前往集合地点	向指定的集合地点撤离	复合目标
Goal_4	规划路径	规划一条从智能体当前位置到目标位置的最短路径	原子目标
Goal_5	跟随路径	沿着所规划的最短路径运动	复合目标
Goal_6	前往路径点	前往最短路径上的路径点	复合目标
Goal_7	随人群行动	放弃原有出口，跟随人群运动	原子目标
Goal_8	进入集合地点	进入集合地点，结束疏散过程	原子目标
Goal_9	取得救生衣	前往救生衣的存放位置，获取并穿戴救生衣	复合目标
Goal_10	穿戴救生衣	穿戴好所获得的救生衣	原子目标
Goal_11	避免逆流	发现逆行行人时左右闪避	原子目标

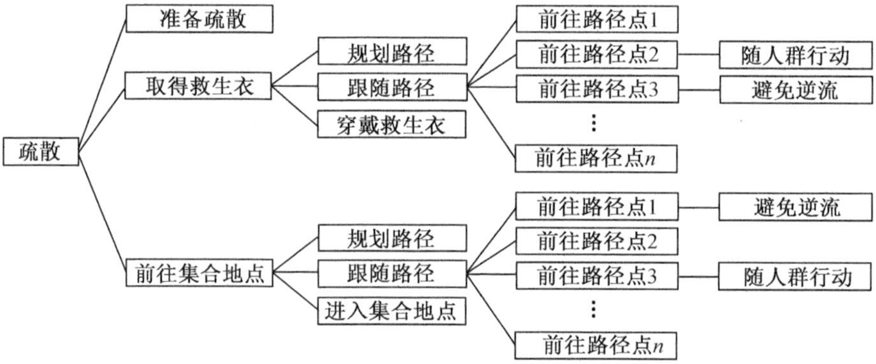

图 4.6　目标分解过程

图4.7给出了该模型中智能体实现目标的流程图，图中矩形表示不同的目标，菱形表示判断条件，箭头表示动作流的方向。本章在上一章的基础上增加了“取得救生衣”和“穿戴救生衣”目标的相关逻辑。此外，当智能体遇到其他逆行智能体时，智能体会左右闪避或跟随前方顺行智能体。需要注意的是有时智能体无法及时到达目标节点（如发生拥堵、被推挤或躲避逆行智能体等都可能导致智能体无法及时到达路径点），此时智能体会重新规划路径。本章中智能体与集合地点之间的路径规划是通过预计算方式获得的，因此重新规划路径无须再次计算，而智能体与救生衣之间的位置则是通过 A^* 算法获得的，每次超时后重新规划路径时会重复相同的计算，浪费了大量宝贵的计算资源。假定上次规划所得的路径上至少有 $n+1$ 个路径点（如图4.8(a)所示），本章采用 A^* 算法重新规划路径时，仅移除原有路径上的前 n 个路径点，随后将剩下路径点中第一个点作为目标点，规划一条从智能体当前位置到该点的路径，完成路径规划后将两条路径相连，即可得到最新的路径（如图4.8(b)所示，实线路径为原始路径，虚线则为新添加的路径），移除点的数目 n 的选取会影响计算效率，n 越大浪费的计算资源越多，但如果 n 的取值非常小则智能体可能出现向后移动的不真实现象（如图4.8(c)所示）。本书选取移除5（$n=5$）个路径点以加快计算。

2. 目标驱动决策模型的实现

在上一章的目标决策模型中 Goal_5（“路径跟随”）只拥有一种子目标 Goal_7（随人群运动），本章中行人在实现 Goal_5 时，如果周围行人密度大于3.5人/m^2 且前方存在逆行行人时，需要在 Goal_7（随人群行动）和 Goal_11（避免逆流）之间做出选择。由于上述两个目标并没有明确的先后顺序，因而不能按照子目标先后顺序添加，为此本章参照基于效用智能体的模型概念，构建了一个“分数评估器”抽象类（如图4.9所示），通过继承的方式分别为 Goal_7 和 Goal_11 构建对应的“评估器”子类。“前往路径点”类包含两个“评估器”的实例，每次运行 Update( ) 函数时会调用一次 DecisionMaking( ) 函数，该函数对其所有可能子目标进行评估，选取其中分数最高的一个子目标，并将其添加到目标列表。“分数评估器”类中的 CalculateScore( ) 函数是用来计算对应目标的分数，而 SetGoal( ) 函数则是用来添加相应的目标。

为了在相同量级下比较不同目标的分数，不同分数评估器的 CalculateScore( ) 函数所计算的分数均在0~1的范围内，智能体 i 的 Goal_7 和 Goal_11 的分数分别为 E_i^7 和 E_i^{11}，可表示为

$$E_i^7 = g(\rho_i - \rho^{con})\,g(-n_i^{E\_c}) \tag{4.9}$$

$$E_i^{11} = g(n_i^{E\_c} - 1) \tag{4.10}$$

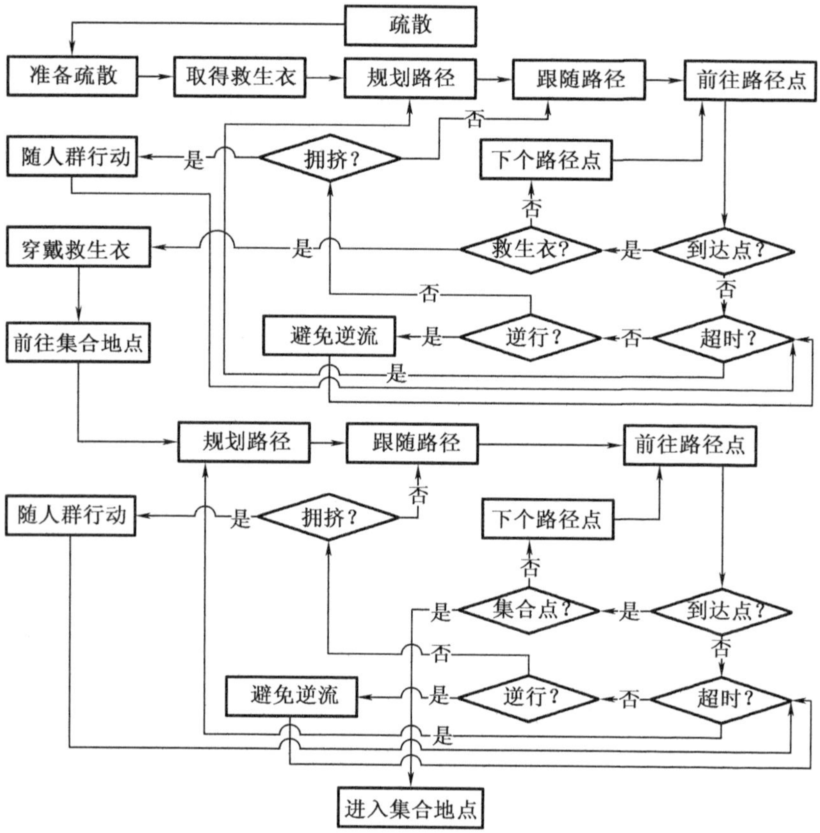

图 4.7　智能体实现目标的流程图

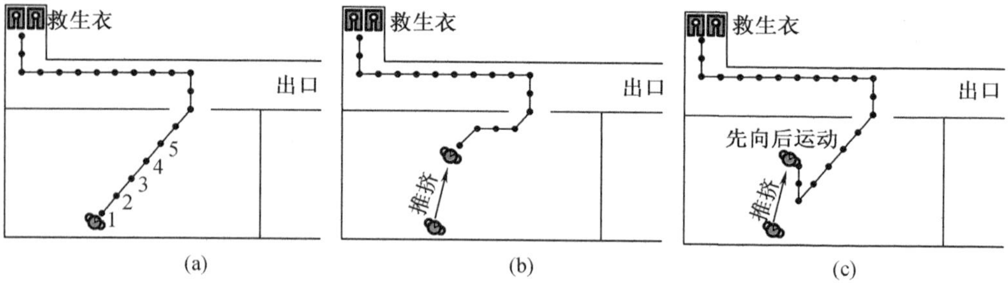

图 4.8　部分路径的重新规划

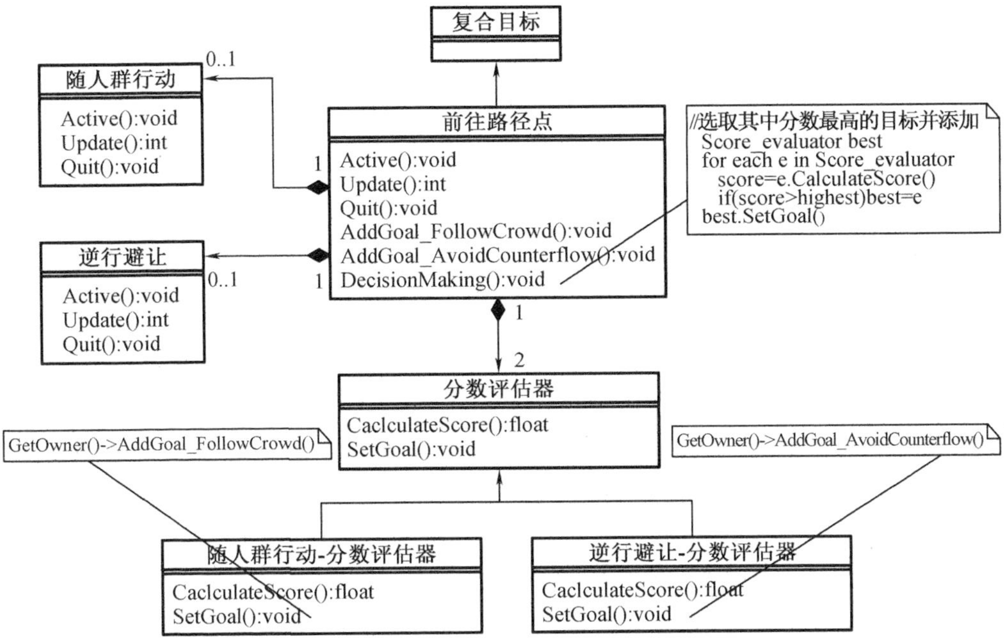

图 4.9　智能体目标类的设计

和

$$g(x)=\begin{cases}1 & x\geqslant 0\\0 & x<0\end{cases}\tag{4.11}$$

式中，ρ_i 为智能体 i 所在位置的行人密度，$n_i^{E\_c}$ 为评估扇形 S_i^E 中逆行智能体的数目，ρ^{con} 为拥堵密度（即 3.5 人/m^2）。行人密度的计算如采用前文所述的 Voronoi 图方法，其计算量较大，并不适用于计算频率较高的决策模型。本章中密度 ρ_i 通过邻域半径内智能体数目 n_i^{Ne} 除以邻域面积 s_i^{Ne} 近似地获得，即

$$\rho_i=\frac{n_i^{Ne}}{s_i^{Ne}}=\frac{n_i^{Ne}}{\pi R^2}\tag{4.12}$$

式中，智能体的数目 n_i^{Ne} 并不一定是整数，本书考虑到智能体与邻域部分重叠的情况，如图 4.10(a)(b)所示，此种情况下智能体 j 的数目不再是 1，其数目为重叠部分面积 s_j 除以其圆形身体截面面积，因此其数目为 0 ~ 1 的小数，ρ_i 可表示为

$$\rho_i=\frac{n_i^{Ne}}{s_i^{Ne}}=\frac{1}{\pi R^2}\sum_{\forall j\in B_i^+}\frac{s_j}{\pi r_j^2}\tag{4.13}$$

式中，B_i^+ 表示智能体 i 邻域扩展空间内其他智能体的集合，即其他智能体横截面与邻域相切时该智能体就已经属于集合 B_i^+，而行人运动模型中智能体需要继续前

进到达边界后才开始属于集合 B_i，因此 B_i 是 B_i^+ 的子集，B_i^+ 可以表示为

$$B_i^+ = \{j \mid j \in A, j \neq i, \boldsymbol{p}_i - \boldsymbol{p}_j < R + r_i\} \tag{4.14}$$

智能体 j 与智能体 i 的邻域重叠面积 s_j 的计算有两种情况：如果智能体 j 的横截面包含在智能体 i 的邻域内，则 $s_j = \pi r_j^2$；如果两者相交，则 s_j 是智能体 j 的横截面与智能体 i 的邻域所重叠的面积，s_j 可通过简单几何知识直接推导获得，图 4.10(a)(b)中两种相交情况的最终推导结果相同。

$$s_j = r_j^2 \cos^{-1}\left(\frac{d_{ij}^2 + r_j^2 - R^2}{2d_{ij}r_j}\right) + R^2 \cos^{-1}\left(\frac{d_{ij}^2 + R^2 - r_j^2}{2d_{ij}R}\right) - \frac{1}{2} \cdot \sqrt{(-d_{ij} + r_j + R)(d_{ij} + r_j - R)(d_{ij} - r_j + R)(d_{ij} + r_j + R)} \tag{4.15}$$

以上模型并未考虑墙体的存在，当智能体 i 的邻域与多段墙体相交时，本书为了保持计算效率做了适当简化，仅考虑距智能体 i 最近的墙体 W，忽略了其他墙体。此时邻域面积 s_i^{Ne} 的计算需要扣除墙后的弓形面积(即减去图 4.10(c)所示的弓形区域)，s_i^{Ne} 可表示为

$$s_i^{Ne} = \pi R^2 - R^2 \cos^{-1}\left(\frac{d_{iW}}{R}\right) + d_{iW}\sqrt{R^2 - d_{iW}^2} \tag{4.16}$$

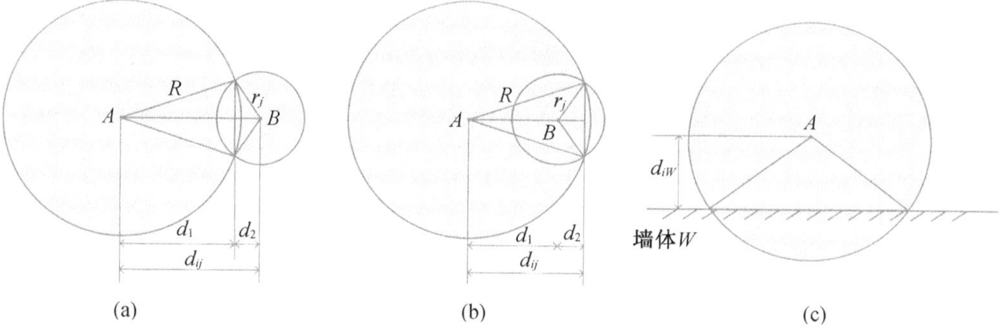

图 4.10　计算行人密度时的几种不同情况

虽然 Goal_7 和 Goal_11 之间的选择可以直接通 if - else 语句实现，但“分数评估器”类的引入使模型的修改更加灵活，当需要更复杂的决策逻辑时，仅需要修改对应的分数计算函数。此外 Goal_2(准备疏散)、Goal_3(前往集合地点)和 Goal_9(取得救生衣)三个目标之间的决策也是采用同样的方法所实现的。通过指定不同的 CalculateScore( )函数，可以较为便捷地改变行人的行为，例如将 Goal_2(准备疏散)的分数修改为零($E_i^2 = 0$)，则智能体不添加该目标，即乘客的反应时间为零。

4.2.4　运动模型构建

智能体的运动模型除了其期望力 $\boldsymbol{f}_i^{de}$ 之外，其余部分与上一章中的运动模型相

同。本章通过改变期望力来实现双向行人流模型和运动模型的结合。如果智能体的评估扇形内至少有一个逆行的其他智能体，则其期望力 $\boldsymbol{f}_i^{de}$ 可以表示为

$$\boldsymbol{f}_i^{de}=m_i\frac{v_i^{max}\dfrac{\boldsymbol{s}_i(t)}{|\boldsymbol{s}_i(t)|}-\boldsymbol{v}_i(t)}{\tau_i} \tag{4.17}$$

式中，$\boldsymbol{s}_i(t)$ 是 t 时刻由智能体 i 的逆流模型所选定的方向，即 $\boldsymbol{s}_i\in\{\boldsymbol{c}_i,\boldsymbol{u}_i^{RF\_low}\}$。这一修改使得智能体放弃当前路径方向，进而朝着逆流模型所选定的方向运动。

4.3　逆流模型初始参数选取

表 4.2 列出了逆流参数的初始值，疏散模型的其他参数的取值与上一章相同。评估扇形半径和角度选取自文献[60]，测试扇形的角度是通过反复试错实验所选取的。所选取的测试扇形角度（30°）小于参考文献[60]中的角度（40°），这是因为本书模型拥有更多的测试扇形，因此每个扇形的角度会更小一些。偏好因子用于处理多个测试扇形基本开销同时等于零的情况，这些偏好因子可以对总开销进行排序。例如，$C_i^{L}=C_i^{R}=0(T_i^{L}=0.5>T_i^{R}=0.3)$，智能体此时会倾向选择右侧。本书为偏好因子选择了一组有序值（0.1，0.2，0.3，0.4 和 0.5），以便为每个测试方向赋予不同的优先级。基本开销本质上是夹角的大小，因此可以直观地推断出其所属的范围（0～170）。除基本开销等于零的情况外，偏好因子（小于等于0.5）对总开销几乎不起作用。此外，也可以为偏好因子选用相同排序下的不同数值（例如 $c^{F}=0$，$c^{RF}=0.03$，$c^{R}=0.07$，$c^{LF}=0.09$ 和 $c^{L}=0.2$，并不会改变运行结果）。通过指定局部领导向左前方避让（即选取 S_i^{LF} 扇形并将其细分为四个子扇形），同时将偏好因子修改为 $c^{F}=0.1$，$c^{RF}=0.4$，$c^{R}=0.5$，$c^{LF}=0.2$ 和 $c^{L}=0.3$，可以使该模型适用于靠左交通的国家/地区。虽然这些参数值对逆流模型来说不一定是最佳取值，但却足以产生合理的仿真结果。本章中所有的仿真计算是在中央处理器为 Intel Core（TM）i7－8700 3.2 GHz，显卡为 Nvidia Geforce GTX 1070 及内存为 64 GB 的笔记本电脑上所完成的。该仿真模型是在 Microsoft Visual 2017 环境中采用 C++ 语言基于 Window 10 SDK 开发的。

表 4.2　逆流参数的初始值

参数	初始值	单位	描述	来源
c^{F}	0.1	无量纲	前侧偏好因子	自选
c^{RF}	0.2	无量纲	右前侧偏好因子	自选

表 4.2(续)

参数	初始值	单位	描述	来源
c^{R}	0.3	无量纲	右侧偏好因子	自选
c^{LF}	0.4	无量纲	左前侧偏好因子	自选
c^{L}	0.5	无量纲	左侧偏好因子	自选
R^{S}	1.5	m	扇形半径	文献[60]

4.4 基于双向行人流场景的疏散仿真模型验证

4.4.1 基于 IMO 测试 8 的模型验证

为了验证逆流模型,采用 IMO MSC. 1/Circ. 1533 附件 3 中的测试 8 所指定的场景[6]进行了仿真模拟。图 4.11 给出了该测试的布置图,两个房间通过一条走廊相连接。仿真开始后房间 1 内的 100 名乘客通过走廊进入房间 2,与此同时房间 2 中乘客通过走廊进入房间 1。记录最后一名乘客进入房间 2 的时间。开始时房间 2 内乘客数量为 0,随后逐步增加房间 2 内乘客的数目(10,50 和 100)。如 MSC. 1/Circ. 1533 附件 3 中所规定,乘客的最大行走速度在 0.97 ~ 1.62 m/s 区间内均匀分布,所预期的结果是记录的时间将随着房间 2 内乘客的数量增加而增加。

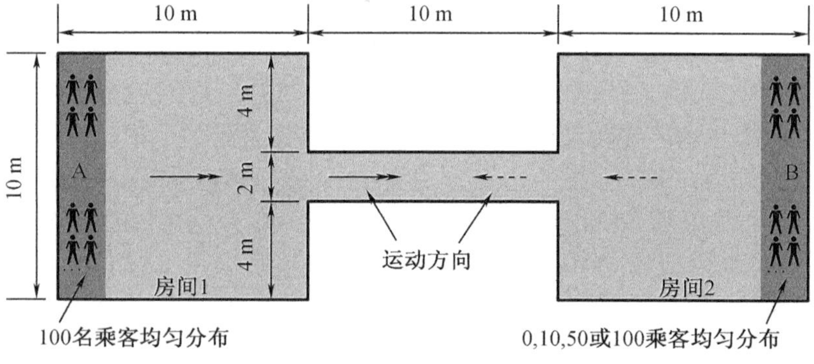

图 4.11 IMO 测试 8 的布置图[6]

图 4.12 给出房间内各有 100 名乘客的 IMO 测试 8 仿真过程快照。表 4.3 列出了不同逆行乘客数目下所记录的时间,并与其他商业软件的计算结果进行了比较。与预期的结果一致,所记录的时间随逆行乘客数目增加而增加。不同软件所

预测的时间存在一定的差异,这可能是由建模方法的差异所导致的。由于缺乏实验数据,IMO 目前并未提供具体的时间变化。

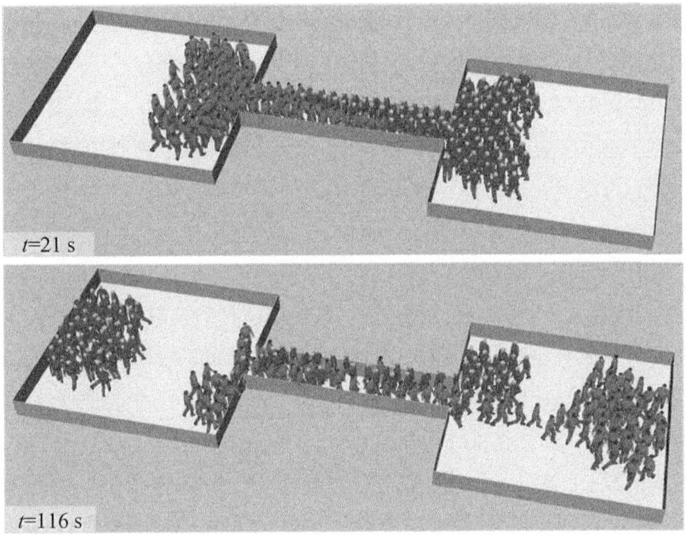

图 4.12　房间内各有 100 名乘客的 IMO 测试 8 仿真过程快照

表 4.3　所提出模型与商业软件的对比

模型	逆行乘客数目			
	0 /s	10/s	50/s	100/s
Pathfinder(操纵力)[159]	66.3(－)	86.5(30.5%)	143.9(117.0%)	207.9(213.6%)
Pathfinder(操纵力＋SFPE)[159]	66.3(－)	86.5(30.5%)	143.9(117.0%)	189.1(185.2%)
Pathfinder(SFPE)[159]	29.9(－)	30.7(2.7%)	31.3(4.7%)	31.8(6.4%)
EVI[75]	88.9(－)	125.6(41.3%)	229.1(157.7%)	327.9(268.8%)
FDS＋Evac[160]	50.0(－)	75.0(50.0%)	106.9(113.8%)	136.1(172.2%)
SIMPEV(基于细胞)[75,77]	84.6(－)	93.2(10.2%)	137.1(62.1%)	216.1(155.4%)
SIMPEV(基于速度)[78]	83.2(－)	90.8(9.1%)	129.4(55.5%)	201.4(142.1%)
VELOS[12]	108.5(－)	238.9(120.2%)	349.9(222.5%)	434.4(300.4%)
UNITY[100]	82.3(－)	108.1(31.3%)	224.3(172.5%)	277.7(237.4%)
MassMotion[168]	70.0(－)	80.0(14.3%)	136.0(94.3%)	208.0(197.1%)
第 3 章模型(无逆流模型)	56.3(－)	117.6(107.8%)	209.2(271.6%)	352.4(525.9%)
本章模型	55.5(－)	84.7(52.6%)	134.3(142.0%)	170.8(207.7%)

鉴于与商业软件计算结果的差异，将模型的计算结果与相似场景场地实验进行了比较[169,170]。Kretz[169]等人在一条走廊中进行了双向行人流实验，其布局与IMO测试8略有不同。两组行人（主要组和反向组）相距20 m分开站立在一条1.98 m宽的走廊内，主要组包含33名参与者，而逆行组包含不同数量（0，4，17和34）的参与者。逆行行人的比例与IMO测试8相同。表4.4列出了本书所提出模型与双向行人流实验的对比。对于单向行人流，预测结果与实验结果相同。对于双向行人流，预测的结果比实验结果长约12.5% ~32.4%。导致这种差异的主要原因是，在实验中行人充分利用20 m长的走廊提前避让，而智能体只能对1.5 m内的逆行行人做出反应。但将模型的作用范围直接扩大是不可行的，这样会使得智能体只聚集在走廊入口的右侧。此外，实验参与者的数量远低于IMO测试8中的参与者数量，且并未提供行人的行走速度。仿真所采用的行人行走速度和分布与IMO测试8相同。Cao[170]等人在一个长10 m宽4 m的走廊上进行双向行人流实验，该实验将736名参与者分成两组（逆行行人比例约为53.3%）。参与者的最大行走速度在1.22 ~1.68 m/s范围内（仿真选取均匀分布）。模型所预测的时间（336.4 s）比实验（317.0 s）慢了约6.1%，本书模型更适合于人员密度较高的场景。综上所述，本书模型所预测时间比实验结果长，但却比大多数商业软件预测时间短。该模型在某种程度上与实际更为符合。

表4.4　本书所提出模型与双向行人流实验的对比

模型	逆流行人百分比			
	0%	10%	34%	50%
Kretz[169]等人的模型	20.3 s（-）	21.6 s（6.4%）	23.1 s（13.8%）	26.2 s（29.1%）
本书所提出的模型	20.8 s（-）	24.3 s（16.8%）	27.5 s（32.2%）	34.7 s（66.8%）
增量	0.5 s（2.5%）	2.7 s（12.5%）	4.4 s（19.0%）	8.5 s（32.4%）

4.4.2　基于双向行人流实验数据的模型验证

为了进行定量验证，本书选择了Zhang和Klingsch[11]所描述的实验进行模拟。图4.13给出了该双向行人流实验的布置图。行人从等候区出发，经过一条4 m长的通道进入走廊。当行人到达走廊的另一个入口时，行人从通道离开走廊。研究人员给出了行人的平均行走速度（1.55 ±0.18 m/s），但未提供速度的分布情况，本书选取了速度在上述区间内的均匀分布作为仿真模型的输入条件。研究人员将双向流分类为稳定分离路径（Stable Separated Lane，SSL）行人流和动态多路径

(Dynamical Multi-Lane,DML)行人流。根据两侧入口所进入行人数量之间的关系，将实验分为两类：平衡流量比(Balanced Flow Ratio,BFR)和不平衡流量比(Unbalanced Flow Ratio,UFR)。实验总计进行了22次，本书选择其中的12次BFR实验进行模拟，相关参数详见表4.5。

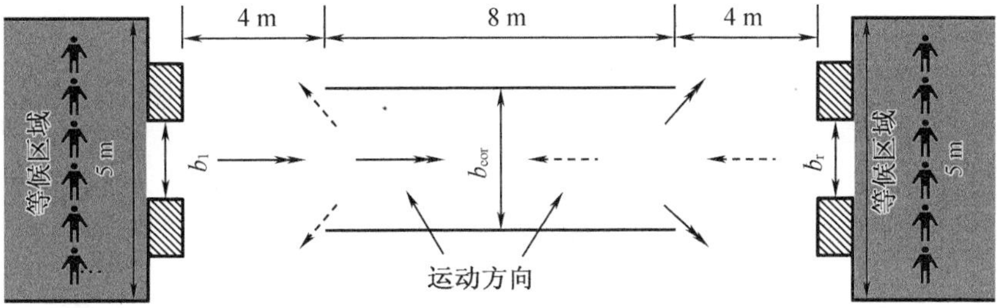

图4.13　双向行人流实验的布置图[11]

表4.5　实验[11]**中的相关参数**

编号	名称	b_{cor}/m	b_l/m	b_r/m	N_l	N_r
1	BFR-SSL-360-050-050	3.60	0.50	0.50	57	61
2	BFR-SSL-360-075-075	3.60	0.75	0.75	56	80
3	BFR-SSL-360-090-090	3.60	0.90	0.90	109	105
4	BFR-SSL-360-120-120	3.60	1.20	1.20	143	164
5	BFR-SSL-360-160-160	3.60	1.60	1.60	143	166
6	BFR-DML-360-050-050	3.60	0.50	0.50	56	74
7	BFR-DML-360-075-075	3.60	0.75	0.75	62	65
8	BFR-DML-360-090-090	3.60	0.90	0.90	110	102
9	BFR-DML-360-120-120	3.60	1.20	1.20	115	106
10	BFR-DML-360-160-160	3.60	1.60	1.60	140	166
11	BFR-DML-360-200-200	3.60	2.00	2.00	143	166
12	BFR-DML-360-250-250	3.60	2.50	2.50	141	163

在SSL行人流实验中，Zhang等人并未指定受试者所选择的出口。在实验开始后受试者会自动形成稳定的路径，行人流会自动沿着走廊的中间分开，如图4.14(a)所示。在仿真中，当行人遇到其他逆行行人时会向右侧躲闪，此时右侧出口距离行人最近，因此行人选择该出口，如图4.14(b)所示，仿真结果与实验所观察的结果一致。然而其中有几个行人选择了左侧的出口，这是因为他们被其他行人推向左侧，随后

从左侧离开。在 DML 行人流实验中，行人根据预先给定的编号选择出口（奇数选择左侧出口，偶数选择右侧出口）。实验中行人的路径不断变化，没有形成稳定的路径，仿真与实验结果一致，如图 4.14(c) 和图 4.14(d) 所示。此外，仿真中行人运动方向是依据离散网格点所确定的，因此运动轨迹的平滑度略显不足。

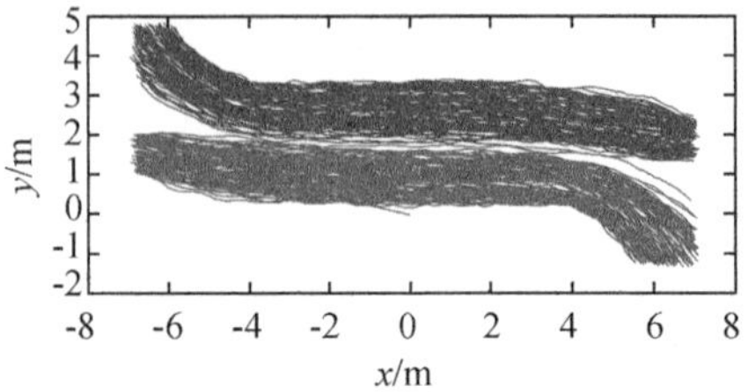

(a)BFR-SSL-360-090-090实验

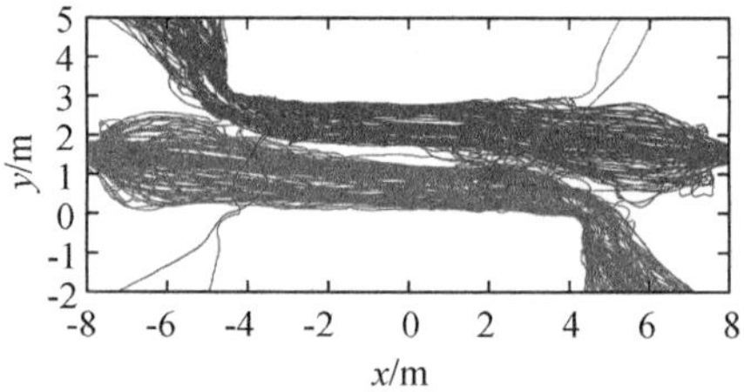

(b)BFR-SSL-360-090-090仿真

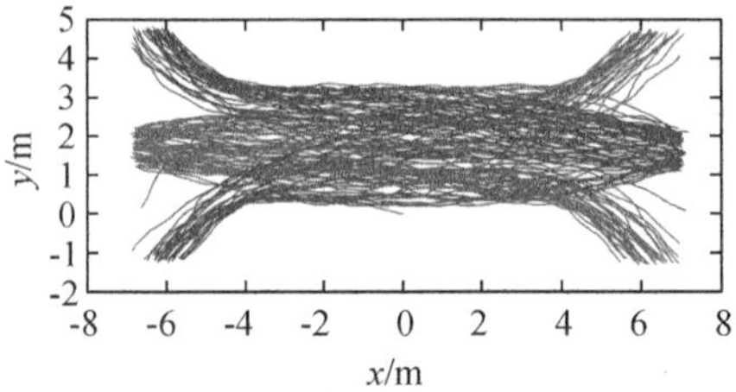

(c)BFR-SSL-360-075-075实验

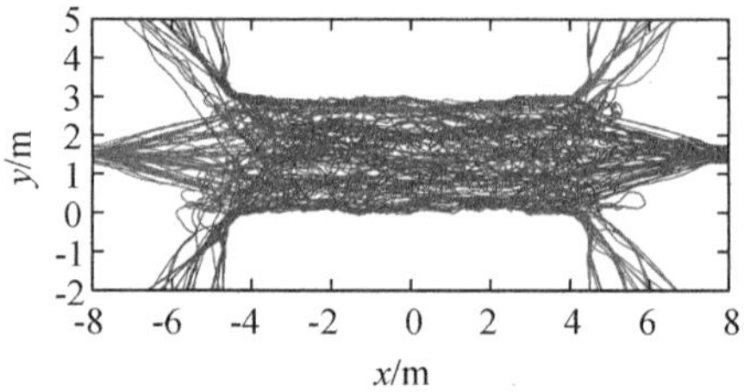

(d)BFR-SSL-360-075-075仿真

图 4.14　SSL 和 DML 行人流中行人的运动轨迹

基本图中所显示的行人流量和行人密度之间的关系，是验证仿真模型的重要手段之一。图 4.15 给出了 SSL 和 DML 行人流的基本图。仿真与实验所获得的基本图几近相同，但与 Pathfinder 软件的基本图有所区别。从速度－密度图可以看出行人速度随着行人密度的增加而减小，三者趋势相同。从特定流－密度图可以看出，本书模型与实验的特定流变化趋势相同，都是先随行人密度的增加而增加，随后趋于稳定，但 Pathfinder 的特定流则先上升随后减小（类似于单向流的基本图[11]）。本书模型的 SSL 流基本图中的最大密度略大于实验值。对于相同的密度来说，Pathfinder 的基本图中每个值都小于其他基本图。Pathfinder 的最大行人密度相较于其他数据来源是最大的，这些不同之处可能是由不同的计算模型所引起的。本书模型与 Pathfinder 在输入参数方面具有相似性，行人半径均为 0.25 m，最大行走速度都是在区间 1.37～1.73 m/s。不同之处在于，当密度增加时，Pathfinder 依据速度－密度曲线来降低行人行走速度，而本书模型的行人行走速度仅受相互作用力的影响。此外，Pathfinder 所采用速度－密度曲线是通过单向行人流实验所获得的，与双向行人流有所不同。因此，Pathfinder 的双向行人流基本图与单向行人流基本图相似。

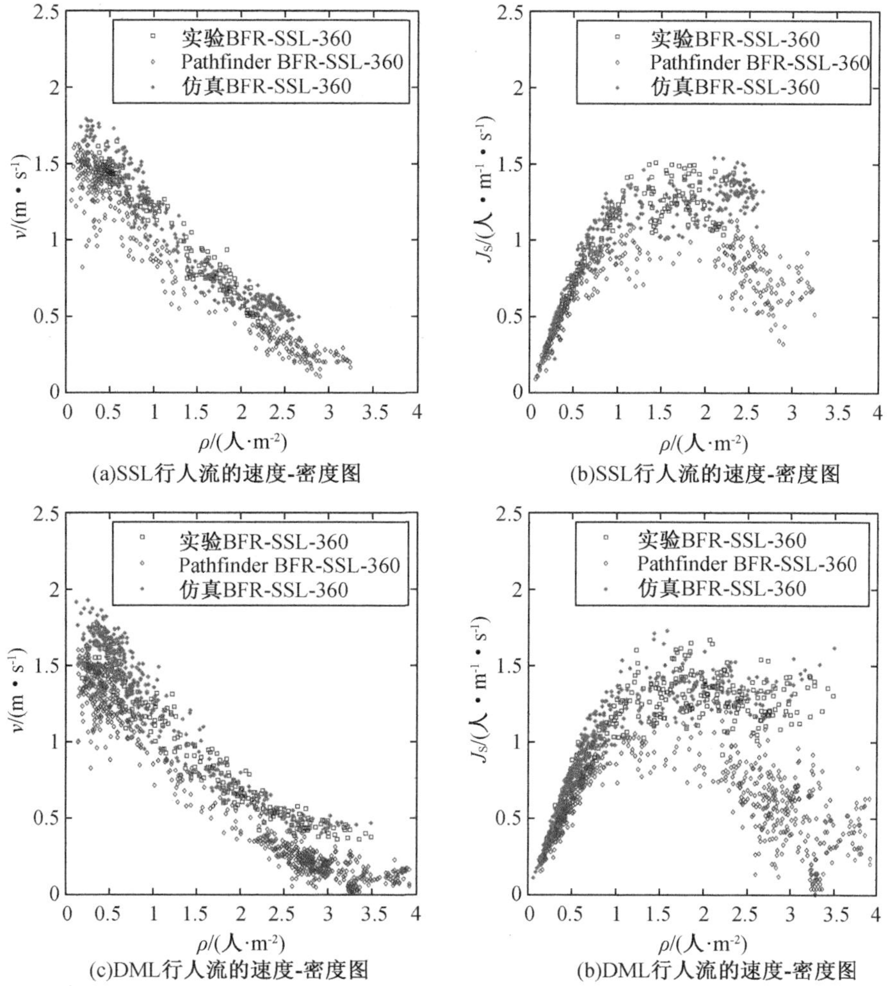

图 4.15　SSL 和 DML 行人流的基本图

4.5　考虑救生衣因素的客船单层甲板疏散仿真分析

本节以典型客船的单层甲板为例进行了疏散仿真分析。该甲板的布局参考了 P&O – Pacific 号邮轮的 8 甲板，Carnival Spirit 号邮轮的 4 甲板及 Sea Princess 号邮轮的 8 甲板，布置图如图 4.16 所示。该层甲板的大小约为 156 m × 31 m，共有 18 个头等舱、155 个二等舱、1 个餐厅及 2 个集合地点。每间客舱最多可容纳 2 名乘客，并配有 2 件救生衣。餐厅最多可容纳 292 名乘客，有 4 个出口、70 张桌子和

292 把椅子。与传统的疏散仿真模型不同,本章模拟中乘客必须在去往集合地点之前取得救生衣。满载情况下,该甲板最多可容纳 638 名乘客(住舱 346 人,餐厅 292 人)。部分乘客需要返回其住舱所在的甲板穿戴救生衣。为了减少计算量,本章只考虑了在该层甲板居住的 346 名乘客。

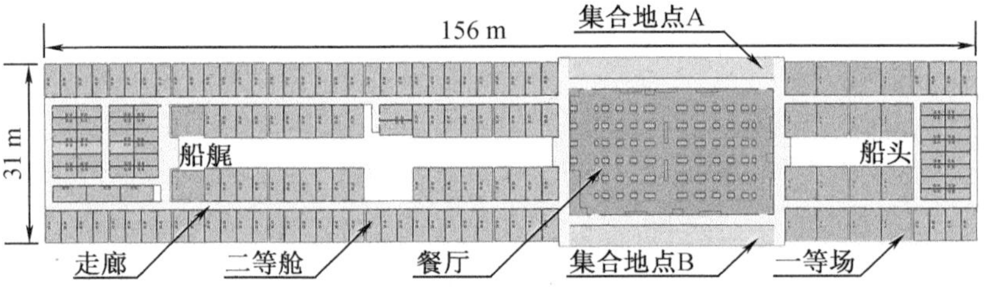

图 4.16　客船的布置图

仿真开始后,乘客需要先获取救生衣。此时在住舱外的乘客不得不返回住舱穿戴救生衣。在乘客找到并穿戴救生衣之后,会立即朝着其舱门上铭牌所指定的集合地点行进。一般来说,左舷一侧的乘客在集合地点 A 聚集,而另一侧乘客则在集合地点 B 集合。由于该甲板布局的不对称性,更多的乘客住在左舷一侧。在实际的疏散方案中,左舷一侧的两个舱室中(如图 4.16)的乘客在集合地点 B 集合,用以平衡两个集合地点的利用率。乘客的行走速度均匀分布在0.97 ~ 1.62 m/s 的区间内。以不同的比例(0∶10,1∶9,2∶8,…)将所有 346 名乘客分布在住舱和餐厅之中,每个舱内的乘客是随机分布的。假设乘客登船后已经经历了疏散演习,了解救生衣存放点及熟悉救生衣的穿戴方法,穿戴救生衣所花费时间在 5 ~ 10 s 的区间内均匀分布。以上假设只是在缺乏相关数据情况下较为乐观的估计。此外,为了与传统模型比较,对不穿戴救生衣的相应场景也进行了模拟仿真,每个场景分别进行了 50 次模拟仿真。

图 4.17 给出了取回救生衣行为的仿真过程的快照,其中 50% 的乘客在仿真开始时($t=0$ s)位于餐厅。在 $t=76$ s 时,多数乘客已经离开餐厅并在走廊尽头处与穿戴好救生衣的其他乘客相遇,可以观察到明显的拥堵与双向行人流。在 $t=241$ s,大多数乘客已经穿上了救生衣并到达了集合地点。

图 4.18 给出了乘客不同分布情况下的平均疏散时间。对传统模型来说,餐厅中乘客的比例越大,所需的近似疏散时间就越短。这是因为餐厅靠近集合地点,乘客从餐厅疏散所需时间较短。对于本书模型来说,随着餐厅中乘客比例的增加,疏散时间也随之增加。当所有乘客的初始位置位于住舱时,两种情况下的疏散时间几乎相同。这是因为乘客可以快速地穿上救生衣而无须返回舱室,行人的运动轨迹几乎相同。此外在本书模型中,由乘客返回住舱引起的疏散过程的不确定性较

大(发生拥堵),因而导致疏散时间的变化增大。

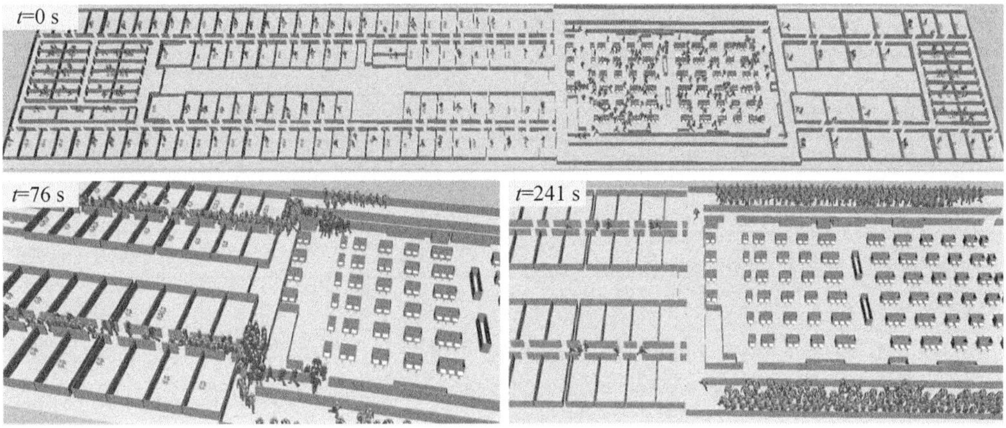

图 4.17　取回救生衣行为的仿真过程快照

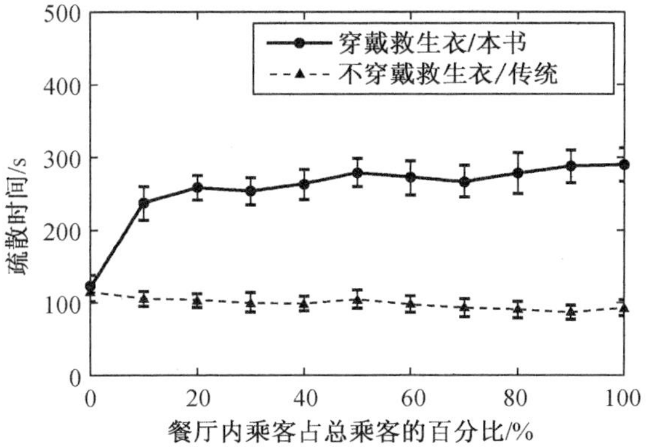

图 4.18　不同乘客分布下的平均疏散时间

在实际情况中,如部分乘客在餐厅进餐,本书模型所预测的疏散时间与传统模型相比有较大的差异,疏散时间约为传统模型的 2.3 ~ 3.5 倍。为了减少寻找并穿戴救生衣行为对疏散过程的影响,本节提出了两种优化方案:一种方案是在餐厅的每把椅子下面放置额外的救生衣(表 4.6 中的场景 3);另一种方案则是将所有救生衣放在集合地点中(表 4.6 中的场景 4)。

表 4.6 救生衣存放位置对仿真结果的影响

场景	救生衣存放位置	平均行走距离/m	平均累积等待时间/s	个体平均疏散时间/s	总疏散时间/m
1(传统)	无救生衣	48.3 ±1.4	9.4 ±1.5	55.2 ±3.1	113.7 ±13.1
2(此模型)	住舱	100.3 ±0.5	19.2 ±3.5	106.2 ±3.2	269.1 ±15.9
3(此模型)	住舱和餐厅	50.4 ±1.3	11.8 ±1.1	60.4 ±2.2	121.6 ±11.5
4(此模型)	集合地点	64.0 ±1.3	33.5 ±2.9	93.5 ±3.7	184.8 ±10.6

表 4.6 列出了 50% 的乘客初始位置位于餐厅时不同场景的仿真结果。场景 1 代表传统模型，乘客直接去往集合地点，场景 2 中救生衣存放在住舱内，餐厅内乘客需要返回住舱。场景 2 的平均行走距离(100.3 m)约为场景 1(48.3 m)的两倍，乘客所经历的平均拥堵时间(19.2 s)几乎是场景 1(9.4 s)的两倍。相较于场景 1，场景 2 的疏散时间增加了约 108%，其主要原因是乘客需要返回住舱导致平均行走距离增加，其次要原因是双向行人流引起了拥堵。场景 3 中所有的结果均略大于场景 1 中的结果，其疏散时间(121.6 s)是场景 2、3 和 4 中最短的。与场景 2 相比，场景 4 的疏散时间减少了约 31%。乘客总疏散过程中约有 35% 的时间用来应对拥堵的发生，造成场景 4 拥堵的主要原因是乘客在集合地点被迫排队领取救生衣。

场景 1,2,3 和 4 的累积到达时间曲线如图 4.19 所示。场景 1 和 2 的到达曲线相似且更为陡峭，表明这两种场景的疏散效率更高。场景 2 和 4 的累积到达曲线的前半部分相似，但场景 2 中曲线的后半部分较为平缓，表明在该段时间内的乘客到达率较低。

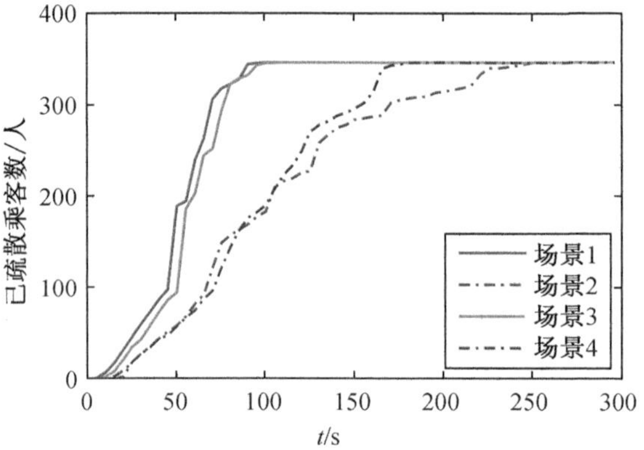

图 4.19 不同场景的累积到达时间

图4.20给出了乘员密度超过临界密度(3.5人/m^2)的时间分布图。可在场景2和场景4中观察到严重拥堵。场景2中的拥堵主要集中在两条走廊的交会点,是由乘客逆行返回住舱所引起的。场景4中的拥堵区域主要集中在救生衣存放地点附近,是由乘客排队领取救生衣所引起的。

(a)无救生衣的场景1

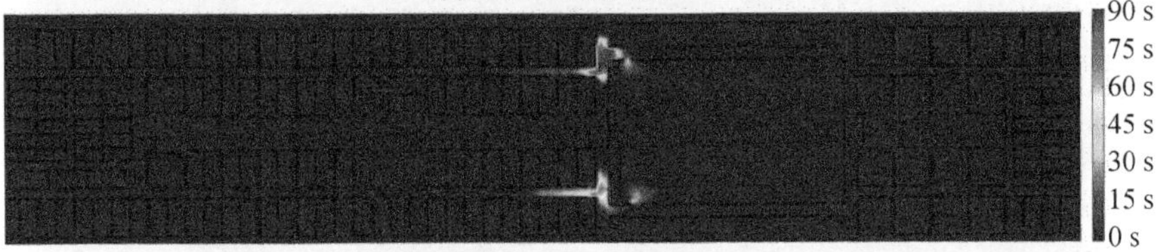

(b)救生衣存放在住舱的场景2

(c)救生衣放在餐厅和住舱的场景3

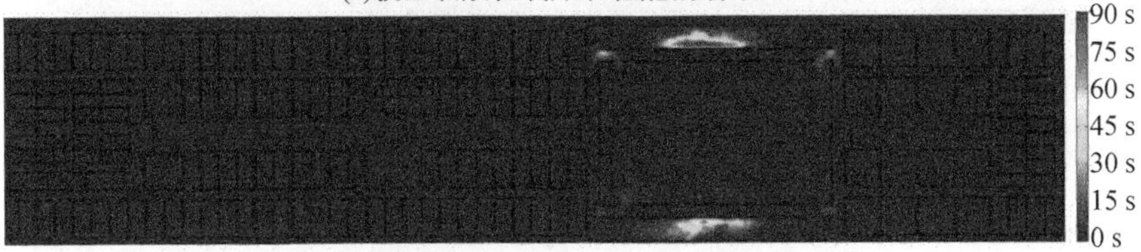

(d)救生衣存放在集合地点的场景4

图4.20　四种场景的密度超过3.5人/m^2的累积时间分布图

图4.21给出了四种场景中整个疏散过程的空间利用情况。场景2与其他三种场景不同,其走廊的利用率最高,主要是因为场景2中餐厅内乘客需要首先返回住舱再前往集合地点,经过走廊两次因而走廊的利用率更高。如果某区域发生拥堵,则该区域也应拥有较高的空间利用率,因此图4.21和图4.20中场景2(或场景4)具有相同的区域。场景1和2在的餐厅内的空间利用率不同,而场景1和4在餐厅处的空间利用率几乎相同。对于餐厅内的乘客来说,在场景2中乘客会去往

距住舱最近的餐厅出口,而场景 1 中乘客则是去往距离集合地点最近的出口。场景 3 中的乘客需要在餐厅内搜寻救生衣,因而这种情况下餐厅内的空间利用率高于其他场景。

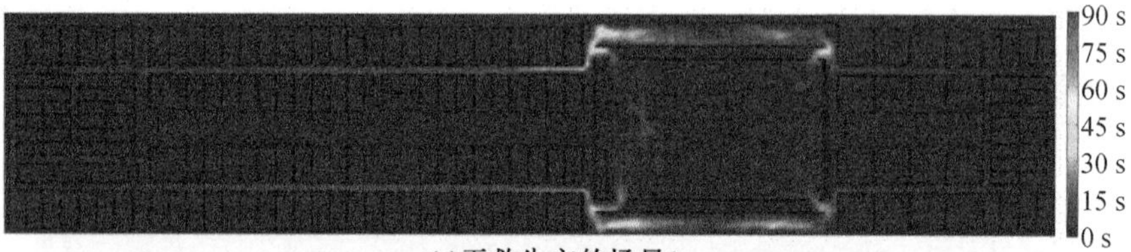

(a)无救生衣的场景1

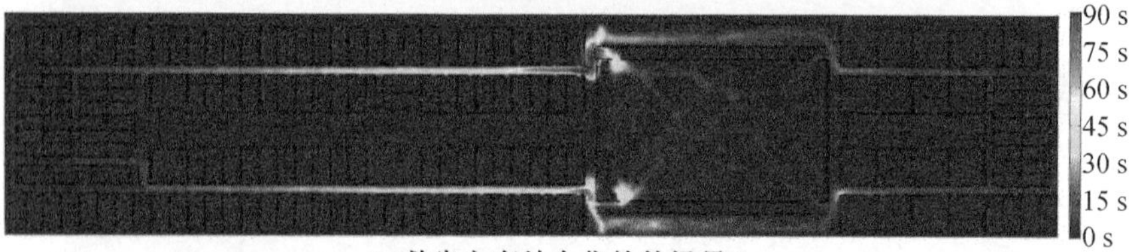

(b)救生衣存放在住舱的场景2

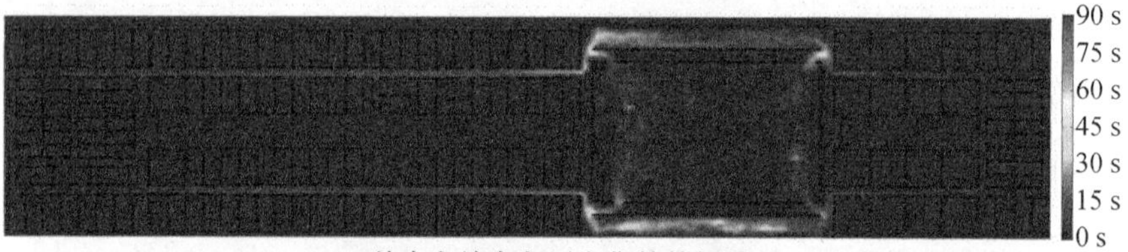

(c)救生衣放在餐厅和住舱的场景3

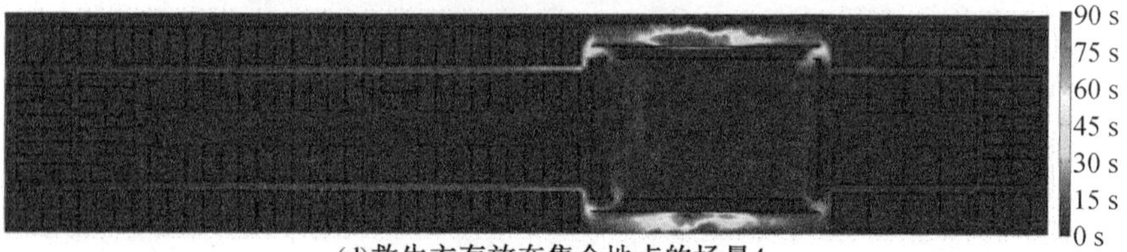

(d)救生衣存放在集合地点的场景4

图 4.21　四种场景的空间利用率图

表 4.7 总结了场景 1、2、3 和 4 中的一些关键问题。对于场景 3 来说,该方案的疏散时间最短,但提供额外的救生衣会引起该方案成本的增加;在场景 4 中,将所有救生衣存放在集合地点会造成空间浪费,且会增加设计难度。该方案依靠船员分发救生衣,高度依赖于船员的工作效率和责任心,此外,救生衣集中存放会增加救生衣损失的风险,例如,救生衣存放区域发生火灾,所有救生衣可能同时被烧毁。虽然该方案有一些弊端,但却能避免因穿戴救生衣后引起乘客的行动不便,进一步避免在疏散过程中因行动不便所造成的伤害,可以通过增加救生衣分发地点减少该方案的疏散时间。在场景 2 中,也可以通过增加走廊的宽度来缩短。

表 4.7　四种场景关键问题的总结

场景	救生衣存放位置	优点	缺点
1	无救生衣	计算简单	与实际不符
2	住舱	节省空间	疏散时间变长
3	住舱和餐厅	有效节省疏散时间	增加额外成本开销
4	集合地点	避免穿戴救生衣后引起的行动不便,节省疏散时间	空间浪费,增加救生衣丢失的风险,依靠船员的责任

4.6 本章小结

目前船舶疏散仿真模型通常都是源于建筑疏散模型,并未考虑穿戴救生衣这一行为,本章通过开发逆流模型实现了这一行为,该模型满足了 IMO MSC. 1/Circ. 1533 测试 8 的要求,但 IMO 并未提供量化的疏散时间,该测试仅是定性验证。为此,将模型结果与场地实验数据进行了比较,发现该模型不仅可以模拟双向行人流中的 DML 行人流和 SSL 行人流,且其计算所得的双向流基本图与实验数据匹配较好,进一步地验证了该模型。最后应用该模型对一条客船的单层甲板进行了仿真分析,发现如果乘客的初始位置不在住舱时,考虑穿戴救生衣行为的疏散所需时间要远大于传统模型,寻找并穿戴救生衣这一行为是影响疏散时间的重要因素。

本章提供了两种优化疏散方案:其中一种方案是在餐厅每个座位下放置额外的救生衣,虽然该方案的疏散时间最短,但会导致方案成本的增加;另外一种方案则是将所有的救生衣存放在集合地点内,避免了穿戴救生衣对乘客运动的影响,但大量救生衣堆放在一起会给设计人员增加设计难度。此外通过对不同方案进行详细分析(如疏散时间、累积密度图、空间利用图等),所提出的模型可以为设计人员在选择合理设计方案时提供必要的辅助。

第 5 章 考虑多甲板人员流动的船舶疏散仿真模型研究

大型邮轮通常甲板层数众多,对其进行全船疏散仿真模拟时除了考虑水平方向行人流外还应兼顾垂直方向上的行人流。上一章所构建的疏散仿真模型只考虑了单层甲板的情况,虽然可以将其直接应用于多层甲板的仿真,但由于大型邮轮通常拥有十多层甲板,如果乘客所去往的集合地点位于其他甲板,则乘客需要首先前往楼梯。如采用单个图表示邮轮所有的甲板空间,则通过 A^* 算法对三维空间进行路径规划时会面临计算量增大的问题。当目标点与行人位于不同甲板时,A^* 算法会首先朝向目标地点正下方或上方位置搜索,发现与目标点之间的估计代价(两点间欧氏直线距离)不再继续减小后才朝向楼梯方向搜索。此外,实际疏散过程中乘客需要按照规定的逃生路线疏散,如果乘客与集合地点位于不同甲板,通常情况下疏散导视标志会引导乘客去往距其最近的楼梯,此时逃生路线并不一定是最短路线,而上一章模型则只按照最短路径对乘客进行疏散。为了解决上述问题,本章构建了一种分层级路径规划模型,该模型在顶层图和底层图这两种不同层级的图上进行路径规划,其中顶层图表示各个楼梯与集合地点之间的空间拓扑关系,用来获取抽象的顶层路径,而底层图则是每层甲板的实际离散化空间,用来获取具体的底层路径。

5.1 考虑多层甲板的人员疏散模型构建

上一章所开发的双向流模型只适用于对单层甲板的仿真,本章在上一章研究的基础上,通过构建分层级路径规划模型,将仿真模型的应用范围从单层甲板疏散仿真扩展到了多层甲板。

为了方便多层甲板场景的管理,本章将场景中行人、墙体、救生衣和楼梯按照其所在甲板的编号以指针的形式嵌套存储在 vector < list < object * > > 容器中,在 C + + 编程语言中 vetor 容器是顺序容器,可以通过下标操作进行快速访问,但在任意位置进行删除和插入操作时其效率较低,而 list 容器则是一种序列式容器,可以高效率地在任意位置插入和删除元素,但并不支持快速访问。本章将乘客存储在 vector < list < Agent * > m_Agents 中,例如将甲板 3 内乘客存储在 list 容器 m_Agents[3]中,而甲板 4 内乘客则存储在 list 容器 m_Agents[4]中。每层所有乘客的 list 容器存储在 vector 容器内。这样可以快速地选取每层甲板内物体，对其进行单独的统计、输出和渲染等操作，而无须遍历所有存储容器，在一定程度上减小了计算开销，同时可以对每一层甲板内的乘客进行快速删除和插入操作。

5.1.1　分层级路径规划模型构建

分层级路径规划可以有效降低运行图搜索算法时的计算负载，这种分层级的路径规划方式与人类的规划路径方式相类似[171]。例如，当某人半夜醒来决定喝一瓶牛奶时，需要规划出一条高层级的路径（从卧室前往楼梯，下楼后前往餐厅，之后到达厨房）。当此人进入某个房间后才开始规划具体的路径，如进入餐厅后，大脑才会规划出一条避让餐桌和椅子的具体路径。需要注意的是，此时大脑是在不同层级下进行的路径规划，所规划的顶层路径是一条连接多个区域的路径（卧室→楼梯→餐厅→厨房），而所规划的底层路径则是一系列穿过某个区域的路径点。

本书通过在两种不同层级的图上进行路径规划用以实现上述分层路径规划，将每层甲板和楼梯内的空间离散化并用图表示（例如，甲板1内空间用图 $G_1(V,E)$ 表示，楼梯2内空间用图 $G_2^S(V,E)$ 表示），这类图被当作底层图。随后构建顶层图，将每层甲板、楼梯及集合地点用顶点表示，将楼梯之间的连接方式用边表示，并在边中存储楼梯之间的距离，此外还需相互连接位于同一层甲板的楼梯，同一楼梯间内楼梯之间的距离为零，最后将其存储在顶层图中。图5.1给出了一个简单分层级路径规划的示例。图5.1(a)为顶层图，该船共有4层甲板，其中楼梯1、3、5和8位于同一个楼梯间内，因此这些楼梯之间的距离为零。图5.1(b)给出了用来表示甲板1具体空间关系的底层图 $G_1(V,E)$。在仿真开始前，分别将每个楼梯和集合地点设置为源节点，随后分别运行 Dijkstra 搜索算法，并存储所获得的最短路径树。此时通过最短路径树可以直接获得该层甲板任意位置到该甲板每个楼梯的距离。例如，某乘客位于甲板4，通过查找最短路径树可知乘客距离楼梯8、9和10的最短距离分别为2、5和9，根据上述距离在顶层图增加一个顶点表示乘客当前位置（图5.1(a)中灰色椭圆），并将此顶点与楼梯8、9和10相连接。对该顶层图应用 Dijkstra 图搜索算法可以获得一条顶层路径（当前位置→楼梯9→楼梯6→楼梯4→集合地点，路径总长度为8），之后按照顶层路径顺序逐次获取最短路径。需要注意的是只有乘客进入对应图所在空间内，才开始计算该空间内的最短路径。例如乘客进入楼梯9后，才对图 $G_9^S(V,E)$ 应用 Dijkstra 算法搜索乘客到楼梯4的最短路径。如上一章中所提到的，由于计算量与存储空间问题，对于数量众多的救生衣存放位置应用 Dijkstra 算法进行预计算是不可行的。本书将每件救生衣在顶层图中用顶点表示，并与其所在甲板内所有的楼梯相连接，每条边的距离可通过查找以楼梯为源节点的最短路径树获得。在获得顶层路径后，通常空间区域内的具体路径通过查找最短路径树获得，但乘客与救生衣处于相同甲板后，则需要通过 A^* 算法计算行人到救生衣位置的最短路径。

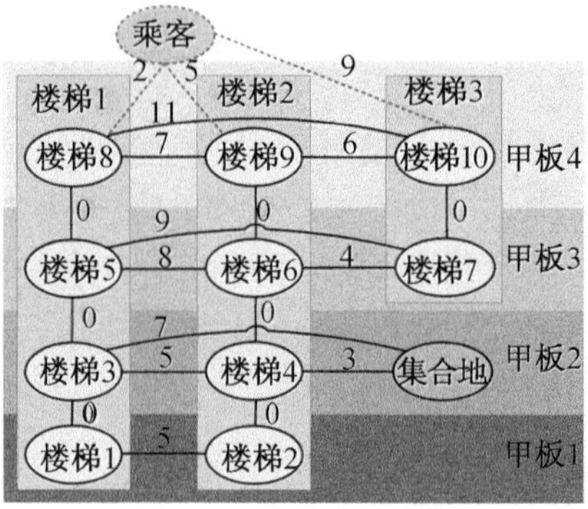

(a)顶层图

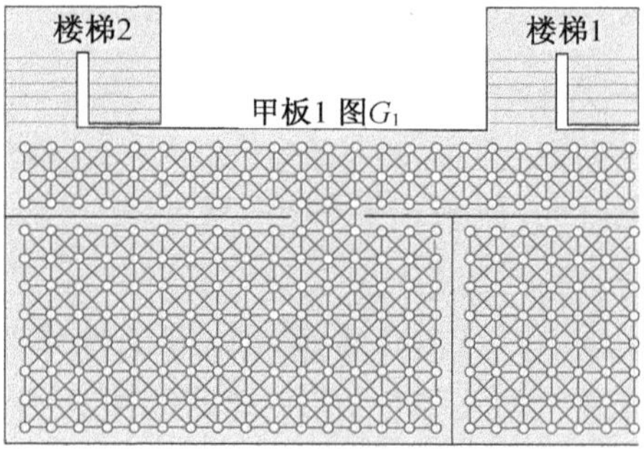

(b)底层图

图 5.1　分层级路径规划

上述路径规划方法可以获得到达集合地点的最短路径，然而实际疏散过程中乘客需要按照规定的逃生路线疏散，逃生路线并不一定是最短路线。如果乘客与集合地点位于不同甲板，通常情况下疏散导视标志会引导乘客去往距其最近的楼梯，此时图 5.1(a)中的顶层路径应变更为：当前位置→楼梯 8→楼梯 5→楼梯 3→集合地点，路径总长度为 9，大于前文所计算的路径总长度。

乘客去往集合地点时(去往救生衣位置仍按照最短路径计算)，在搜索顶层图时应对搜索逻辑进行了调整。首先乘客需要根据自身甲板编号及集合地点甲板编号确定两者是否位于同一层甲板，如果位于相同甲板则不需要顶层路径规划，如果需要前往下层甲板，则选取该层所有连接下层甲板的楼梯中距离最近的一个(楼梯 8)，将其添加到顶层路径，随后判断是否到达集合地点所在甲板，如果没有到达该甲板则重复上述楼梯选择过程，直到最后选取的楼梯通往集合地点所在的甲板，最后将集合地点添加到顶层路径，即完成顶层路径的规划。前往上层甲板的情况与之类似，如图 5.2 所示。

5.1.2　空间区域的标记方法

本章构建了“区域”类用来标记不同的空间类型，“区域”类对空间的标记是通过判断点是否在多边形内所实现的，每个“区域”类由多条线段所围成的多边形来定义。判断点是否在多边形内是计算机图形学基本算法之一，在多个领域有着广泛的应用[172]。目前该算法有多种不同的版本，其中应用最多的方法是射线法，该方法以所需判断的点为起点沿 x 轴做一条射线，如果射线与多边形边交点的个数为奇数，则表明该点在多边形内，交点个数为偶数则表示点在多边形外[173]。图 5.3 给出了射线法判断点是否在多边形内的示意图。图 5.3(a) 中有偶数个交点，即点在多边形外，图 5.3(b) 中交点个数为奇数，即点在多边形内。

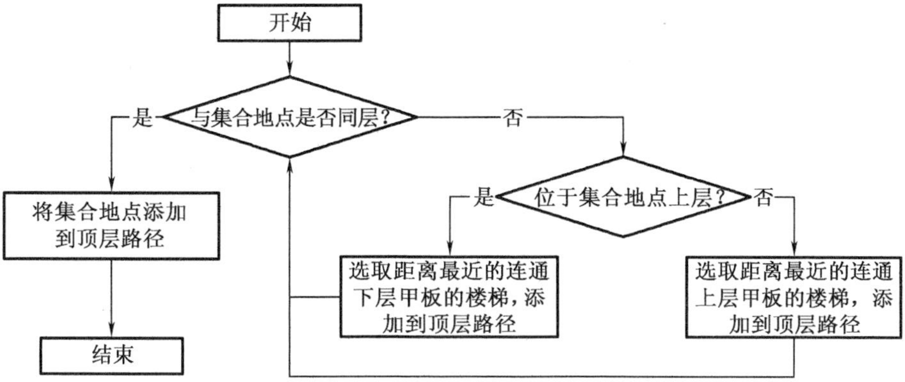

图 5.2　规划去往集合地点顶层路径的流程图

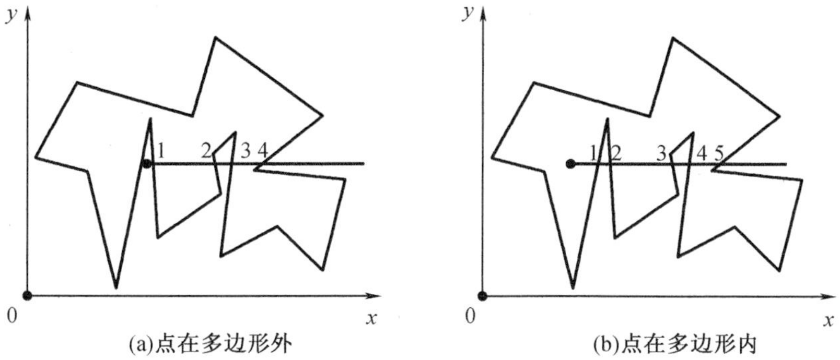

图 5.3　射线法判断点在多边形内的示意图

"区域"类用来标记楼梯、住舱、公共舱室及集合地点所在区域，用以判断乘客是否进入对应的区域。判断乘客是否在多边形区域内的计算量由多边形的边数决定，对于复杂的区域来说其计算效率较低，此外，每当乘客位置变动后都需重新计算，为了加快计算速度，本章采用"区域系统"类(Region System Class)管理所有的"区域"类，该类用预计算的方式存储计算结果，仿真开始后无须再次计算。该类首先将每层甲板空间离散成长与宽均为 b^{grid} 的方形网格，随后判断每个网格中心点所在的区域，并将结果按照顺序存储在二维数组 Reg[i][j] 内。判断乘客所处区域时可将乘客的位置坐标(x,y)除以网格的宽度 b^{grid} 即可得到数组的下标($i = \lfloor x/$

$b^{grid}\rfloor$,$j=\lfloor y/b^{grid}\rfloor$),进而通过对数组 Reg[$i$][$j$]进行下标快速查找操作可直接得到乘客当前所在区域。此外空间区域可以嵌套标记,例如楼梯所在空间既属于某层甲板区域,同时也属于楼梯子空间区域。图 5.4 给出了一个简单的空间区域标记案例,图中用“区域”类标记出了三个不同的区域,其中网格的宽度为 0.1 m,智能体的坐标为(0.47,0.26),其所对应的二维数组为 Reg[4][2],该数组内存储的标记为走廊,即乘客位于走廊内。

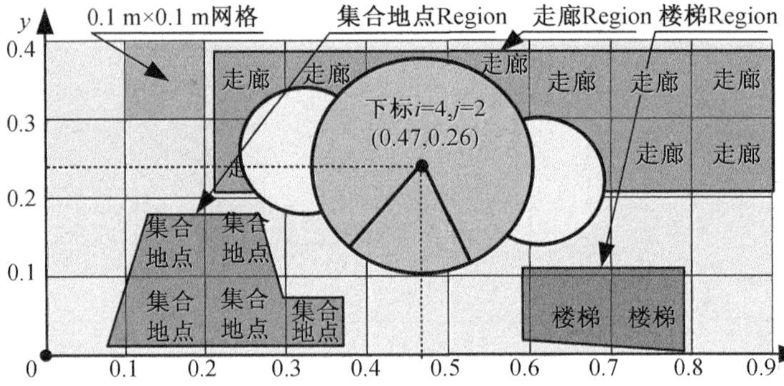

图 5.4　空间区域的网格标记案例

5.1.3　楼梯的表示方式

乘客在不同甲板之间的转移是在楼梯中所实现的,楼梯空间对疏散模型有着重要的意义。在本章所构建的模型中楼梯的划分采用单独的子空间表示。图 5.5 给出了本书三种楼梯空间的表示方式,其中箭头方向为乘客向上层甲板运动方向,虚线表示楼梯空间的出入口。底层楼梯包含一个连接本层甲板的出入口和一个连接上层甲板的出入口。顶层楼梯则不包括实际空间,仅包含一个通往下层楼梯的出入口,中层楼梯比较特殊包含了三个出入口,左侧有一个连接本层甲板的出入口,而右侧的两个出入口(连接上层甲板的出入口和连接下层楼梯的出入口)由于二维投影的方式导致其图像重叠,实际上两个出入口位于不同的高度。由于在仿真模型中乘客位于三维空间内,通过考虑其所处高度即可判断与哪个出入口接触。当乘客与出入口接触后,会被自动添加到目标甲板所在的容器,此时乘客位于两个容器内,当乘客彻底通过出入口则从其原始甲板容器中删除该乘客,如果乘客没有成功进入目标甲板(被推挤回原始甲板)则只需从目标甲板容器中删除该乘客。该过渡阶段只是改变了乘客所在的容器并未改变乘客的实际位置。例如乘客从楼梯 9 进入楼梯 6,即从甲板 4 进入到甲板 3,自动将乘客添加到容器内 m_Agents[3]中,在乘客完全进入楼梯 6 后,再从容器 m_Agents[4]中删除,如果乘客在进入过程中被推挤回甲板4,则只需将乘客从容器 m_Agents[4]中删除,而无须变动 m_Agents[3]。

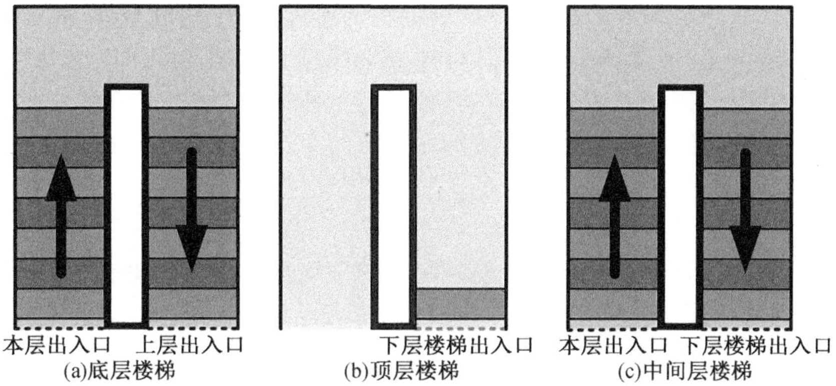

图5.5　本书模型的楼梯表示方式

5.1.4　决策模型构建

Bode[174,175]等人通过实验的方式,发现少部分行人(占总人数的7.5%~16%)在遇到人员拥堵时,会放弃最初的选择并绕行前往其他出口,为此,本章随机选取总人数10%的乘客将其标记为冒险型性格并为其增加绕行行为。当楼梯处发生拥堵后(平均密度大于3.5人/m^2,乘客前进速度缓慢甚至停止),冒险型乘客此时会考虑前往其他楼梯,此类乘客会预测继续等待通过该楼梯所需时间,同时计算前往最近楼梯所需时间,如果前往其他楼梯所需时间较小则开始绕行(如图5.6所示)。如果新的楼梯处同样发生拥堵,则此类乘客考虑前往其他楼梯,选取其他楼梯时会排除已经离开的楼梯,避免乘客在两个楼梯之间反复徘徊。此类乘客疏散路径的选取是基于时间最短原则,并不依赖于传统的路径最短原则或严格按照逃生路线进行疏散。

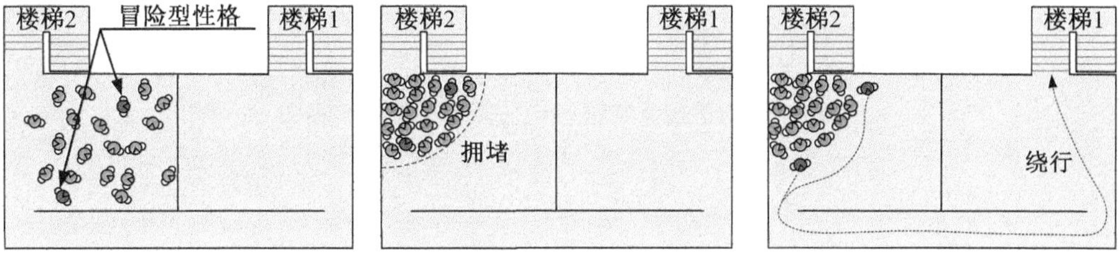

图5.6　冒险型乘客绕行前往其他楼梯

由于冒险型乘客的加入，需要调整上一章中表4.1所列出的目标Goal_5（“跟随路径”），Goal_5的Update()函数在每一次更新时，首先会判断乘客i是否是冒险型乘客，其次判断是否发生拥堵，随后根据乘客所规划的顶层路径判断当前冒险型乘客i是否去往楼梯，如果该乘客前往楼梯则根据其底层路径的长度L_i^{path}判断其是否在楼梯附近（路径长度即乘客与楼梯的近似距离）。如果冒险型乘客i在楼梯附近，则开始预测继续等待通过该楼梯所需时间T_i^{wait}，可表示为

$$T_i^{wait}=\frac{L_i^{path}}{v_i^{M}} \tag{5.1}$$

式中，v_i^M为乘客i在计算开始前一段时间内的平均行走速度。如前文所述，在仿真开始前会将每个楼梯设置为源节点，分别为其运行Dijkstra搜索算法并存储所获得的最短路径树。冒险型乘客i的当前位置与所绕行前往楼梯之间的距离L_i^{bypass}可以通过查找最短路径树直接获得，所预测的前往该楼梯所需时间T_i^{bypass}可表示为

$$T_i^{bypass}=\frac{L_i^{bypass}}{v_i^{max}} \tag{5.2}$$

式中，v_i^{max}为冒险型乘客i的最大行走速度。如果$T_i^{wait}>T_i^{bypass}$则冒险型乘客i开始绕行，流程图如图5.7所示。

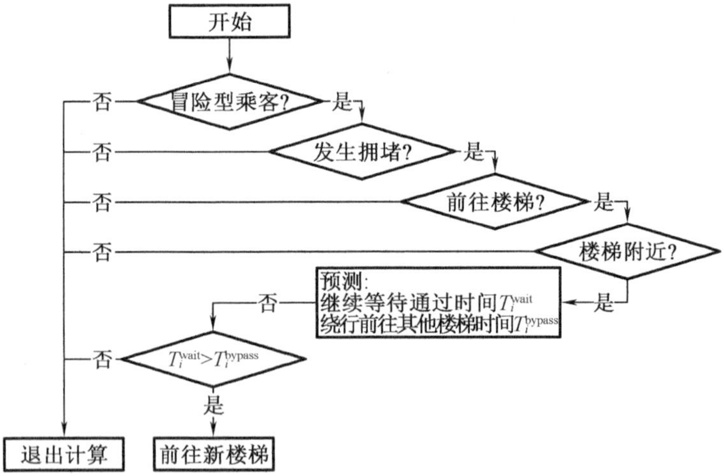

图5.7　冒险型乘客绕行前往其他楼梯的流程图

5.2　多甲板模型初始参数选取

本章中“区域系统”类中网格的大小 b^{grid} 的取值为0.1 m,网格的大小决定了预计算结果的精度,网格越小则不同空间区域的划分越精确,但所需存储空间越大,可以根据实际需求与计算机的配置选取适当的网格。平均速度 v_i^M 通过计算20 s内的平均速度获得。此外,本章将乘客 i 的路径长度 $L_i^{path}<30$ m 作为乘客 i 在楼梯附近的判断标准,这与智能体的邻域半径概念相似。当乘客与楼梯之间的距离小于30 m时才开始计算绕行逻辑,在一定程度上减小了计算开销,同时也尽可能地覆盖楼梯前的拥堵人群,如果该判断条件的取值较小,则冒险型乘客只有距离楼梯足够近时才可能选择绕行,如果该值较大则在较大范围内进行相关逻辑的计算,增大了计算开销。本书可以在一定程度上减小计算量,同时尽可能覆盖拥堵人群,虽然所选取的判断标准不一定是最佳选择,但却足以产生合理的仿真结果。本章模型开发与验证的软件环境和硬件环境均与上一章相同。

5.3　基于垂向行人流场景的疏散仿真模型验证

5.3.1　桥形楼梯行走速度测试场景

如前文所述IMO在MSC.1/Circ.1533附件3中给出了上下楼梯行走速度测试场景:测试2和测试3,两个测试案例均采用一段斜面长为10 m的楼梯作为测试场景,测试行人是否能在楼梯上保持所设定的行走速度。该测试场景较为简单,并未包含行人从水平走廊进入楼梯这一过渡阶段,并未验证行人是否能根据所处位置对行走速度进行动态调整,为此本文将IMO的测试2和测试3进行合并,构建了一个全新的桥形楼梯场景对模型进行验证,该场景的布置图如图5.8所示,该场景是由三段水平通道和两段楼梯所组成的桥形楼梯,仿真开始后行人从 A 点出发沿走廊与楼梯向 F 点行进,五个分段的宽度均为1 m且其水平方向上的长度均为10 m,楼梯垂直方向上的高度为7 m。该场景包含了上下楼时行走速度与水平行走速度之间的转换。与IMO场景类似,本文取了年龄在30~50岁的男性乘客作为测试的主体,假定该乘客的行走速度为IMO所提该类乘客供行走速度的平均值,即水平行走速度为1.3 m/s、上楼梯速度为0.63 m/s、下楼梯速度为0.86 m/s。仿真开始后分别记录乘客通过 A、B、C、D、E 和 F 点的时刻,即可得到乘客在五个分段上的实际行走时间和乘客的平均行走速度,进而可以判断行走速度是否达到预设值。

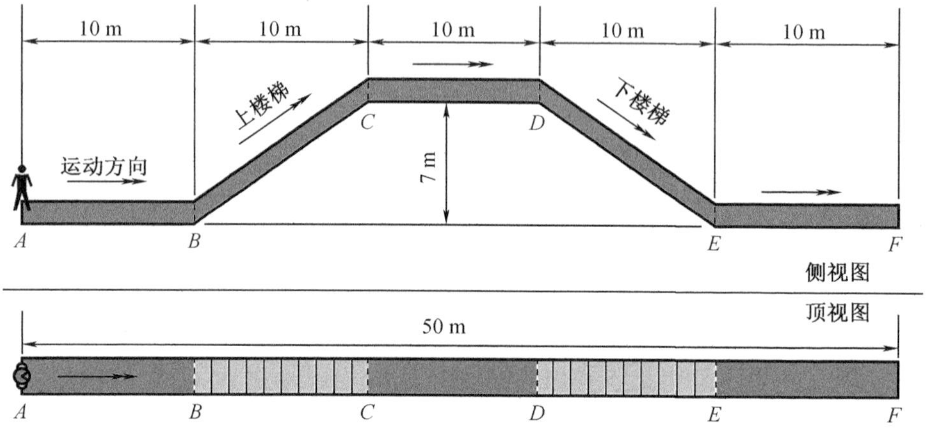

图 5.8　桥形楼梯行走速度测试场景布置图

由于该仿真场景中只有一名乘客,不存在人与人之间的交互作用,仿真结果的确定程度较高,经多次重复测试,仿真结果均相同,因此只列出了某一次仿真的计算结果。图 5.9 给出了桥形楼梯场景的仿真过程快照,该图包含 6 个子图,前 5 张图给出了 5 个不同分段乘客的实际运动状态和到达该位置所需的时间,从图中可以看出行人顺利地从 A 点沿着桥形楼梯走到了 F 点,最后一张图给出了乘客在 BC 段楼梯时的局部特写图,乘客此时在楼梯上缓步登楼,步幅相对较小,与实际情形相吻合。

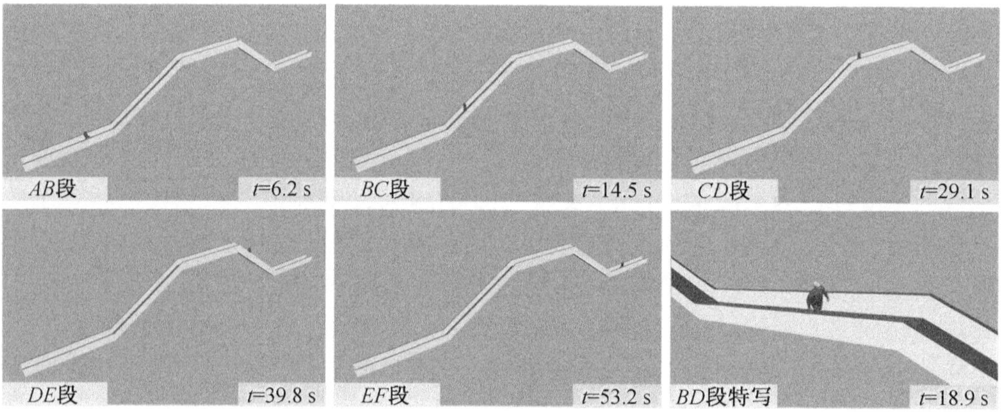

图 5.9　桥形楼梯场景的仿真过程快照

表 5.1 给出了桥形楼梯场景的仿真结果,表中包含了每段的设定行走速度、分段面长度(楼梯段为斜面长度)、实际行走时间、实际行走速度及设定速度与实际

速度之间的相对误差。从表中可以看出，行人的速度相对误差较低（1.3～2.6%），仿真中乘客能按照预定的行走速度根据实际场景的需要动态地调节速度。由于本书仿真模型是基于社会力模型所开发的，乘客调整当前行走速度到达所设定的速度需要一段加速或减速的时间，乘客的行走速度并不能瞬间达到预定速度，因此实际行走速度和设定行走速度存在一定程度上的误差。以 *AB* 段中乘客为例，仿真开始后乘客从静止开始做加速运动，在行走速度到达预定的水平行走速度后乘客开始做匀速运动，相较其他分段来说其加速实际较长，因此相对误差最大，该段乘客的平均行走速度（1.27 m/s）低于所设定的行走速度（1.30 m/s）。从 *AB* 段过渡到 *BC* 段时，由于乘客从水平走廊进入楼梯，预设行走速度从 1.30 m/s 降低为 0.63 m/s，此时乘客会做减速运动，这段时间内乘客的行走速度会超过设定值，因此乘客的平均行走速度（0.64 m/s）会高于设定值（0.63 m/s）。乘客从 *BC* 段进入到 *CD* 段时，其速度会从 0.63 m/s 加速到 1.30 m/s，因此平均行走速度低于设定行走速度，后面两段的过渡阶段与之类似，故不再赘述。

表 5.1　桥形楼梯场景的仿真结果

分段	分段类别	设定行走速度 $/(m\cdot s^{-1})$	分段面长度 /m	实际行走时间 /s	平均行走速度 $/(m\cdot s^{-1})$	速度相对误差 /%
AB	水平走廊	1.30	10.0	7.9	1.27	2.6%
BC	楼梯	0.63	12.2	19.2	0.64	0.9%
CD	楼梯平台	1.30	10.0	7.8	1.28	1.4%
DE	楼梯	0.86	12.2	14	0.87	1.3%
EF	水平走廊	1.30	10.0	7.7	1.28	1.4%

5.3.2　多角度楼梯测试场景

前文桥形楼梯测试场景中所选取的楼梯角度为35°，该角度为大型邮轮中常见的楼梯角度。除了上述常见角度外，大型邮轮还有一些其他角度的楼梯，如60°舷梯，本节采用不同角度（角度变化步长为5°，从30°到60°，总计7种角度楼梯）的楼梯对所构建的多甲板模型进行验证。多角度楼梯场景的布置图如图5.10所示，该场景包含了7个不同角度的楼梯子场景，每个子场景由三部分组成（*AB* 段、*BC* 段和 *CD* 段）。其中 *AB* 段和 *CD* 段均为长度为 4 m 的水平走廊，*BC* 段则为水平长度为 20 m 的楼梯。场景中 *AB* 段（*CD* 段）的作用是为了尽量减小行人从静止到运动的加速过程对测试结果的影响，此外本节场景相较于桥形楼梯场景来说增加了楼梯的长度,进一步减小了进入楼梯时的边界状态对测量结果的影响。该仿真包含两部分:第一部分为下楼梯速度的验证,仿真开始后,7 位水平行走速度为 1.3 m/s、上楼梯速度为 0.63 m/s 及下楼梯速度为 0.86 m/s 的乘客同时从不同角度楼梯的 *A* 点出发,经由楼梯并前往楼下的 *D* 点,仿真开始后通过记录乘客通过 *B* 点和 *C* 点所对应的时刻即可得到乘客下楼所需的时间;第二部分为上楼梯速度的验证,即乘客从 *D* 点出发运动到 *A* 点,验证方法与第一部分类似。

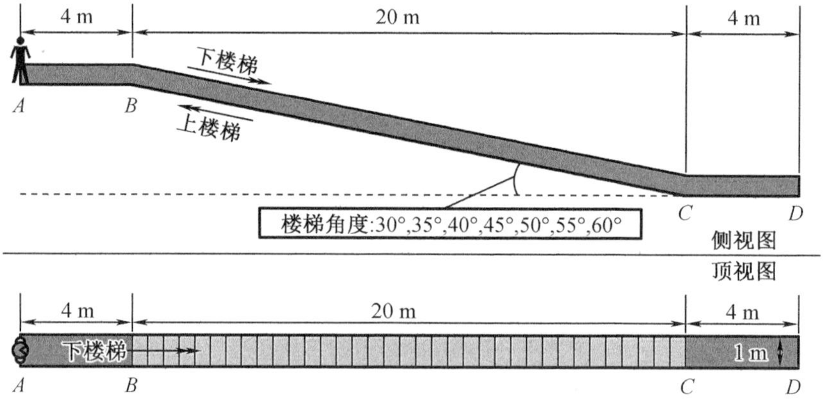

图 5.10　多角度楼梯场景布置图

图 5.11 给出了多角度楼梯场景的上楼梯测试部分的仿真过程快照,前 3 张透视图给出了乘客在三个不同时刻下的乘客实际运动状态和到达该位置所需的时间,可以看出所有乘客在 *CD* 段时能保持并排前进态势,当到达各自的楼梯后,乘客所在的楼梯角度越小,则乘客越早地通过楼梯,这与实际相符合。需要注意的是,该场景所设定的目标点为 *A* 点,然而通过第 3 张透视图中可以看出,乘客通过楼梯后(到达 *B* 点后)不再继续前进,这是因为乘客到达 *B* 点后,程序会自动记录乘客到达该点的时间并停止该段楼梯的仿真,此时程序不再更新乘客的位置。如果直接设定 *B* 点为目标点,则乘客到达目标点之前会做减速运动,影响计算结果。通过顶视图和侧视图可以看出楼梯的角度越小,其水平方向上的行进速度越大,行人能越早地通过楼梯。

表 5.2 给出了多角度楼梯场景的仿真结果,表中包含不同楼梯的斜面长度、上下楼梯所需的时间、沿斜面方向的行走速度、沿着水平方向的行走速度。从表中可以看出对于相同水平长度的不同角度楼梯,楼梯角度越大所需的上下楼时间越长,由于所选取的楼梯水平长度增加了 1 倍,此时绝大多数情况下,乘客的上楼和下楼行走速度(0.63 m/s 和 0.86 m/s)均能达到所设定的行走速度。

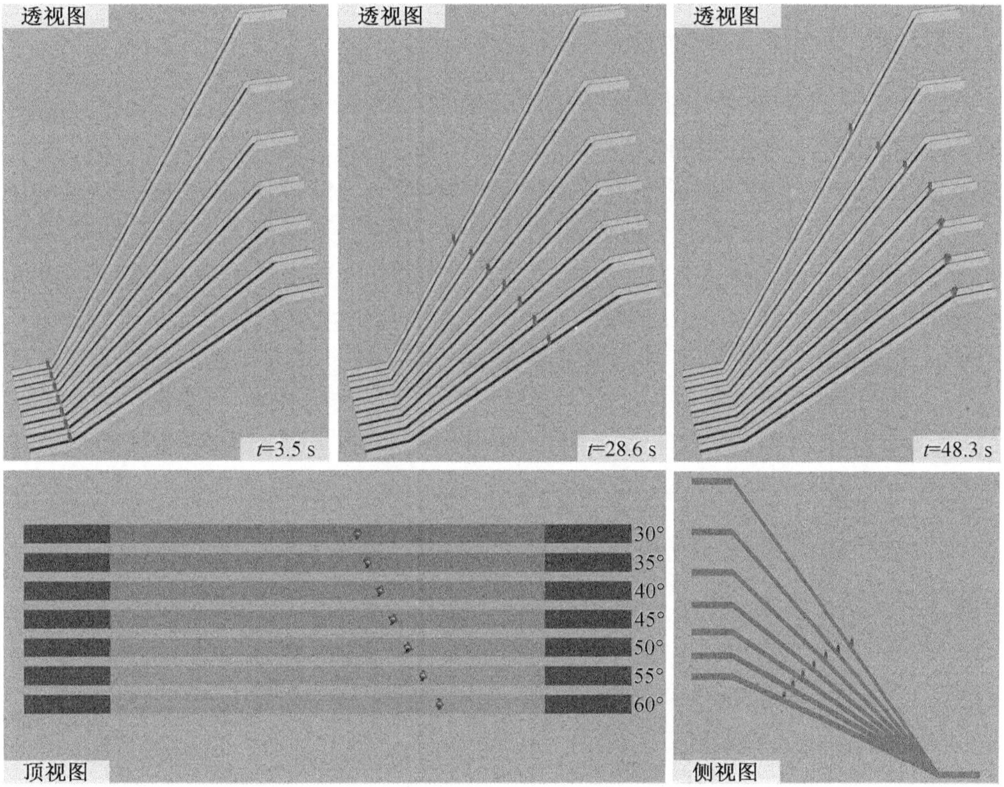

图 5.11　多角度楼梯场景的仿真过程快照

表 5.2　多角度楼梯场景的仿真结果

楼梯角度 /(°)	楼梯斜面长度 /m	上楼梯			下楼梯		
		所需时间 /s	沿斜面速度 /(m·s^{-1})	水平速度 /(m·s^{-1})	所需时间 /s	沿斜面速度 /(m·s^{-1})	水平速度 /(m·s^{-1})
30	23.09	36.65	0.63	0.55	30.03	0.86	0.75
35	24.42	38.90	0.63	0.51	31.61	0.87	0.71
40	26.11	41.48	0.63	0.48	33.58	0.86	0.66
45	28.28	45.07	0.63	0.44	36.13	0.86	0.61
50	31.11	49.48	0.63	0.40	39.45	0.86	0.55
55	34.87	55.38	0.63	0.36	43.73	0.86	0.49
60	40.00	63.27	0.63	0.32	49.63	0.86	0.43

5.3.3 U 形楼梯测试场景

前文的测试场景主要对直线型楼梯进行了验证，在直线形楼梯中，乘客的运动轨迹相对稳定，此外前文的两个测试场景只有单一乘客，因此乘客运动轨迹呈现一条直线状。本节以大型邮轮中较为常见的 U 形楼梯为例，对乘客在楼梯中运动轨迹进行测试。图 5.12 给出了该 U 形楼梯场景布置图，该场景包含两个 4 m×4 m 的方形房间 A 和 B，和一个 U 形楼梯组成，其中房间 A 在上层甲板，与房间 B 在垂直方向上的距离为 2.7 m，U 形楼梯包含 2 个宽 1.2 m 水平长度为 2.4 m 的梯段和一个 1.5 m×2.5 m 的平台。仿真开始前 20 名年龄在 30～50 岁的男性乘客在房间 A 内均匀分布，乘客的行走速度在 0.97～1.62 m/s 区间内均匀分布。仿真开始后，所有乘客立即前往房间 B，此时仿真程序会自动记录乘客在楼梯中的运动轨迹。

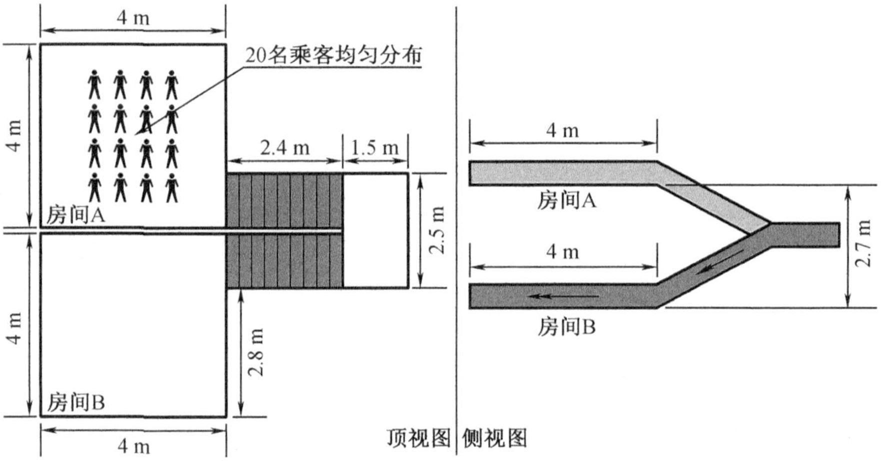

图 5.12 U 形楼梯场景布置图

图 5.13 给出了 U 形楼梯场景中 20 名行人的运动轨迹图，从图中可以看出乘客可以沿着 U 形楼梯顺利转弯并进入下层房间。需要注意的是，该楼梯的宽度为 1.2 m，可以同时容纳两名乘客并排行走，因此图中的轨迹图在两个梯段内呈现明显分离态势，形成两条近似平行的轨迹。相较于外侧的轨迹，楼梯内侧的轨迹更为平滑且在平台转角处呈现明显半圆形状，外侧的轨迹则有更多的抖动，这是因为模型中的乘客是基于最短路径原则进行的规划路径。默认情况下楼梯内侧的路径更短，乘客更倾向于沿楼梯内侧小圈行走。多数情况下，楼梯外侧路径是内侧路径被其他乘客占用时的替代方案，因此外侧曲线相对稀疏且波动较大。

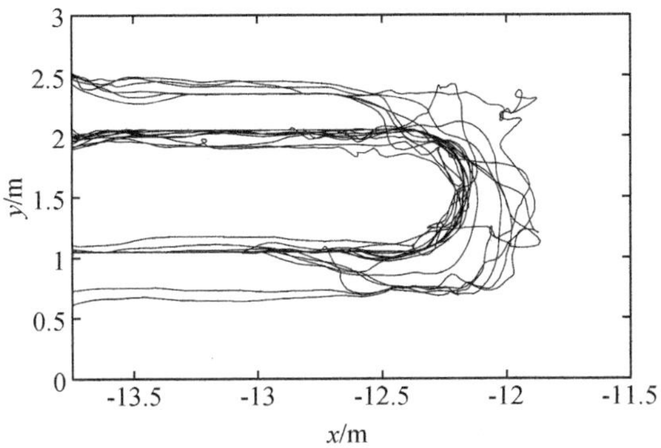

图 5.13　U 形楼梯场景中行人的运动轨迹图

5.3.4　基于楼梯处基本图的模型验证

为了对多甲板模型进行定量验证，本书选择了 Chen 等人[176]所描述的楼梯实验进行仿真模拟。该实验的布置图如图 5.14 所示。Chen 等人采用飞机的移动楼梯作为实验场地，该楼梯的顶部和底部各有一个平台，楼梯的宽度为 2.32 m 中间通过扶手隔开。该楼梯共有 13 个台阶，每个台阶的深度为 24 cm，高度为 16.8 cm，楼梯的角度为 35°。实验过程中行人被限定在距离中间扶手 55 cm 的范围内（图 5.14 中顶视图中方框）移动。Chen 等人选取中间的 4 到 9 号台阶区域（图 5.14 中顶视图中红色方框）作为基本图的测量区域。受试人员由香港城市大学的 30 名 24 ~ 38 岁的学生和教师组成。为了测量不同密度下的楼梯处基本图，研究人员设计了 6 种实验方案，每个方案内有不同数目（1 人、5 人、10 人、15 人、20 人和 26 人）的受试人员，6 种方实验总计耗时 3 h，由于受试人员是轮流参与实验，因此每个受试者约有 1.5 h 的休息时间，进而确保受试者的体力充沛，避免体力的下降对测试结果的影响。Chen 等人采用摄像机记录整个实验过程，并通过视频分析软件分别计算了上楼梯和下楼梯的行人流基本图。

Chen 等人提供了受试人员的年龄、身高和体重及上下楼梯的行走速度，但并未提供具体的水平方向行走速度。本书基于 Chen 等人实验中受试者的平均年龄（27.7 岁）选取 IMO MSC. 1/Circ. 1533 中所规定的年龄小于 30 岁的男性和女性乘客进行仿真。此类乘客的水平方向行走速度、上楼梯行走速度、下楼梯行走速度分别在区间 1.02 ~ 1.7 m/s、0.485 ~ 0.815 m/s 和 0.66 ~ 1.1 m/s 内均匀分布。

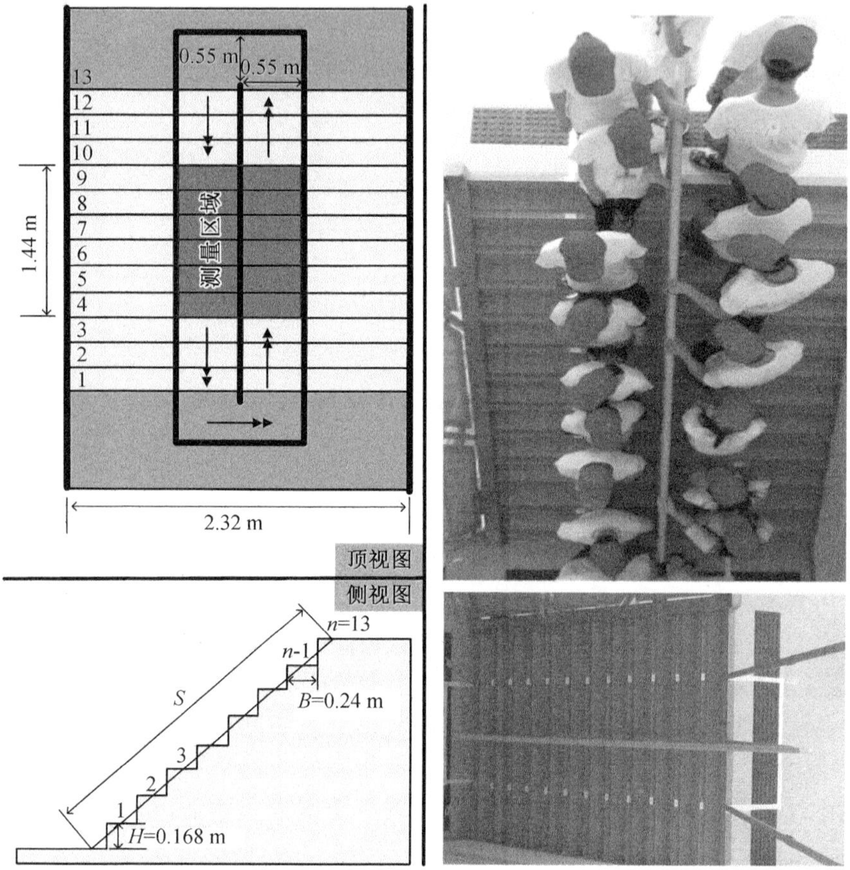

图 5.14　楼梯实验的布置图[176]

图 5.15 给出了楼梯实验场景的仿真过程快照，左图为仿真模型所构建的楼梯实验场景，右图为行人密度最大(26 人)时实验方案仿真，仿真过程快照与现场实验照片的吻合度较高。图 5.16 给出了楼梯处上下楼梯两种状态的行人流基本图，从基本图可以看出实验数据与仿真数据的整体趋势相同，行人流都是随着密度的增大而逐渐减小。需要注意的是仿真所获得的行人流基本图中流速略高于实验所获得的数据，这是因实验中受试者年龄在 24 ~ 38 岁，而仿真则选取了年龄小于 30 岁的乘客，因此仿真所采用的行人行走速度高于实验数据，进而产生了更大的行人流速。

图5.15　楼梯实验场景的仿真过程快照

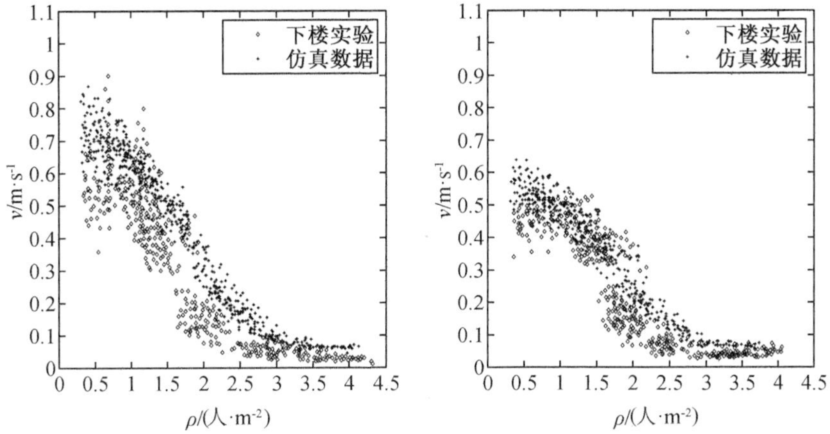

图5.16　楼梯处的行人流的基本图

5.3.5　基于IMO测试11的模型验证

为了在垂向行人流条件下验证所开发的模型，采用IMO MSC.1/Circ.1533附件3中的测试11所指定的场景[6]进行了仿真模拟。图5.17给出了该测试的布置图，一个8 m×5 m的房间通过一段长12 m的走廊与楼梯相连。房间内有150名年龄在30～50岁的男性乘客，乘客的行走速度在0.97～1.62 m/s区间内均匀分布。仿真开始后乘客立即向楼梯走去。IMO所预期的结果是在房间出口处发生拥堵（密度超过3.5 人/m^2），行人进入走廊后行人流较为平缓，但当抵达楼梯附近后再次发生拥堵[6]。该测试是一种定性测试，用来判断模型中行人的行为是否与经验模型中的相同。图5.18给出了仿真进行到30 s时的行人密度图，其中深色区域表示行人密度大于 3.5 人/m^2 的区域，即此区域内行人发生拥堵，从图中可以看出两处深色区域主要集中在房间出口和楼梯入口处，与 IMO 预期结果一致，因此模型满足该测试的要求。

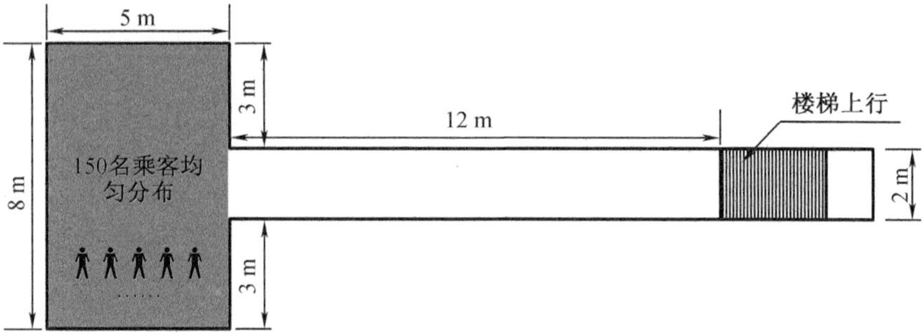

图 5.17　IMO 测试 11 的布置图[6]

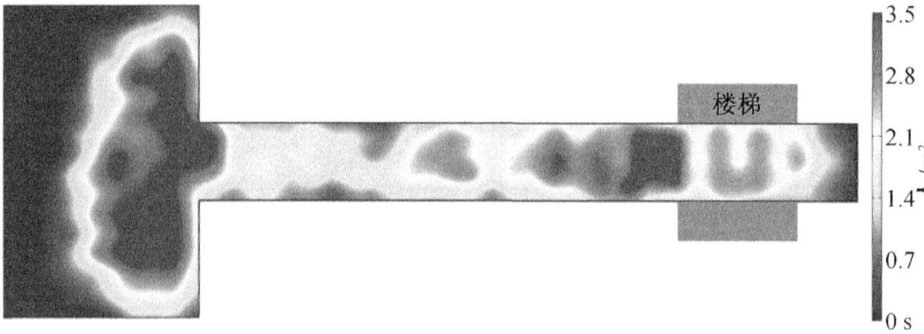

图 5.18　IMO 测试 11 的行人密度图

5.4　本章小结

上一章的双向行人流模型仅考虑了水平方向的行人流，然而大型邮轮的甲板层数较多，实际疏散过程中除了水平方向的行人流外，还包含垂直方向的行人流。本章在上一章的基础上，通过分层级路径规划子模型的开发将双向流仿真模型进行了扩展，构建了可以实际应用于大型邮轮多层甲板的疏散仿真模型。有别于上一章的路径规划模型，分层级路径规划子模型在顶层图和底层图这两种不同层级的图上进行路径规划，其中顶层图表示各个楼梯与集合地点之间的空间拓扑关系，用来获取抽象的顶层路径，而底层图则是每层甲板的实际离散化空间，用来获取具体的底层路径，模仿了人类的规划路径方式。此外考虑 Bode 等人的实验数据，增加了少部分的冒险型乘客，并为其增加了拥堵发生后绕行前往其他楼梯的行为，进一步增加了模型所考虑的因素。

第6章　大型邮轮疏散仿真系统的开发与应用

本章在上一章多甲板船舶疏散仿真模型的基础上，以实际商业应用为目标，结合虚拟现实技术开发了大型邮轮疏散仿真系统 AEvac。该系统涵盖了前文所述的诸多行人行为，如随人群行动、障碍物绕行、障碍物跨越、前方行人跟随、逆流避让、获取救生衣、穿戴救生衣及绕行前往其他楼梯等行为。该系统不仅可以导入外部 DXF 格式的图纸文件以便快速地构建仿真场景，也可以通过该系统的场景绘制功能自行构建仿真场景。仿真系统提供了丰富的计算结果输出功能（如个体疏散时间、乘客反应时间、行走距离、等待时间、空间利用率图、行人密度图及基本图等），便于设计人员对不同方案进行深度剖析，此外仿真系统可以在三维场景下展示大型邮轮的安全疏散的可视化仿真过程，便于设计人员直接观察疏散过程，及时发现方案的不足之处。

IMO 在 MSC. 1/Circ. 1533 附件 3 中提供了 11 项测试用来验证疏散模型，但这些测试主要是一些功能测试和定性测试，虽然所提出的模型满足了 IMO 所提供的 11 项测试的所有要求，但并不保证模型得到了充分的验证。大型邮轮一次航行可携带几千名乘客，在紧急情况下大规模的乘客运动存在巨大的不确定性，影响因素众多，仿真模型不可能反映出紧急情况下可能表现出来的所有因素，即使模型通过了所有的 11 项测试，其所预测的结果仍然可能与实际疏散时间存在较大的差异[77]。为此，欧盟实施了 SAFEGUARD 项目，旨在弥补计算机模拟与实际情况之间的差异。该项目通过全尺寸实船疏散实验采集了真实的疏散数据，并发布了用来验证与校对船舶疏散仿真模型的验证数据集。目前几种常见的商业软件相继通过了该数据集的验证，本章也将采用该数据集对所构建的多甲板疏散仿真模型进行系统的验证。

在船舶设计周期中，初步设计是全设计周期中的关键阶段，该阶段包含一系列的重要决策（例如可生产性、适应性和疏散能力等）。目前许多设计问题只在初步设计阶段结束后才开始评估。初步设计是一个不断迭代优化的设计过程，人员流动是初步设计中的重点研究对象，它与作业流程、人体工程学及乘客生命安全息息相关。在设计体积庞大且复杂的系统时，尽早地解决人员因素问题可以避免对下游环节产生重大影响，此外在设计初期修改方案的代价远比设计后期小得多，因此越来越多的设计人员开始在初步设计阶段进行疏散仿真分析。本章以海洋珠宝号邮轮为例，通过 AEvac 仿真系统对其现有的总布置进行了高级疏散仿真分析，发现该布置方案在楼梯处存在瓶颈，随后通过几次设计迭代，给出了增加垂直通道和改进救生器材存放位置的安全性设计建议，这些设计建议可以在极端情况发生时有效地降低疏散时间，最大限度地保障搭载人员生命安全。

6.1 大型邮轮疏散仿真系统的架构设计

6.1.1 系统总体架构设计

本节在前文的研究基础上，开发了适用于 IMO MSC. 1/Circ. 1533 的大型邮轮高级疏散仿真分析系统 AEvac（Agent-based Evacuation Simulation System），该系统的总体架构如图 6.1 所示，整个系统由四个层次组成，即数据层、模型层、显示层和应用层。

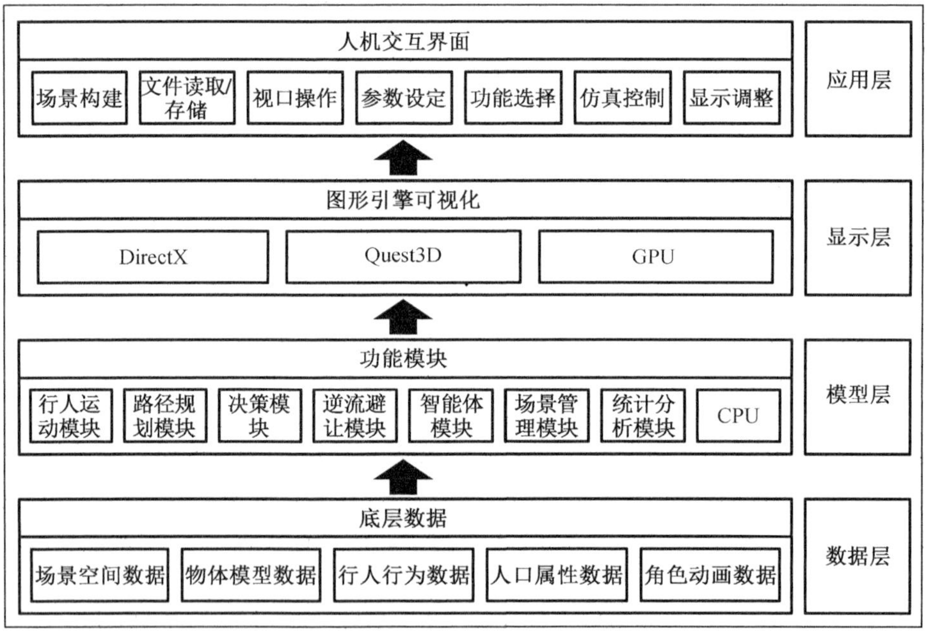

图 6.1 AEvac 仿真系统总体架构

（1）数据层　即存储仿真所必需的场景数据和行人数据，主要包含场景空间数据、物体模型数据、行人行为数据、人口属性数据和角色动画数据。

（2）模型层　主要作用是基于数据层的数据对场景进行仿真计算，该层主要调用 CPU 的计算资源进行仿真计算，是整个仿真系统的核心，主要包括行人运动模块、路径规划模块、决策模块、逆流避让模块、智能体模块、场景管理模块及统计分析模块。

(3)显示层　即用来显示整个仿真场景，将数据层中的场景数据和行人数据按照模型层的计算结果以二维图或三维图的形式渲染出来，该层主要是通过微软的 DirectX 技术和 Act－3D 公司的 Quest3D 软件调用 GPU 计算资源所实现的。

(4)应用层　指的是人机交互界面，负责对使用人员的各类操作进行响应，主要包括场景构建、文件读取/存储、视口操作、参数设定、功能选择、仿真控制及显示调节等。

6.1.2　系统功能设计

本章参考了船舶商业疏散软件 AENEAS 的实现方式，同样将所开发的大型邮轮疏散仿真系统割裂为三个独立的子程序：AEvacEd、AEvacSim 和 AEvacView。该系统的主要功能如图 6.2 所示。

AEvacEd 软件主要负责搭建仿真场景，即可以通过读取外部的 CAD 图纸文件快速地完成仿真场景的搭建工作，也可以采用直接绘制的方式完成场景的构建。为了方便设计人员对场景的绘制，软件参考了 Autodesk 公司 AutoCAD 软件的一些常用功能，如在绘制场景过程中提供操作撤销、操作恢复、操作重做、物体选择、物体移动、物体删除、视口平移、视口缩放、多边形选区、图层管理、网格捕捉和坐标轴对齐等。其中多边形选区主要用来快速选取不规则区域内的物体，图层管理功能则用来管理组织场景内的物体，将不同物体存放在不同的图层内，进而可以快速实现同一图层内物体的显示、隐藏和选取操作。除以上基本功能外，该软件在其核心绘制功能中提供了仿真所需的墙体、障碍物、救生衣、楼梯、集合地点的绘制功能，以及仿真所需导航图的生成功能。此外，文件管理功能负责外部 CAD 文件的读取与转换操作，以及场景的保存与读取。

AEvacSim 软件是仿真系统的核心，除了与 AEvacEd 类似的一些基本功能与文件管理功能外还包括人口设定和仿真计算。其中人口设定功能是完成乘客的添加和其参数的设定(如行走速度、身体半径、年龄、性别和反应时间等)，仿真计算则是软件的核心，负责场景中的 Dijkstra 路径规划算的预计算、区域标记的预计算、疏散场景的仿真计算及对一些结果的统计分析工作，此外仿真计算模块还提供仿真暂停与恢复、多核心计算加速、批量仿真等功能。批量仿真功能按照设定的仿真顺序自动读取场景和乘客信息文件，逐次完成不同场景或乘客下的疏散仿真。由于每次仿真过程中数据是相互独立的，因此本章采用多线程的方式调用 CPU 的多个核心资源，从而实现多核心加速功能，即在相同时间内完成多次仿真。多核心加速功能主要是针对 IMO 对同一场景需要多次仿真的要求所开发的，极大减低了多次仿真所需的时间,虽然无法降低单次仿真所需时间,但其实现方法较为简单,不需要复杂的并行计算技术。

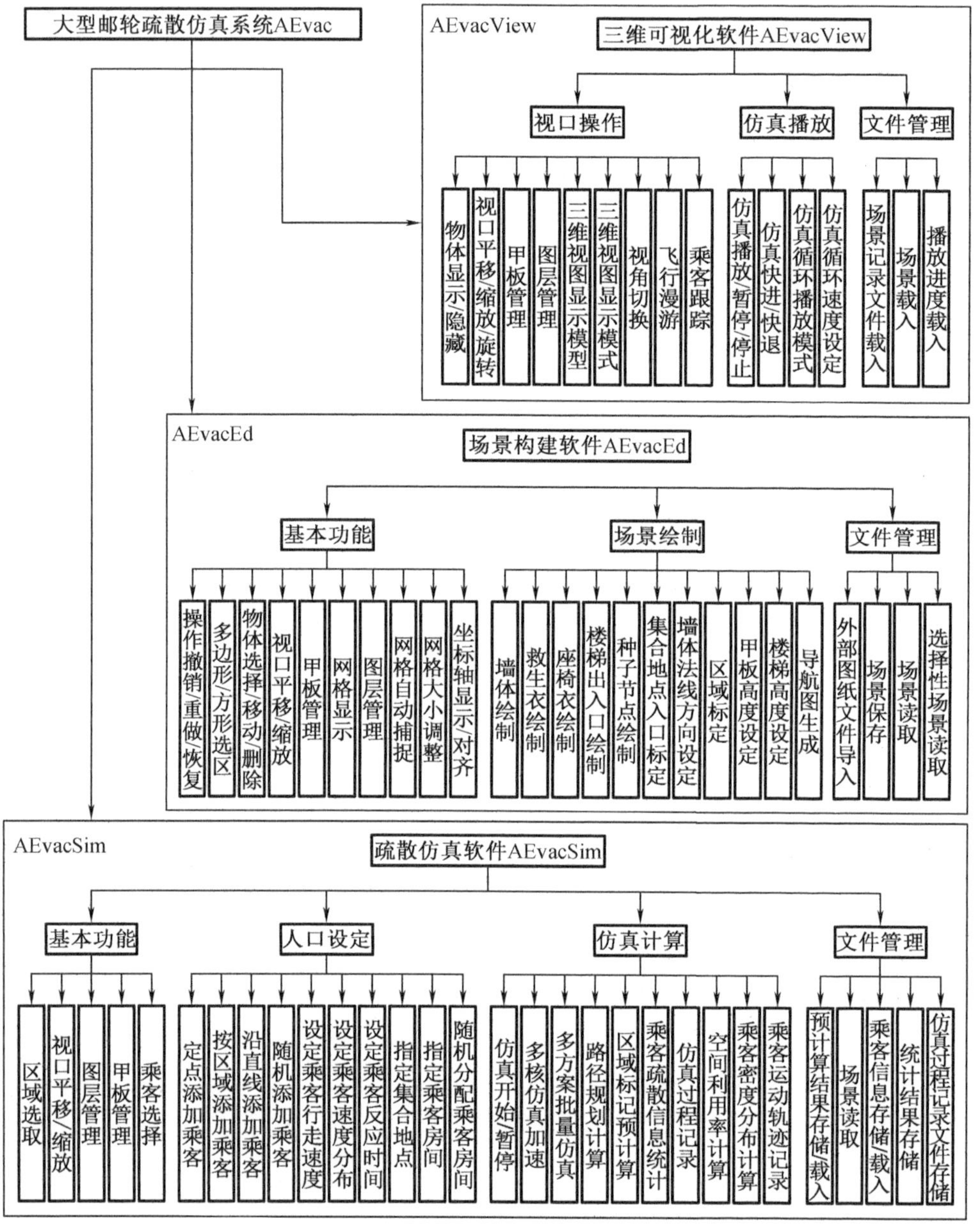

图 6.2 AEvac 疏散仿真系统的主要功能

AEvacView软件主要用来演示计算结果。软件通过文件管理功能读取AEvacEd所构建的场景文件及AEvacSim所记录的仿真过程文件以三维场景（或二维场景）的方式对整个疏散过程进行回放，除了提供了三维软件常见的视口操作功能，如视口平移、视口缩放、视口旋转、视角切换、飞行漫游、物体显示隐藏、物体跟踪及显示模型切换等，还提供了仿真过程的播放控制功能，如播放、暂停、停止、快进、快退、循环模式设定及播放速度设定等。

采用独立的子程序方式会重复编写一些基础功能，同时额外增加一些与数据导入和导出有关的功能，在一定程度上增加系统开发的工作量，但在系统的实际使用与软件授权方面具有很大的优势。例如可以对AEvacView软件采用免费授权方式，即任意一台计算机上都可以选择任意角度观察整个疏散过程，设计人员可直接在三维场景下进行方案讲解而无须进行视频动画输出操作，便于设计人员与船东（或船厂）进行方案的深度沟通。AEvacEd软件同样可以采用免费授权方式，可以在任意计算机上进行仿真环境构建，无须单独对某台机器进行授权，只需对仿真系统的核心软件AEvacSim采用收费授权模式，即可有效地保护软件的著作权。

6.1.3　系统的开发环境

AEvacEd和AEvacSim的开发语言主要是C++面向对象编程语言，在微软Visual Studio 2019环境中基于Window 10 SDK所开发的，系统参数读取部分则是采用Lua脚本语言所实现的，视口内图形的绘制则通过微软的DirectX接口实现。而AEvacView则是基于Art-3D公司的Quest3D 4.3.2所开发的。系统的开发环境如表6.1所示。

表6.1　系统的开发环境

名称	配置
CPU	Intel(R) Core™ i7-8700 3.2 GHz
GPU	Nvidia Geforce GTX 1070 OC 8GB
内存	Samsung DDR4 64 GB
硬盘	Samsung NVMe SSD 960 PRO 1TB
操作系统	Window 10 Pro 64-bit Build 18362
IDE	Visual Studio 2019；Quest3D 4.3.2
图形引擎	DirectX 12.0

6.2 大型邮轮疏散仿真系统 AEvac

6.2.1 AEvac 的实现

软件的开发是一个非常漫长的过程,也是一个设计迭代的过程,对于一个复杂的软件来说,很难一次完成所有功能的开发。软件开发人员通常会在编写部分功能后,立即开始对这些功能进行验证,这种逐步开发的过程限制了每次引入新变量的数目,减少了每次软件调试过程中查找问题所需的时间,进而确保软件可以快速完成迭代。AEvac 仿真系统的开发也采用了上述方法,仿真系统的最初版本只有 AEvacSim 子程序,该程序是仿真系统的核心,所有的仿真计算都在该程序内完成。在早期的 AEvacSim 程序中,所有的场景环境都是通过直接编写代码的方式所实现的,每次更换场景需要大量的反复编译与测试工作。随着研究的深入,仿真场景逐渐从单个舱室扩展到全船所有甲板,此时采用编写代码的方式构建场景变得极为困难,为此开发了 AEvacEd 子程序。该程序参考了 AutoCAD 软件的绘制功能,将场景的构建工作从代码编写转变成图形的绘制,进而降低了场景的构建难度。目前造船业早已实现无纸化造船,船舶设计图纸均以电子文件格式存储,为此 AEvacEd 除了上述场景绘制功能外还提供了外部 CAD 文件(DXF 格式)导入功能,可以自动将导入的线段直接转换成 AEvacSim 所需的墙体,避免了大量重复性的墙体绘制工作。AEvacSim 子程序的功能是按照本书的章节顺序逐步完善的,最早的版本只能对单向行人流进行仿真,随着软件的迭代升级,新版本实现了对双向行人流的模拟,而软件当前版本则从实际应用角度出发,将软件的应用范围从单层甲板扩展到了多层甲板。此外,软件开发过程中所有对行人行为的测试均是在简单场景内完成的,这种测试方式降低了测试所需的时间,进而保证了软件功能的快速迭代。AEvac 疏散仿真系统包含了三个子程序,即 AEvacEd、AEvacSim 和 AEvacView,仿真系统的界面如图 6.3 所示。

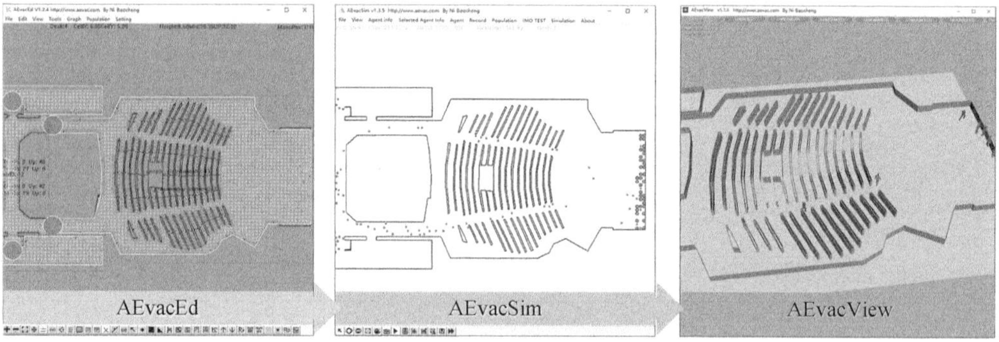

图 6.3 AEvac 的软件界面

图6.4给出了AEvacSim软件中核心类的统一建模语言（Unified Modeling Language，UML）结构图。AEvacSim是基于C++语言所开发的，UML图清晰地表明了程序源代码中类与类之间的关系。其中“模拟”类是软件的核心部分，用于存储“环境”类与“智能体”类并用来更新整个场景。仿真开始运行后，软件主函数main()循环调用“模拟”类的Update()和Render()函数，每次调用Update()仿真时间前进一个时间步长(0.02 s)，该函数通过嵌套调用“智能体”类的Update()和“环境”类的Update()分别更新所有智能体的状态和场景环境的状态，而Render()函数则用来渲染可视化场景，同样会嵌套调用“智能体”类和“环境”类的Render()函数。“智能体”类的Render()函数用来绘制表示乘客身体横截面的三个重叠的圆形，以及用于表示乘客朝向方向的射线，如果用户选择了显示路径，则“智能体”类会嵌套调用“决策系统”类的Render()函数，然后逐层调用复合目标类，直到调用“跟随路径”类的Render()函数，此函数包含绘制智能体路径所需几何图形（线段表示路径、圆形表示路径点）的相关绘制逻辑。“环境”类的Render()函数也采用嵌套调用方式绘制其所包含的类，例如需要绘制救生衣时，“环境”类的Render()函数会调用“救生衣”类的Render()函数，这种嵌套调用方式可以快速定位对应功能在源代码中的位置，减小查找代码所需时间，进而加快开发速度。此外，“环境”类用来存储和管理与仿真环境相关的类（如“墙体”“救生衣”“楼梯”“底层图”和“顶层图”等）。每个“智能体”类的实例包含了“决策系统”“路径规划”和“运动控制”三种类，其功能分别对应前文中的决策模型、路径规划模型和行人运动模型。AEvacSim软件总计构建了11种目标类，这些目标类是通过继承“原子目标”或“复合目标”类所快速实现的。

如前文所述，随着场景的逐步增大采用编写代码的方式绘制几何场景变得过于复杂和烦琐，为此开发了具有图形界面的AEvacEd来搭建几何场景。AEvacEd同样是基于C++语言所开发的，相较于AEvacSim软件，该软件的编写较为简单，绘制开始后，软件主函数main()循环调用“绘制”类的Draw()和Render()函数，Draw()函数用来响应鼠标和键盘的输入进而完成绘制工作，Render()函数用来绘制整个场景，两个函数均采用嵌套调用方式调用场景内的物体。AEvacEd与AEvacSim共用了场景内的物体类，如“楼梯”“墙体”“救生衣”“区域”“底层图”和“顶层图”等，避免了类代码的重复编写。当点击读取外部文件后，AEvacEd调用“绘制”类的LoadDXF()函数，函数逐行地自动读取DXF文件信息，按照字段意思将其转换成墙体线段。有关DXF文件读取的源代码在GitHub（著名开源社区）网站上有多个开源项目可参考，因此不再赘述。

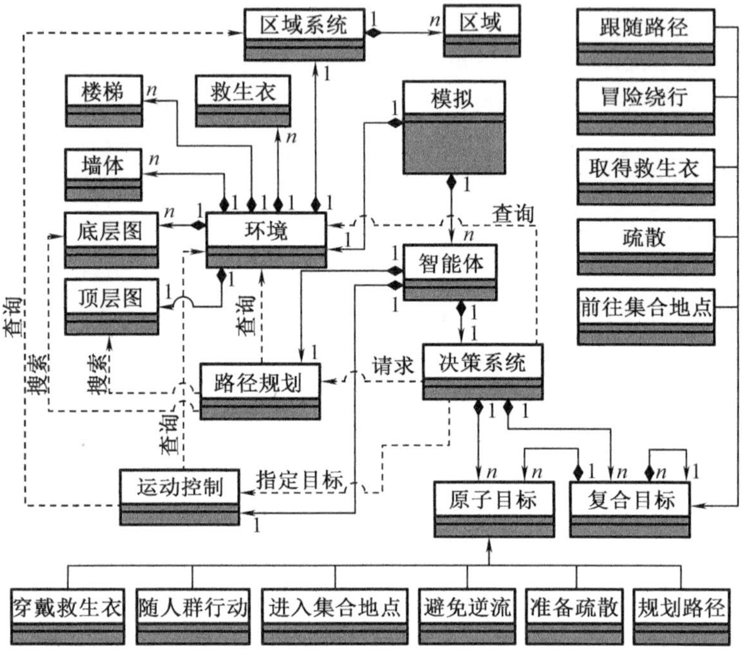

图 6.4　AEvacSim 的 UML 结构图

随着功能的扩展,系统需要模拟多层甲板,此时采用二维场景观察疏散过程有很大的局限性,于是开发了 AEvacView,进而通过三维场景展示疏散过程。AEvacView 是基于 Quest3D 所开发的,Quest3D 是一款基于 Direct3D 用于构建实时三维场景的可视化编辑软件,该编辑器主要用于三维应用程序的快速开发,通过连接大量的多功能信道(Channel)来实现更为复杂功能,不需要编写任何代码即可创建复杂的三维交互场景。该软件不需要一般程序开发的编译操作,在编辑场景的同时可以实时显示最终的运行结果。软件包含了诸多内置功能模块,如 3D 图形、声音、网络、灯光、物理引擎、粒子系统、植被系统、角色动画和数据库等功能模块。

图 6.5 给出了 AEvacView 的信道连接逻辑图,软件运行后首先执行初始化模块,随后运行 GUI 模块和数据载入模块,载入完成后将执行主场景的相关逻辑。主场景运行后首先运行的是自由相机模块,随后是灯光模块和场景逻辑计算模块,之后依次渲染智能体、救生衣、墙体、桌椅和甲板。图中文件夹可以被进一步地展开,每个文件夹嵌套了复杂的逻辑。

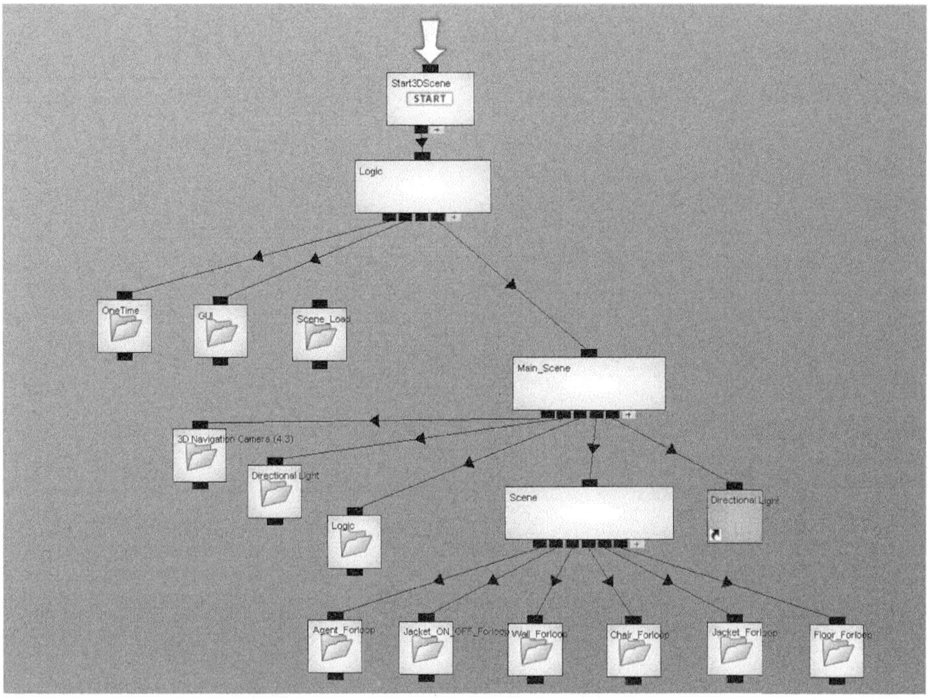

图 6.5 AEvacView 的信道连接逻辑图

图 6.6 是上图中圆圈所标记文件夹的展开，该图给出了智能体的 Forloop 渲染方式，该部分逻辑用来渲染每个智能体，通过 Forloop 模块可以采用相同的模型文件与逻辑去渲染上千个行人，而无须存储每个行人的模型文件。行人的角色动画则是通过 Quest3D 的骨骼动画系统所实现的，如图 6.7 所示，其中 SkinnedCharacter 信道用来存储行人的骨骼信息，MotionSet 信道用来存储行人的不同骨骼动画（如图 6.7(b)所示），MotionSetBlender 信道用来将不同 MotionSet 混合（如图 6.7(c)所示），AEvacView 将行人的静止动画和走动动画相混合，从而模拟行人从静止到走动的角色动画，同时也可以实现步幅的调整。需要注意的是 MotionSet 信道中存储的动画并不包含行人的位置变化，该动画相当于行人在跑步机上行走，行人的位置则从数据库中获取。

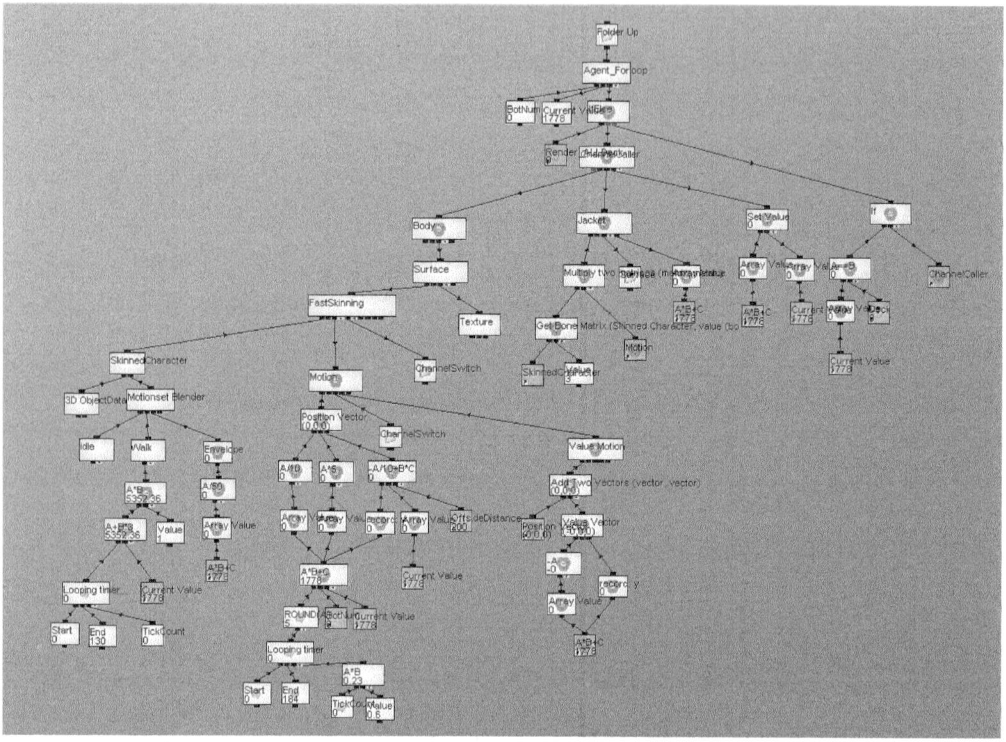

图 6.6　智能体的 Forloop 渲染方式

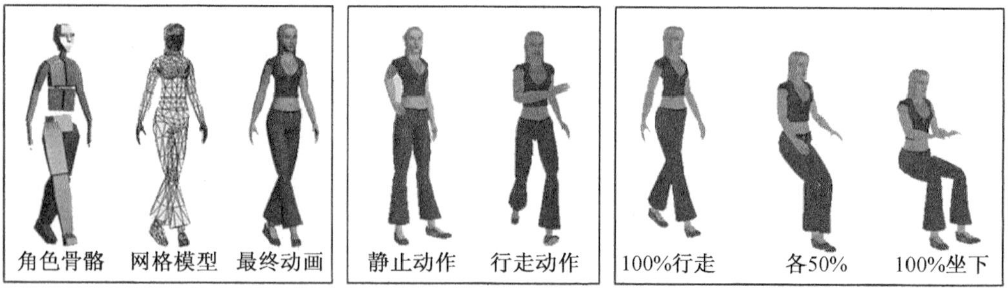

图 6.7　骨骼动画系统

6.2.2　AEvac 的使用方法

采用 AEvac 仿真系统对客船进行高级疏散仿真分析可以分为四个步骤(如图 6.8 所示),即构建空间模型、设置人员信息、运行仿真和输出结果。

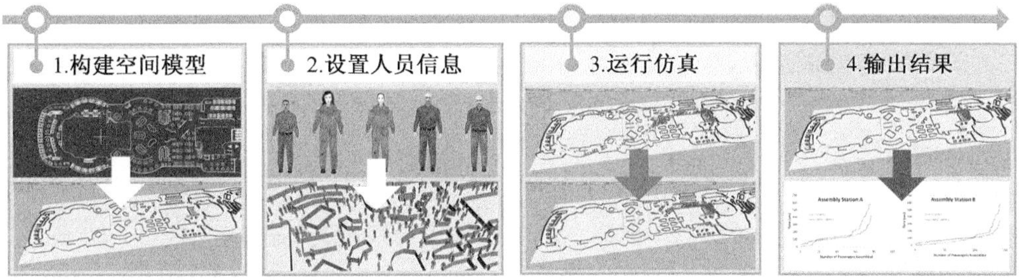

图 6.8　采用 AEvac 进行高级疏散仿真分析的步骤

1. 构建空间模型

通过 AEvacEd 导入外部 DXF 文件或者直接绘制墙体，完成墙体的绘制之后，需要设置并连接各层楼梯，之后设定集合地点的位置及其入口信息，随后生成智能体路径规划所需要的导航图，最后存储该空间模型。

2. 设置人员信息

将所存储的空间模型导入 AEvacSim 中，设定行人的数目、分布情况、反应时间、集合地点及初始位置等。图 6.9 给出了行人属性设定界面，完成相应设定后，可将行人的属性以文件的形式存储。

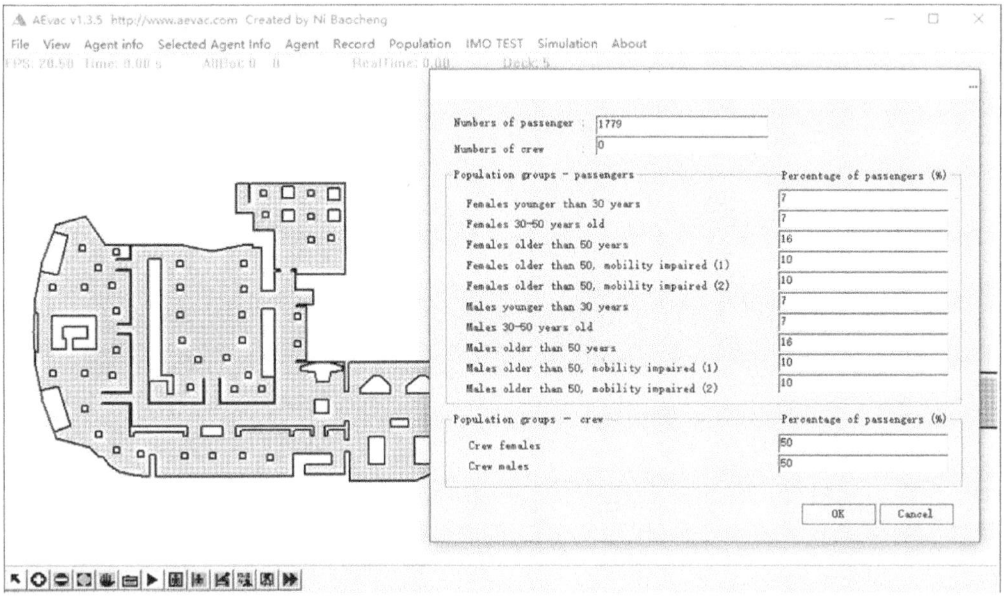

图 6.9　行人属性设定界面

3. 运行仿真

分别将空间模型及行人属性文件导入 AEvacSim，随后按下仿真开始按钮，开始计算相关数据。当所有乘客都进入集合地点时，仿真自动停止。

4. 输出结果

仿真停止后，存储所需要的相关数据，如每个行人的疏散时间、等待时间、行走距离、空间利用数据及行人密度等。将所存储的数据导入到其他软件（如 Matlab 或 Excel）中以便输出各类曲线或图形。

6.3 欧盟 SAFEGUARD 项目所提供的验证数据集

SAFEGUARD 项目旨在为疏散模型的校准和验证提供实验数据，该项目提供了两组数据集，即 SGVDS1 和 SGVDS2，分别是通过彩线号客滚船和海洋珠宝号邮轮上的疏散实验所获得的数据集，如图 6.10 所示。SGVDS2 数据集包含更多的甲板和乘客人数，是在邮轮上所采集的与本书的主要研究内容相符合，因此本书采用 SGVDS2 数据集进行验证。该数据集的分析和验证工作是由格林威治大学的消防安全工程团队（Fire Safety Engineering Group，FSEG）完成的，该项目总计在海上进行了五次全尺寸半通知式疏散实验，并通过系统方法监控乘客的行为样式，这是迄今为止参与人数最多的船舶疏散实验，共有 4 308 名乘客参与。

图 6.10 皇家加勒比海洋珠宝号

海洋珠宝号是由皇家加勒比国际公司运营的大型邮轮，该船往返于加勒比海与波罗的海，全长 293.25 m，吃水 8.5 m，船宽 32.2 m，总吨位 90 090 t，每次航行可运载约 2 518 名乘客和 842 名船员。2010 年 7 月，研究人员通过该船的疏散实验采集了 SGVDS2 数据集，实验时该船位于波罗的海从哈里奇驶往哥本哈根的航线上。乘客被告知在旅途的第一站将会进行疏散演习，但未通知具体进行时间。在该船离开哈里奇后的第二天上午进行了此次实验，疏散警报在早餐结束时响起，乘客在船员的帮助下按照房间钥匙卡上所指定的集合地点集合。

1. 船舶的布置图

该船共有 13 层甲板,其中 7 层甲板由客舱组成,其他 5 层甲板则包含一些娱乐场所,例如,餐厅、酒吧、舞厅、游泳池、赌场、剧院、电影院、水疗中心、保健中心、商务中心、体育馆及零售店等。图 6.11 为该船的布置图,船员所使用的区域已经从图中删除。该船共有 18 个集合地点分布在 5 甲板和 6 甲板上,其中 10 个是外部集合地点,另外 6 个是船内部集合地点。为了便于统计,实验人员将这些集合地点合并成 4 个集合地点(集合地点 A、B、C 和 D)。集合地点 B 有三个入口,分别位于船的中庭附近、购物中心和剧院外。集合地点 C 有两个入口,分别位于剧院外和船的中庭附近,集合地点 A 是 5 甲板的剧院,它的两个入口为剧院的两个入口。集合地点 D 位于 6 甲板,有两个入口分别位于中庭和船艉的酒吧。图 6.11 标记出了四个集合地点的位置,其中圆点表示集合地点入口位置。

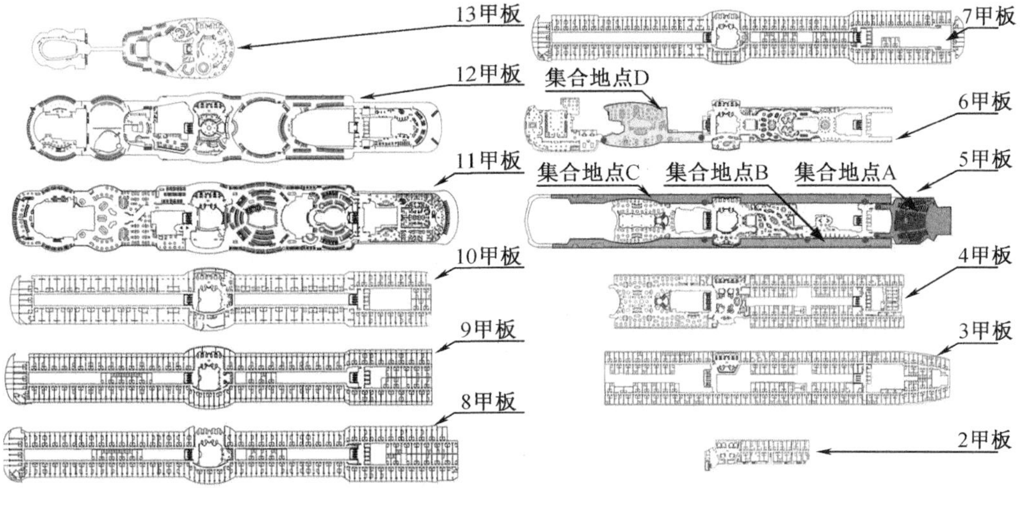

图 6.11 标记出集合地点的邮轮布置图

2. 数据采集方法

实验人员通过 106 台摄像机(包括 94 个船舶监控系统的摄像机和 12 个单独安装的数码摄像机)采集乘客的反应时间,其他数据则通过船载红外信标系统收集(如图 6.12 所示)。该系统包括 72 个分布在船上的红外信标及 1 950 个由乘客所携带的红外线数据收集标签,每个信标生成独特的红外光场。当携带收集标签的乘客通过红外场时,标签中的红外传感器检测到红外线并记录其编号及检测时间。实验结束后,取回所有红外标签来确定乘客的运动轨迹。红外信标主要放置在乘客聚集的区域及每个集合地点的入口处,用以确定乘客的初始位置及何时进入集合地点。

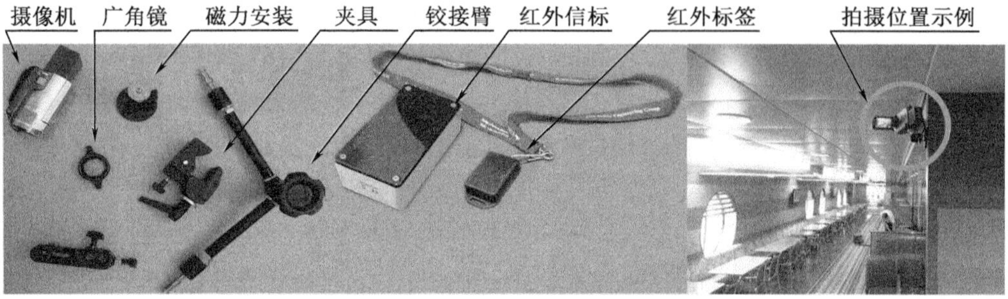

图 6.12　摄像和红外数据收集系统

3. 所采集的数据

实验进行时船上总计有 2 292 名乘客,其中 1 950 名乘客携带了红外标签并参与了实验。由于各种原因(例如,中途停止实验、绕行去往其他甲板、反应时间过慢等)导致了其中 171 名携带红外标签的乘客数据被判断为噪声数据,研究人员将这些数据从结果中剔除。另外 342 名乘客未携带红外标签,其中绝大部分是小于 12 岁的儿童,由于法律原因没有参加实验,其余约有 10% 乘客虽然参与实验但却忘记携带红外标签,这部分乘客人数较少,因而被忽略,最终实验人员收集了 1 779 名乘客的相关数据。

实验人员记录了实验的开始时间与结束时间,采集了携带红外标签的 1 779 名乘客的初始位置、所进入的集合地点位置及到达集合地点的时间,此外通过 106 台摄像机采集了 1 228 名乘客的反应时间,之后对反应时间采用对数函数拟合,进而间接获取了乘客反应时间的分布函数。

4. SGVDS2 验证数据集

FSEG 在其官方网站(http://fseg.gre.ac.uk/validation/ship_evacuation)中提供了一个压缩包文件,其中包含 DXF 格式的 12 层甲板图纸文件,每个乘客到达集合地点的时间、初始位置、全员反应时间分布函数、甲板高度信息、仿真与实验数据的一致性验证度量、模型验证标准及模型验证方法。目前第一章中所提及的船舶商用疏散仿真软件 SMPEV、maritimeEXODUS 和 EVI 均已通过了 SGVDS2 数据集的验证[77],后文将采用该数据集对所提出的疏散仿真模型进行验证。

6.4　基于欧盟 SGVDS2 验证数据集的模型验证

前文已经对所开发的模型进行了多次验证，但受限于模型的开发程度，主要是通过 IMO 的 11 项测试、基本图、场地实验数据和其他学者的仿真数据对仿真模型进行验证，这些验证属于较为初级的范畴。随着研究的深入，本章模型已经可以对多层甲板的疏散过程进行仿真，为此本节将直接采用实船验证数据集 SGVDS2 对所提出的多甲板船舶疏散仿真模型进行验证。

6.4.1　船体几何模型构建

验证数据集 SGVDS2 提供了构建仿真几何模型所需的所有图纸文件（DXF 格式）及相关信息。图 6.13 给出了所有 29 个楼梯的详细位置及每层甲板的高度。表 6.2 给出了所有楼梯之间的连接方式，例如楼梯 22 是与楼梯 32 相连接的。

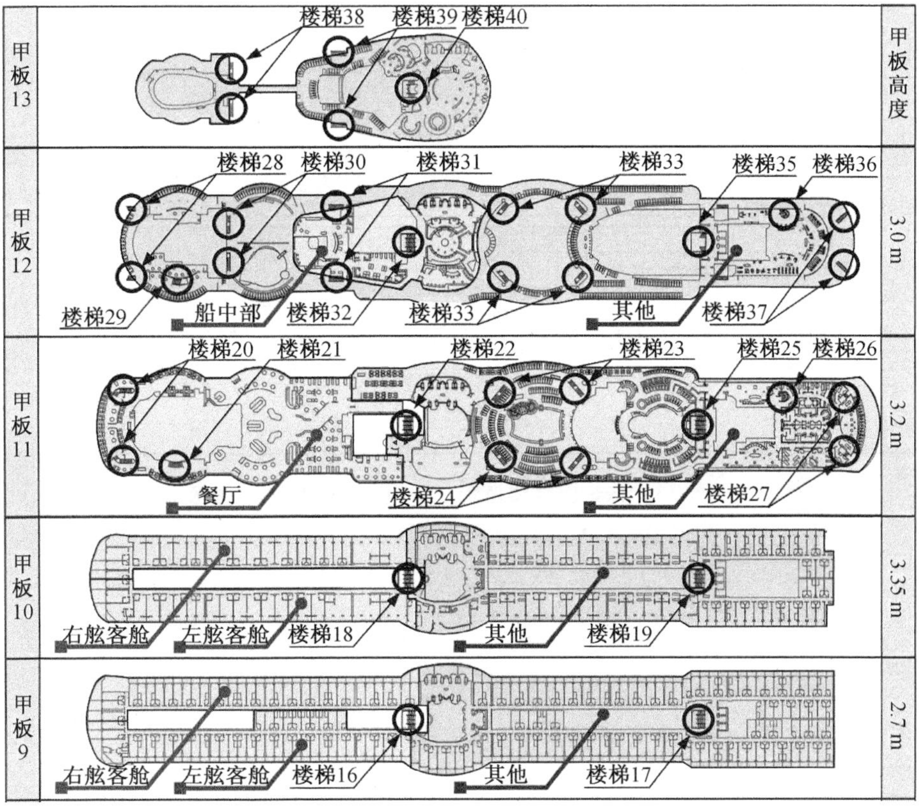

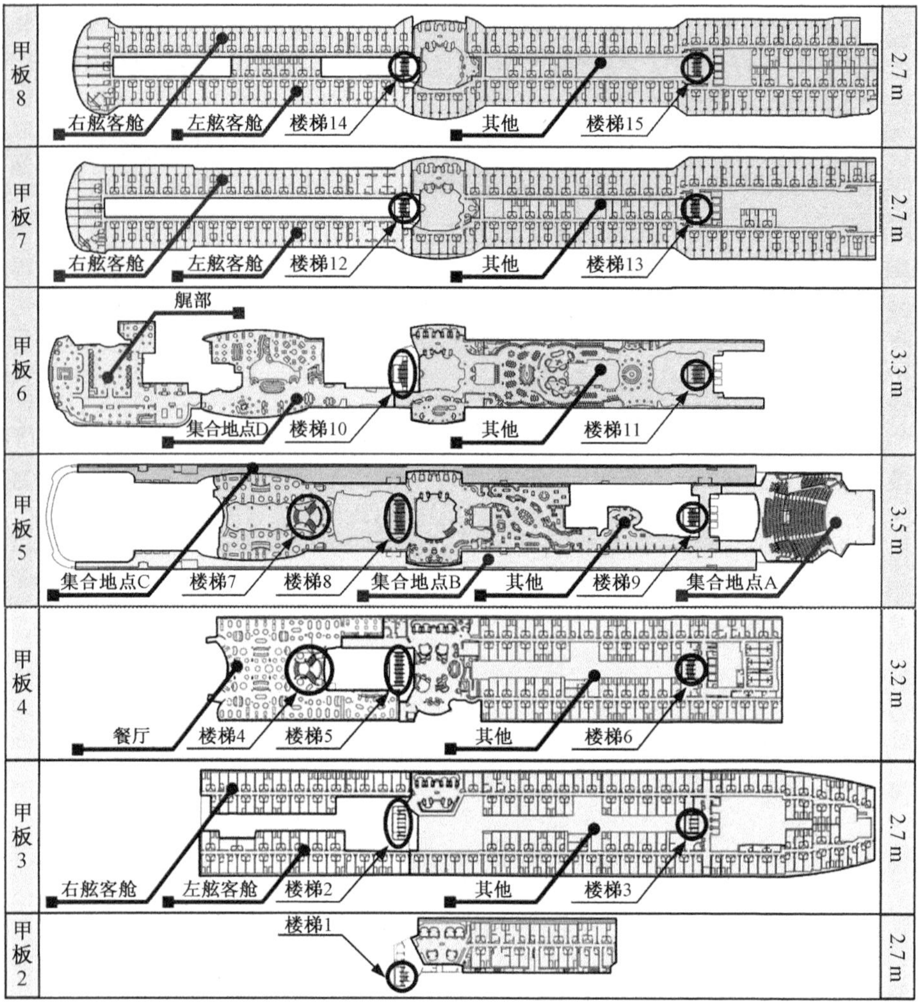

图 6.13　标记出楼梯位置及甲板高度信息的布置图

表 6.2 上下层甲板之间楼梯的连接方式

下层甲板编号	上层甲板编号	下层甲板编号	上层甲板编号	下层甲板编号	上层甲板编号	下层甲板编号	上层甲板编号
1	2	10	12	18	22	26	36
2	5	11	13	19	25	27	37
3	6	12	14	20	28	30	38
4	7	13	15	21	29	31	39
5	8	14	16	22	32	32	40
6	9	15	17	23	33		
8	10	16	18	24	34		
9	11	17	19	25	35		

艏的楼梯间从甲板3延伸至甲板11,所有梯段(又称梯跑)宽度为1.2 m(内侧宽度、两个扶手内侧之间的距离),水平长度为1.89 m。每层楼梯有四个梯段通过楼梯平台相连接,平台的尺寸为5.2 m×1.5 m。

舯中庭处的楼梯间从甲板2延伸到甲板12,所有梯段的尺寸均为1.2 m×1.9 m。其中甲板2到甲板6每层之间的连接楼梯均包含8个梯段,楼梯平台尺寸为10.1 m×1.5 m,其余甲板之间的连接楼梯则只包含4个梯段,相应的楼梯平台尺寸为5.2 m×1.5 m。

楼梯4位于甲板4的餐厅区域,由三段曲线梯段组成,其中第一段梯段从甲板4延伸到楼梯平台,该梯段的最宽处为4.69 m,最窄处为3.55 m,长为1.39 m。楼梯平台的最宽处为4.06 m,最窄处为3.67 m。另外两段梯段从楼梯平台延伸到甲板5。这两个梯段为曲线梯段,宽度为1.74 m,内侧长为3.1 m,外侧长为3.5 m。

楼梯20有两段梯段,一个梯段尺寸为1.4 m×0.9 m,连接到一个宽1.4 m的曲线楼梯平台,平台的内外两侧长度不同,长的一侧为1.63 m,短的一侧为0.4 m。平台与甲板11通过一个3.6 m×1.18 m的梯段相连。

楼梯21位于甲板11的外甲板上,只有一段宽度为1.4 m的梯段。该梯段为曲线梯段,内侧长度为3.71 m,外侧长度为4.26 m。

楼梯22和楼梯24均是由两段2.1 m×1.18 m的梯段和1.7 m的方形平台所构成的。

楼梯26是宽为0.98 m的螺旋楼梯,该楼梯位于尺寸为2.65 m×2.25 m的区域内。

楼梯 27 只有一段尺寸为 0.98 m×4.43 m 的梯段。

楼梯 30 由两段 2.0 m×0.88 m 的梯段和一个 1.2 m×0.88 m 的平台构成。

楼梯 31 只有一段尺寸为 2 m×4.4 m 的梯段。

将 DXF 文件导入到模型之前需要对文件进行一些必要的处理,例如删除文字说明、尺寸标注、辅助线等不必要的信息。此外由于软件的数学模型存在一定的局限性,模型目前只支持直线型墙体,对于布置图中的弧线型墙体,需要将其分割成多条直线段。对布置图中一些复杂的物体也需要做适当的简化以便提升计算效率。图 6.14 给出了一个布置图预处理的示例。

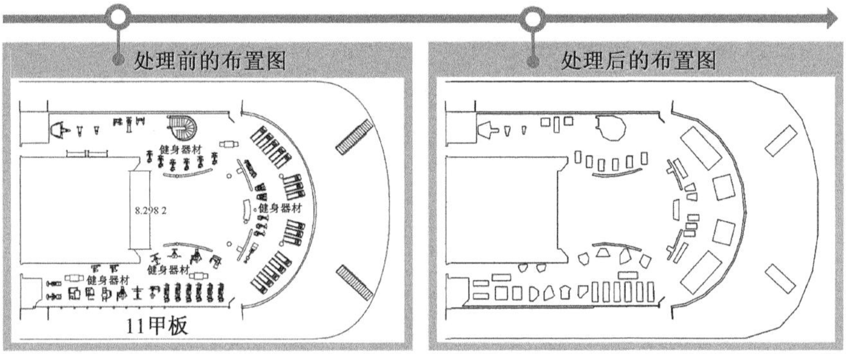

图 6.14　布置图预处理实例

在完成图纸的预处理之后,将每层甲板的布置图逐一导入,同时需要输入甲板的高度及甲板的编号。导入完成后,调整每层甲板布置图的位置,使得相同楼梯间位于同一个水平位置。随后选择楼梯所在的地形网格点并设定楼梯高度,软件会自动为这些网格赋予不同的高度。对于有平台的楼梯,如 U 形楼梯,除了需要设定梯高外,还需要设定中间平台的高度。随后按照表 6.2 中楼梯的连接方式将所有楼梯连接。连接完成之后,任意选取甲板上一点生成船舶空间的有向图 $G(V,E)$,此外还需要在地形网格点中标记出集合地点的位置,完成所有设置后存储该地形文件。图 6.15 给出了本章所构建的海洋珠宝号邮轮的各层甲板。

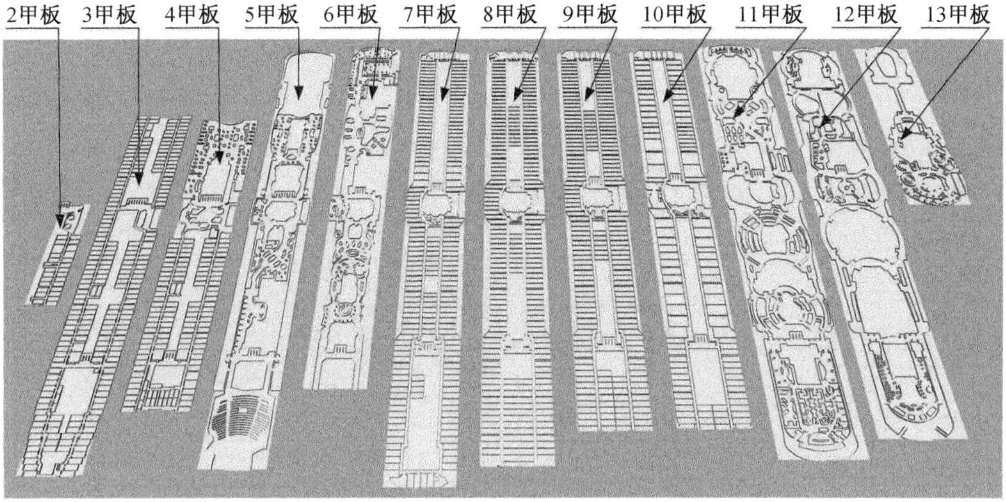

图 6.15　海洋珠宝号邮轮的各层甲板

6.4.2　人员属性参数设定

如前文所述，SGVDS2 验证数据集要求对 1 779 名乘客进行仿真，乘客的年龄、性别、构成比例、平坦地面的行走速度、下楼梯的行走速度及上楼梯的行走速度，详见第 2 章中表 2.3。每类乘客的行走速度在其所给定的区间内均匀分布。验证数据集 SGVDS2 中共有四个集合地点，仿真中行人需要去往预先指定的集合地点。表 6.3 给出了所有乘客的初始分布与去往的集合地点，乘客在某区域内的位置是随机决定的。

表 6.3　乘客的初始分布与去往的集合地点

	集合地点 A	集合地点 B	集合地点 C	集合地点 D	总计
甲板 13	0	6	2	0	8
甲板 12 船中部	6	11	7	10	34
甲板 12 其他	16	14	14	12	56
甲板 11 餐厅	129	126	103	65	423
甲板 11 其他	24	52	30	16	122
甲板 10 左舷客舱	1	5	12	13	31
甲板 10 右舷客舱	0	10	2	14	26

表 6.3(续)

	集合地点 A	集合地点 B	集合地点 C	集合地点 D	总计
甲板 10 其他	11	25	10	1	47
甲板 9 左舷客舱	0	4	14	35	53
甲板 9 右舷客舱	0	17	8	22	47
甲板 9 其他	25	21	7	0	53
甲板 8 左舷客舱	1	5	10	24	40
甲板 8 右舷客舱	0	22	3	6	31
甲板 8 其他	30	11	14	0	55
甲板 7 左舷客舱	0	4	11	22	37
甲板 7 右舷客舱	0	13	4	11	28
甲板 7 其他	33	19	20	2	74
集合地点 D	4	3	6	14	27
甲板 6 其他	9	4	5	7	25
集合地点 C	2	0	3	0	5
集合地点 B	1	14	0	0	15
甲板 5 其他	18	31	28	25	102
集合地点 A	5	0	0	0	5
甲板 4 餐厅	46	43	56	52	197
甲板 4 其他	13	58	15	0	86
甲板 3 左舷客舱	0	0	18	7	25
甲板 3 右舷客舱	1	11	8	1	21
甲板 3 其他	25	45	15	2	87
甲板 2	2	1	12	4	19
总计	402	575	437	365	1 779

数据集 SGVDS2 所采用的乘客反应时间分布与 IMO MSC. 1/Circ. 1533 中所建议的反应时间分布有所区别,SGVDS2 中所测得的反应时间的概率密度函数为

$$y=\frac{1}{\sqrt{2\pi}(0.89)x}\exp\left(-\frac{(\ln(x)-5.012)^2}{2(0.89)^2}\right)\quad(0<x<1\ 379)\qquad(6.1)$$

图 6.16 给出了 SGVDS2 规定的反应时间的概率密度曲线,其中直方图为某次

仿真过程中所有乘客反应时间的实际分布图。

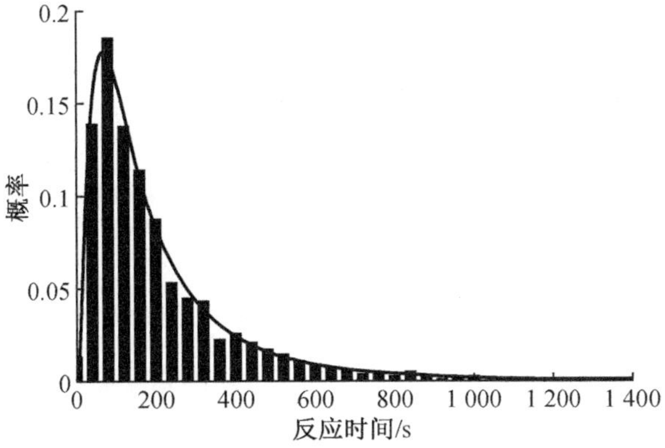

图 6.16　SGVDS2 规定的反应时间概率密度曲线

6.4.3　SGVDS2 数据集的验证度量

为了客观地比较仿真与实验数据的一致性，SAFEGUARD 项目建议采用基于统计学验证度量来量化仿真与实验数据之间的差异，并提供了三种验证度量[177]。

1. 欧氏相对差

欧氏相对差（Euclidean Relative Difference，ERD）是用来评估实验数据（E_i）与模型数据（m_i）之间的平均差异。如果两组数据点完全相同则 ERD 的值为 0。ERD 的值越小，则曲线总体一致性越好。ERD 可以用下式表示：

$$\frac{\|E - m\|}{\|E\|} = \frac{\sqrt{\sum_{i=1}^{n}(E_i - m_i)^2}}{\sqrt{\sum_{i=1}^{n}E_i^2}} \tag{6.2}$$

2. 欧氏投影系数

欧氏投影系数（The Euclidean Projection Coefficient，EPC）给出了仿真数据（m_i）与实验数据（E_i）之间的一致性的最佳可能水平。EPC 的值为 1.0，表示仿真数据（m_i）与实验数据（E_i）之间差异极其微小。EPC 可以用下式表示：

$$\frac{\langle E, m\rangle}{\|m\|^2} = \frac{\sum_{i=1}^{n}E_i m_i}{\sum_{i=1}^{n}m_i^2} \tag{6.3}$$

3. 正割余弦

正割余弦(Secant Cosine,SC)通过仿真数据曲线和实验数据曲线的一阶导数来衡量两条曲线的匹配程度,SC 可以用下式表示:

$$\frac{\langle E,m\rangle}{\|E\|\|m\|}=\frac{\sum_{i=s+1}^{n}\frac{(E_i-E_{i-s})(m_i-m_{i-s})}{s^2(t_i-t_{i-1})}}{\sqrt{\sum_{i=s+1}^{n}\frac{(E_i-E_{i-s})^2}{s^2(t_i-t_{i-1})}\sum_{i=s+1}^{n}\frac{(m_i-m_{i-s})^2}{s^2(t_i-t_{i-1})}}} \tag{6.4}$$

式中,s 是平滑项用来移除实验数据和仿真数据的噪声。s 值的选取取决于数据点的数量(n),应尽可能使比值$\frac{s}{n}$保持在一个较低的水平。通常$\frac{s}{n}$的值应该在 0.01 ~0.05 范围内选取。如果 SC 的值为 1.0 则表示模型数据曲线与实验数据曲线相同。

此外,所预测的总集合时间(Total Assembly Time,TAT)与实验所测得的 TAT 之间差异的百分比用% TAT 表示,即

$$\%\,\text{TAT}=\frac{100(\text{测量的 TAT}-\text{预测的 TAT})}{\text{测量的 TAT}} \tag{6.5}$$

6.4.4 SGVDS2 数据集的验收标准

验证数据集 SGVDS2 给出了软件的验收标准,如果满足该条件则表示在整个疏散过程中模型所预测的结果与实验数据的一致性水平可以被接受。其验收标准如下所示:

(1)$ERD<0.25$;

(2)$0.8\leqslant EPC\leqslant 1.2$;

(3)$SC\geqslant 0.8$ 且 $s/n=0.03$;

(4)预测的 TAT 与实验值相差在 15% 以内。

6.4.5 SGVDS2 数据集的验证方法

验证数据集 SGVDS2 提供了完备的验证方法:首先根据 SGVDS2 的要求构建船舶几何体,随后对 1 779 名乘客设定初始位置、集合地点、行走速度和反应时间等。完成仿真的准备工作后,需要对场景进行 50 次仿真,每 5 次仿真改变一次随机生成的人口属性信息。在分析疏散时间时,要将初始位置位于集合地点的乘客从结果中剔除,只分析其中 1 743 名乘客的疏散时间。计算每一次仿真总疏散过程的 ERD,选取具有最小 ERD 的仿真结果进行分析。

对于所选定的某次仿真进行如下两阶段的验证。

阶段 1:根据所预测的集合时间曲线,确定 ERD,EPC,SC 及% TAT,并判断是

否满足验收标准,如果满足则继续下一阶段,如果不满足,则该软件没能通过验证。

阶段2:对于每个集合地点确定其ERD、EPC和SC,总计12个参数(每个集合地点3个参数),确定满足验收标准的参数个数,在总共12个参数中至少需要有9个参数满足验收标准。此外,如果任意集合地点有两个或两个以上参数不符合验收标准,则软件的测试不通过。

6.4.6　模型的验证过程

表6.4给出了50次仿真所预测的疏散时间和ERD。按照SGVDS2的要求选取其中具有最小ERD(0.116,编号为29)的仿真结果进行了分析。每个集合地点及全船乘客集合时间曲线如图6.17所示,图中给出了集合时间与乘客数量之间的关系,总疏散时间为最后一名乘客到达集合地点的时间。图6.18给出了仿真过程的快照。

表6.4　疏散时间和ERD

编号	时间/s	ERD	编号	时间/s	ERD	编号	时间/s	ERD
1	1 713.1	0.140	18	1 533.4	0.123	35	1 671.9	0.135
2	1 445.4	0.138	19	1 955.6	0.120	36	1 652.5	0.142
3	1 691.2	0.132	20	1 657.6	0.117	37	1 654.8	0.122
4	1 692.1	0.123	21	1 567.6	0.143	38	1 689.2	0.134
5	1 665.7	0.130	22	1 591.9	0.132	39	1 628.2	0.130
6	1 729.3	0.137	23	1 601.2	0.150	40	1 759.1	0.148
7	1 681.6	0.137	24	1 739.4	0.118	41	1 698.3	0.143
8	1 582.8	0.127	25	1 637.4	0.125	42	1 635.1	0.133
9	1 548.1	0.133	26	1 701.1	0.134	43	1 726.5	0.119
10	1 788.2	0.134	27	1 869.5	0.126	44	1 761.8	0.121
11	1 694.1	0.136	28	1 486.2	0.121	45	1 665.6	0.134
12	1 698.3	0.131	29	1 653.1	0.116	46	1 623.4	0.126
13	1 680.5	0.141	30	1 696.5	0.132	47	1 572.8	0.157
14	1 781.4	0.118	31	1 689.3	0.121	48	1 713.2	0.140
15	1 776.6	0.119	32	1 542.0	0.151	49	1 651.3	0.119
16	1 587.6	0.119	33	1 513.4	0.136	50	1 701.1	0.134
17	1 631.3	0.127	34	1 731.9	0.143			

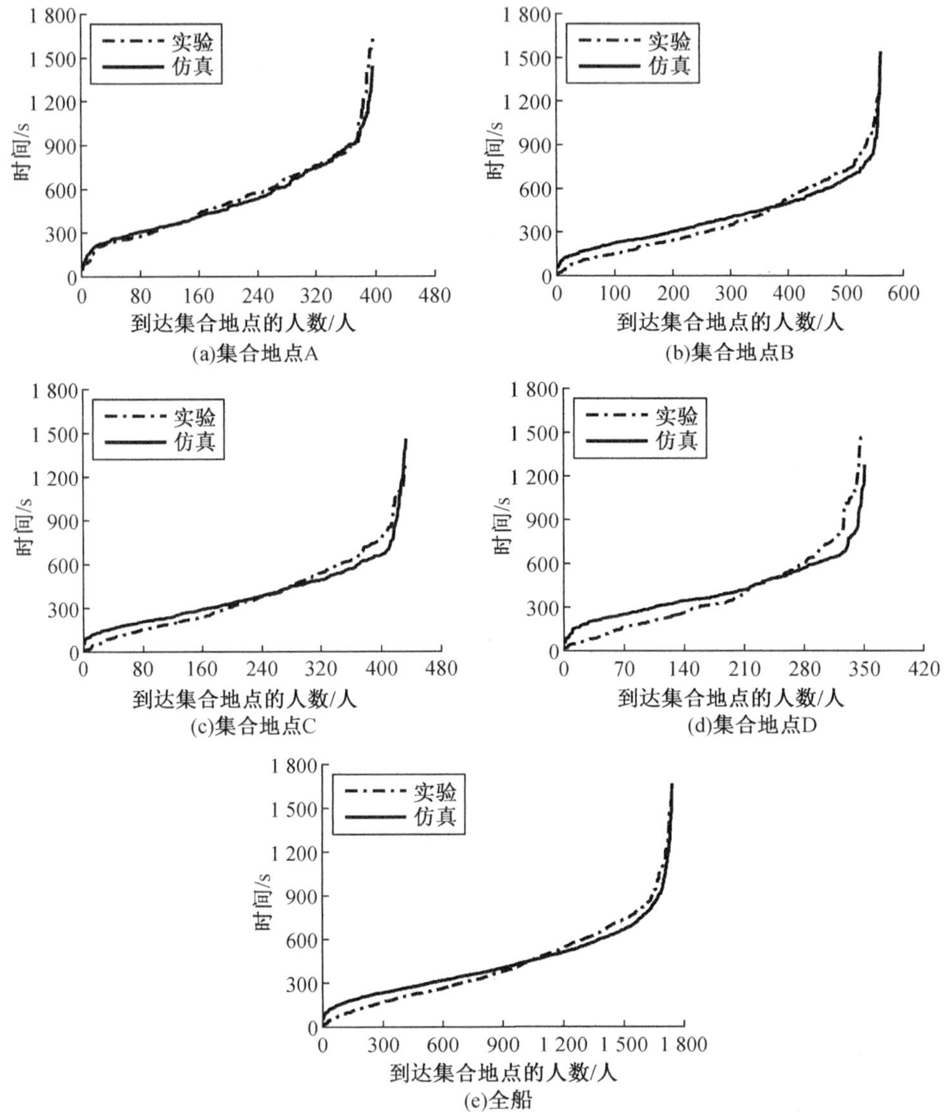

图 6.17　仿真结果与实验数据的对比

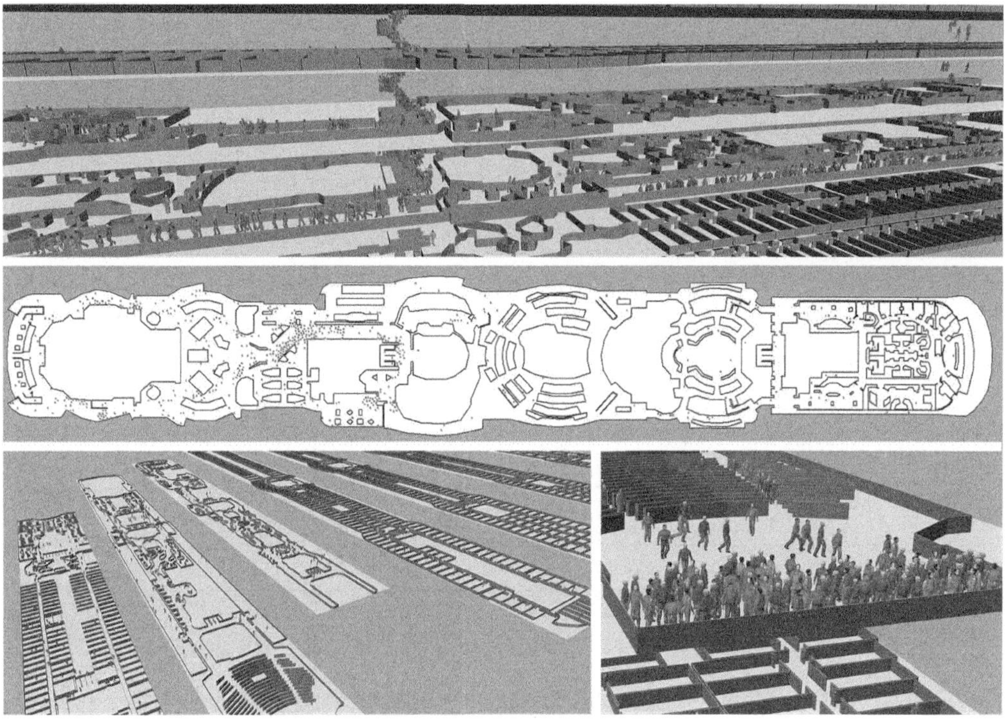

图6.18　仿真过程的快照

表6.5列出了所选择的第29次仿真模拟的各种验证度量(ERD,EPC,SC和%TAT),按照SGVDS2的建议选取了0.01,0.02,0.03,0.04和0.05作为$\frac{s}{n}$的值。表6.6列出了验证过程阶段1和阶段2中总计16个验证度量值是否满足验收标准,从图中可以看出本章模型满足SGVDS2的所有验收标准。

表6.5　不同集合地点的验证度量

		集合地点A	集合地点B	集合地点C	集合地点D	全船
SC	$s/n=0.01$	0.8	0.9	0.8	0.7	1.0
	$s/n=0.02$	0.9	0.9	0.8	0.9	1.0
	$s/n=0.03$	0.9	1.0	0.9	0.9	1.0
	$s/n=0.04$	0.9	1.0	0.9	0.9	1.0
	$s/n=0.05$	0.9	1.0	0.9	0.9	1.0

表 6.5(续)

	集合地点 A	集合地点 B	集合地点 C	集合地点 D	全船
ERD	0.09	0.14	0.13	0.22	0.12
EPC	1.0	1.0	1.0	1.1	1.0
%TAT	12.1	-0.5	-14.1	13.6	0.9

表 6.6　SGVDS2 验收标准的满足状态

		SC(0.03)	ERD	EPC	%TAT	通过/失败
阶段 1	全船	满足	满足	满足	满足	通过
阶段 2	集合地点 A	满足	满足	满足	—	通过
	集合地点 B	满足	满足	满足		
	集合地点 C	满足	满足	满足		
	集合地点 D	满足	满足	满足		

6.5　与其他常见商业软件的比较

绪论中所介绍的三款船舶疏散仿真软件,即 maritimeEXODUS、EVI 和 SIMPEV 均已有学者采用 SGVDS2 数据集对其进行了验证,Park[77]等人对 SIMPEV 软件进行了上述验证,Galea[177]等人对 maritimeEXODUS、EVI 和 ODIGO 软件进行了上述验证,目前上述四款软件均通过了 SGVDS2 数据集的验证。表 6.7 列出了本章模型和其他疏散仿真软件的验证度量值,其中 ODIGO[178]是由 PRINCIPIA 公司开发的船上行人运动仿真软件,也可以用来进行船舶人员疏散仿真分析。

如前文所述,验证度量 SC 越趋近 1、EPC 越趋近 1 或 ERD 越趋近于 0 则仿真模型所预测的结果与实验数据一致性越高。基于验证度量的这些特点,表 6.8 给出了本章模型验证度量与其他软件的比较。例如,在 20 个验证度量中本章模型有 14 个验证度量优于 EVI 的验证度量,可以看出本章模型的预测结果与 SGVDS2 数据集的匹配度要略优于 MaritimeEXODUS,明显优于 EVI、ODIGO 和 SIMPEV。

表 6.7　本章模型和其他疏散仿真软件的验证度量值

软件/模型	统计地点	SC $s/n=0.03$	ERD	EPC	%TAT
本章模型	全船	1.0	0.12	1.0	0.9
	集合地点 A	0.9	0.09	1.0	12.1
	集合地点 B	1.0	0.14	1.0	-0.5
	集合地点 C	0.9	0.13	1.0	-14.1
	集合地点 D	0.9	0.22	1.1	13.6
Maritime EXODUS[177]	全船	1.0	0.08	1.1	-2.2
	集合地点 A	0.9	0.13	1.1	-18.0
	集合地点 B	0.9	0.10	1.0	-5.7
	集合地点 C	0.9	0.10	1.1	9.5
	集合地点 D	0.9	0.15	1.0	8.7
EVI[177]	全船	1.0	0.17	0.9	-1.1
	集合地点 A	0.7	0.14	0.9	-1.1
	集合地点 B	0.9	0.21	0.8	-0.8
	集合地点 C	0.8	0.25	0.8	23.5
	集合地点 D	0.9	0.24	0.9	-12.3
ODIGO[177]	全船	0.9	0.14	0.9	-0.8
	集合地点 A	0.9	0.12	1.1	-0.8
	集合地点 B	0.9	0.21	0.8	-10.1
	集合地点 C	0.8	0.22	0.8	24.9
	集合地点 D	0.8	0.21	0.9	-7.6
SIMPEV[77]	全船	1.0	0.06	1.0	10.8
	集合地点 A	0.8	0.13	1.1	0.3
	集合地点 B	0.9	0.12	0.9	3.0
	集合地点 C	0.9	0.14	1.0	26.1
	集合地点 D	0.9	0.14	1.0	23.2

表 6.8　本章模型验证度量与其他软件的比较

软件	本章模型		
	劣于	持平	优于
MaritimeEXODUS	8	5	7
EVI	15	3	2
ODIGO	14	2	4
SIMPEV	10	5	5

6.6　基于计算机疏散仿真分析的总布置优化设计

计算机辅助设计可以为设计人员以数字化形式再现复杂系统，通过考虑功能模块的交互关系，帮助其分析在特定维度下某域（通常为时域）内行为。模拟仿真技术可以使设计人员在无风险情况下对方案进行试错研究，并深入了解方案在实际构建前的运作方式，无须搭建物理原型，同时也能使设计人员更好地控制、预测、理解设计方案。此外，从船舶设计初期开始应用仿真，不仅可以节约成本，也能尽早地发现并解决可能存在的基本设计问题，减少后期阶段以牺牲性能为代价的方案变动。

在应用 AEvac 仿真系统解决实际疏散问题时，如图 6.19 所示，首先需要明确仿真的目的，然后对问题进行剖析，确定仿真所涉及的空间域、时间域及人员因素等。仿真的空间域指的是仿真所进行的空间模型，如是否是某层甲板、某些特定空间的区域或不同的布置方案。仿真的时间域指的是疏散行为发生的时间段，如夜间疏散。人员因素指的是人员的反应时间、行走速度、人员构成与分布及是否穿戴救生衣等影响实际疏散的因素。根据所确定的仿真的空间、时间和人员因素，进一步确定仿真系统的输入条件，包括空间模型处理与导入、人员的属性信息及仿真模型的选择。AEvac 仿真系统包含不同行为模型适用于不同的情形，因此需要根据仿真的特定目的确定所需的行为模型。做完准备工作后，对不同方案进行一系列的仿真实验，此时不一定能够得到最优方案，但是可以根据所选取的评价指标对几种方案进行比较，进而通过分析仿真结果提出方案修改意见，重复上述过程，直到方案达到满意的程度为止。

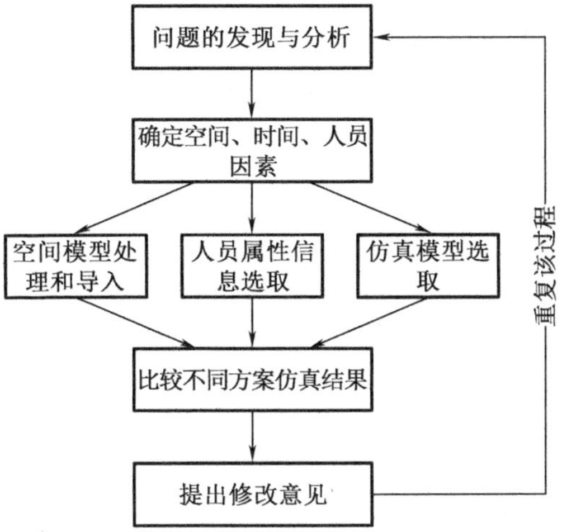

图 6.19　AEvac 仿真系统的应用过程

6.7　IMO 对疏散时间的相关规定

IMO 将整个疏散过程分为四个时间段[6]（如图 2.12 和图 6.20）：第一段时间为乘客的反应时间（R），指的是从发出紧急情况通知（如集合警报）到乘客开始向集合地点运动的这段时间；第二段时间为转移时间（T），指的是船上所有人员从开始运动到进入集合地点总共所持续的时间；第三段时间是登艇时间（E），指的时所有乘客进入救生艇所需的时间；最后一段时间是救生艇下水时间（L）。

IMO 在 MSC/Circ. 1533 附件 1 中指出，疏散时间需满足如下要求：

$$1.25(R+T)+\frac{2}{3}(E+L)\leqslant 60\ \text{min} \tag{6.6}$$

$$E+L\leqslant 30\ \text{min} \tag{6.7}$$

其中反应时间白天为 5 min，夜间为 11 min 40 s，参数 1.25 为安全系数，用以应对突发情况对疏散时间的影响。IMO 要求登艇和下水时间为 30 min，登艇和下水时间可以与上段时间最大的重叠部分为 $(E+L)/3$，如图 6.20 所示。综上所述，反应和行走时间的总和需要满足如下要求：

$$R+T\leqslant 32\ \text{min} \tag{6.8}$$

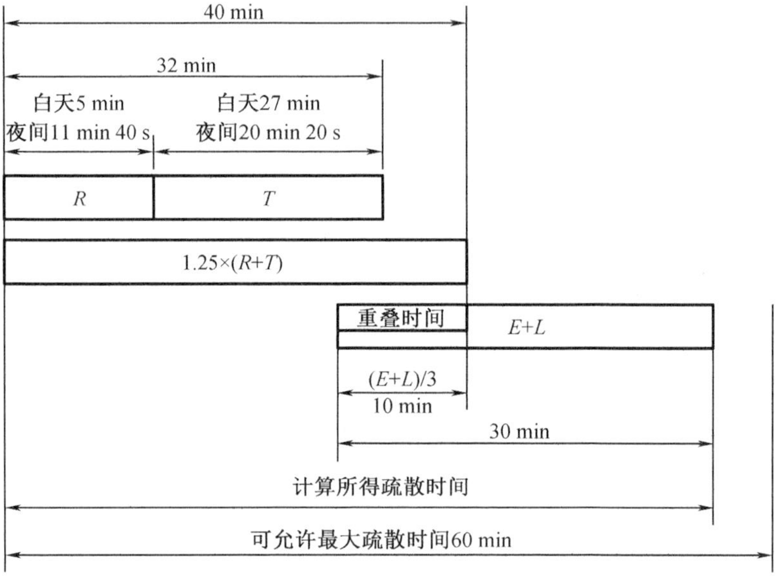

图 6.20　IMO 所允许的最长疏散时间

6.8　海洋珠宝号邮轮的高级疏散仿真分析

近年来随着海洋经济的发展,客船安全事故频发,而船舶事故具有突发性强且不可预知的特点,对救助的时效性要求较高。客船遭遇意外情况时,如遇到极端恶劣天气所引起的快速沉没事故,此时留给乘客的疏散时间显然达不到 IMO 所规定的时长,需要对大量乘客进行及时疏散,对船员的现场指挥能力和乘客的自救行为都是极大的考验。例如东方之星号客轮翻船事件是由一起罕见的强对流天气带来的强暴风雨袭击所导致的,事故发生时瞬间极大风力达 12 ~ 13 级并伴有特大暴雨,虽然该客轮的抗风压倾覆能力符合规范的要求,但是不足以抵御所遭遇的极端恶劣天气,该船从遇险到倾覆仅有 10 分钟左右的时间,留给乘客自救时间极其短暂。此外韩国岁月号渡轮从发出求救信号到彻底倾覆,持续约 2 小时左右,虽然倾覆时间较长,但是船长的错误判断与指挥,导致乘客错过了最佳疏散时间。因此,在满足规范要求的基础上,对疏散的安全性做冗余设计是十分必要的。

AEvac 仿真系统可以为设计人员提供疏散过程的三维场景演示,为设计人员观察行人运动情况提供了多个视角,帮助设计人员直观地分析问题与发现问题。例如从图 6.21 可以直观地发现乘客在中庭楼梯处发生拥堵,且椭圆形标记的两处楼梯使用人数不均。此外该系统也可以输出多种仿真数据(如行人运动轨迹、空间利用图、累积密度图、行走距离及等待时间等),以提供客观地分析。本节以SGVDS2验证数据集中布置方案为例,将其作为初始方案对其疏散能力进行客观地分析。

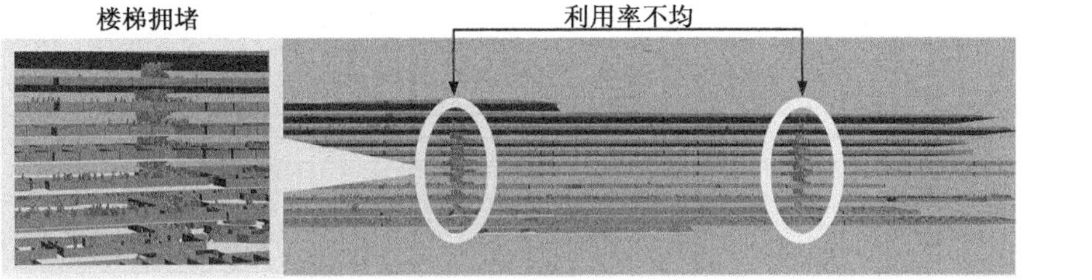

图6.21　乘客在楼梯处发生拥堵

图6.22给出了疏散过程中行人密度超过临界值(3.5 人/m^2)的累积时间分布图,其中甲板2、3、4、12和13并未发生拥堵,故未列出。从图中可以看出拥堵主要发生在中庭的楼梯处(甲板5~10),其中以甲板6最为拥堵,最大拥堵时间长约为500 s,拥堵时间按照甲板6~10的顺序依次递减。甲板11的楼梯入口处发生拥堵,这是因为此时乘客处于早餐时间,423名乘客位于甲板11船艉的餐厅内,疏散时上百名乘客同时前往楼梯间进而导致甲板6~10楼梯的拥堵。

图6.23给出了初始方案的空间利用图。相对于行人运动轨迹图来说,该图不仅可以表示行人的运动轨迹,也可以通过颜色来区分行人在不同区域停留的时间。从图中可以看出,距离集合地点越近的梯道,其被行人占用的时间越长,利用率越高。疏散时甲板11餐厅的乘客会大量聚集在中庭楼梯入口处等待进入下层甲板,因此楼梯入口附近占用频率较高,与实际情况相吻合。此外,通过对比梯道可以发现,中庭处楼梯相对于船艏楼梯来说,其利用率较高,利用率的不均衡会影响疏散时间。

通过上述分析可以发现,该方案的瓶颈之处在于垂直方向的行人流,即楼梯处行人的进入流量超过了楼梯的通行能力。在主体布局不便的情况下,本节提出了四种修改方案(如图6.24所示)。

方案1:在船艉处增加一组连通甲板7~10的楼梯。

方案2:在方案1的基础上将所增加的楼梯从甲板7延伸到甲板5。

方案3:在中庭楼梯的对面位置增加一组连通甲板7~10的楼梯。

方案4:在方案3的基础上将所增加的楼梯从甲板7延伸到甲板5。

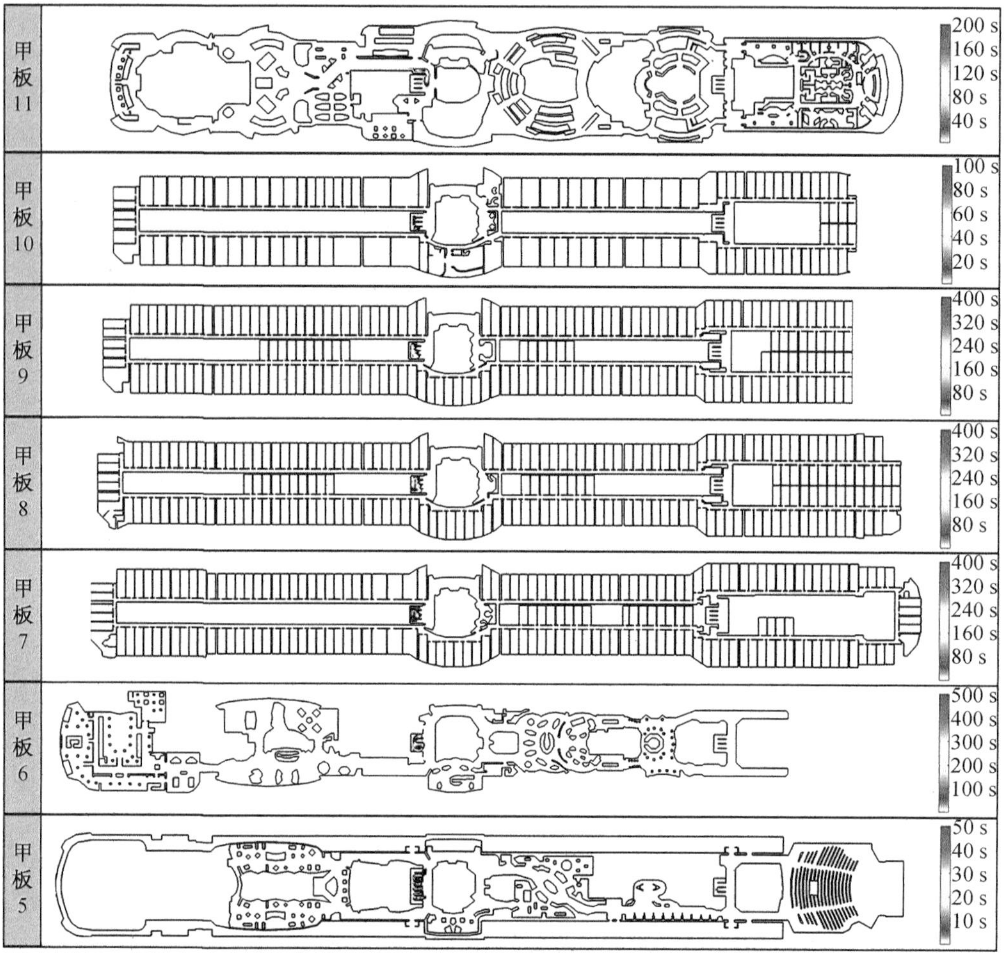

图 6.22　密度超过临界值的累积时间分布图

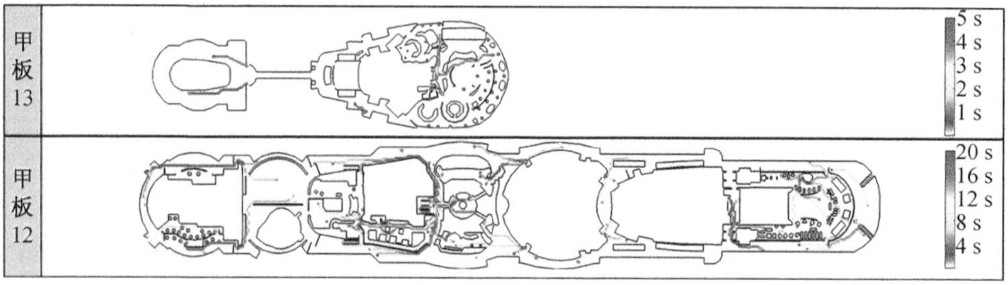

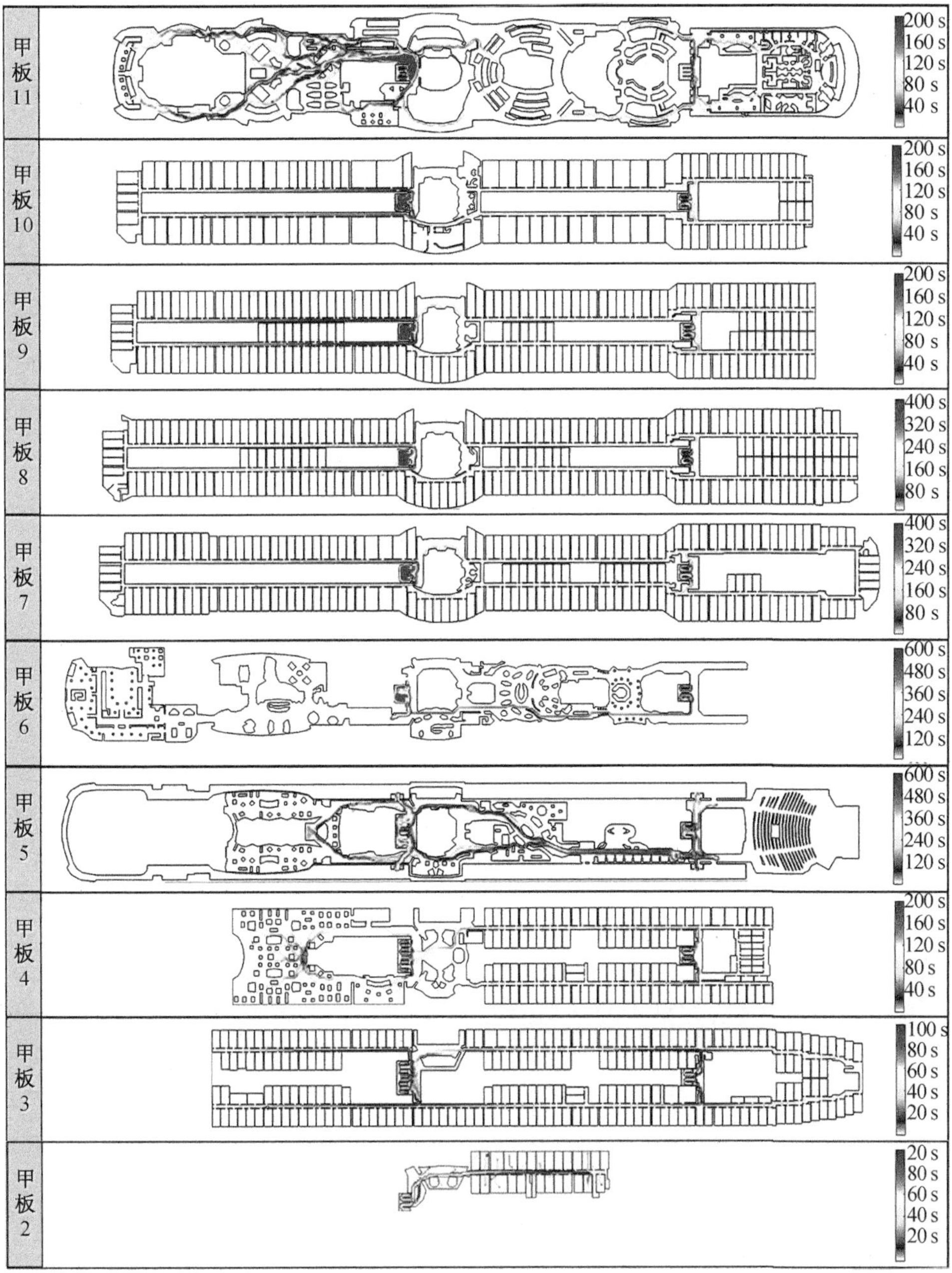

图 6.23　初始方案的空间利用率图

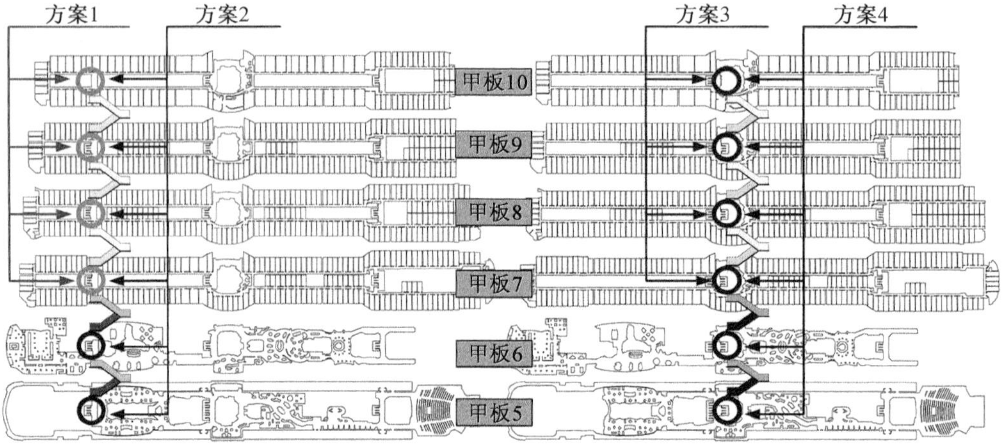

图 6.24　四种不同方案的示意图

6.9　海洋珠宝号邮轮不同优化方案的比较

对上述四种优化方案采用 AEvac 进行疏散仿真分析,每个方案进行了 50 次仿真,其中乘客反应时间、分布位置、行走速度及集合位置与上一章中 SGVDS2 验证数据集的输入条件相同。由于疏散过程的随机性,总疏散时间的仿真结果是一组离散数据,疏散时间有许多不同的选取方法,如选取最长时间、平均值、中值或第 95 百分位数等,疏散时间的选取方法主要取决于分析的目的。如果是风险分析,则通常采用总疏散时间的第 95 百分位数,如果是传统性能分析,则通常选取平均值[179]。本章选取总疏散时间的第 95 百分位数作为预测的总疏散时间。

表 6.9 给出了四种不同方案及初始方案的仿真结果(平均值及其标准差)。对于总疏散时间来说,方案 4 的平均值最小(1 587.8 s),在传统性能分析中可能会认定方案 4 最佳,但在风险分析中,方案 2 的第 95 百分位数最小(1 733.5 s),因而选取为最佳方案。通过对比方案 1,3 可以发现,总疏散时间几近相同,这是因为这两种方案仅增加了连通住舱所在甲板的楼梯,虽然乘客可以从新增楼梯进入下层甲板,但最终都要通过原始方案中庭处的楼梯进入集合地点所在甲板,中庭处楼梯的瓶颈仍然存在。方案 1 中的部分乘客需要绕行,先向船尾处楼梯行走然后再返回中庭进而进入集合地点所在甲板,所以平均行走距离比方案 3 的大,但方案 1 中船艉处的乘客被分流到新增的楼梯,这些乘客可以更快地进入下层甲板,因此平均等待时间和个体平均疏散时间均比方案 3 短。方案 2、4 分别为方案 1、3 的改进方案,当连通集合甲板之后乘客可直接进入集合地点,疏散时间有了进一步的降低。

表6.9　四种不同方案仿真结果的对比

方案	平均行走距离 /m	平均累积等待时间/s	个体平均疏散时间/s	总疏散时间/s	
				平均值	第95百分位数
0	114.1 ±1.3	99.9 ±3.2	486.9 ±6.2	1 667.2 ±91.9	1 785.1
1	116.1 ±1.4	85.2 ±2.1	475.8 ±5.8	1 631.4 ±84.7	1 779.3
2	111.5 ±0.7	81.6 ±2.5	462.4 ±4.8	1 591.3 ±91.4	1 733.5
3	115.3 ±0.8	97.2 ±2.4	483.1 ±6.4	1 621.7 ±99.8	1 779.6
4	112.2 ±1.3	94.9 ±2.8	474.1 ±3.9	1 587.8 ±100.2	1 745.7

方案2虽然较初始方案疏散时间有所降低，但是仅降低了约2.9%。为了进一步降低疏散时间，提出了优化方案5。该方案是在方案2的基础上将船尾楼梯延伸至甲板11和12，使得这两层甲板内公共区域的乘客可以迅速进入下层甲板，进而加速疏散过程。在相同的初始条件下对该方案进行了50次仿真，仿真所预测的疏散时间为1 664.8 s，相比原始方案降低了约6.8%。图6.25分别给出了方案5与方案2的空间利用率图。方案2中，甲板11和12船尾附近大量乘客仍然要通过中庭梯道进入甲板10，进入之后大部分乘客仍然会通过中庭楼梯进入集合地点所在的甲板，少数冒险型乘客在等待时间过长后会选取船尾或船首的楼梯继续向下层甲板转移。而在方案5中这一过程得到了明显的改善，乘客沿船尾楼梯可直达疏散地点，船尾楼梯的利用率也有了明显的提高（见甲板10）。

上述几种方案对疏散效率的提升并不明显，看似是一种过度设计，但这只是在日常情景下进行的测试。为此下一步将在极端场景下，对方案5和方案0进行测试。该极端场景假设中庭楼梯处发生火灾，火势沿楼梯迅速向上层甲板蔓延，为了控制火势的蔓延，通常会停用整个楼梯间，但由于2层甲板只有中庭处楼梯与上层甲板连接，所以本文假定甲板2与甲板3之间的楼梯仍然可以使用，中庭处其他楼梯则全部停用。如表6.10所示，原始方案在这种极端场景下，疏散时间增加了约19.8%，此时已经超过IMO所规定的1 920 s，而方案5相比普通疏散场景仅增加了约3.5%，仍然符合IMO规范的要求。因此这种看似过度的冗余设计是十分必要的，即便损失部分垂直通道，仍然能够保证乘客快速有效的撤离，在极端情况下可挽救更多的生命。此外，方案5中增加的楼梯不仅对极端场景下的疏散有着显著的作用，同时也能为乘客的日常活动提供更多的便利。

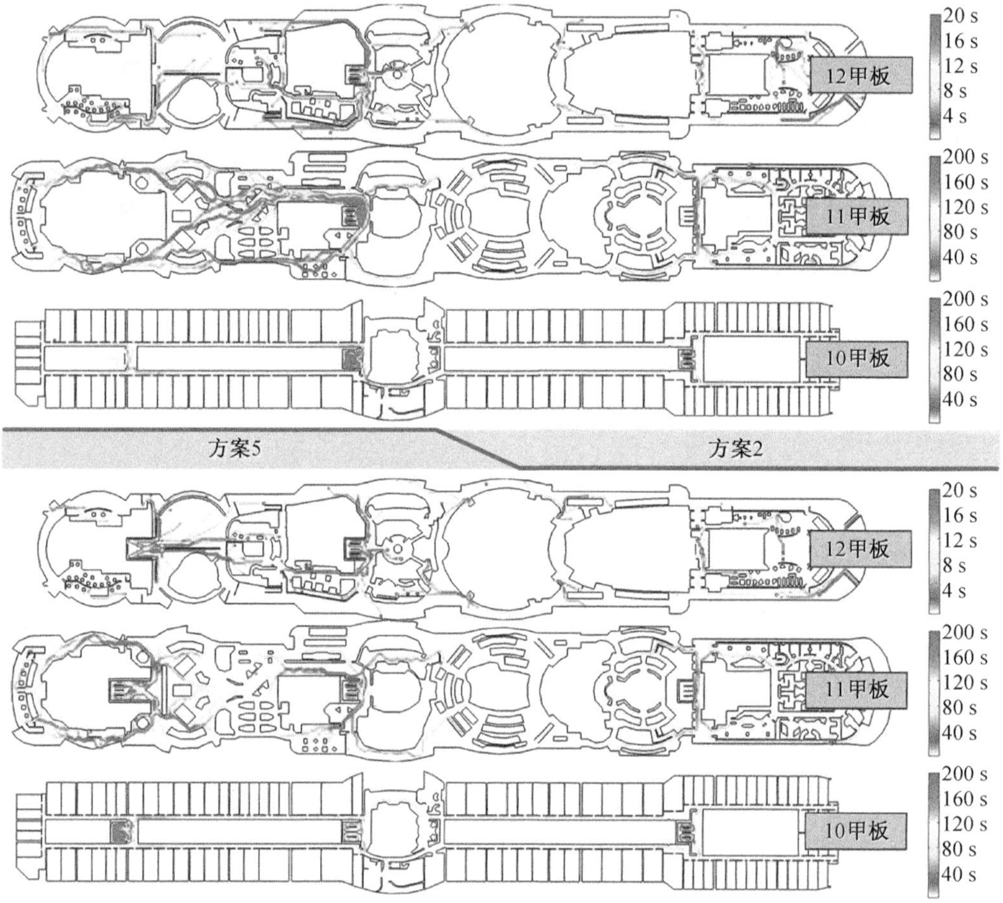

图 6.25　方案 5 与方案 2 的空间利用率图的对比

表 6.10　在发生火灾情况下的方案 5 与原始方案的对比

方案	平均行走距离/m	平均累积等待时间/s	个体平均疏散时间/s	总疏散时间/s	
				平均值	第 95 百分位数
0	176.8 ±0.6	249.2 ±12.5	703.7 ±12.9	1 953.1 ±128.2	2 138.2
5	135.2 ±1.7	121.6 ±3.5	532.8 ±6.1	1 722.1 ±103.6	1 846.9

6.10　不同反应时间对海洋珠宝号邮轮疏散方案的影响

当意大利歌诗达协和号邮轮发生事故时，船长没有及时地疏散乘客，反而独自弃船上岸逃离现场，船长的弃船逃离及船员的训练不足是导致现场指挥混乱不堪的重要原因，此外该船救生衣主要存放在住舱内，大量乘客不得不返回住舱取回救生衣，造成人员的拥堵，这也是导致现场混乱的重要原因之一。目前，IMO 对于客船救生衣的主要存放位置并未做出明确的要求，除了需要为船上的所有人员配备救生衣外，还需要有额外 5% 的救生衣存储在集合地点。

在大多数邮轮中，救生衣通常存放在住舱的壁橱内，偶尔也会存放在铺位下。额外的少量救生衣存储在集合地点，提供给无法返回舱室的部分乘客。早期的客船通常较小，因而甲板上没有足够的空间用以放置大量救生衣，在住舱内存放救生衣是历史选择的延续。目前超大型邮轮有足够的空间，可以在集合地点放置救生衣，进而可避免穿戴救生衣所引起的行动不便，以及乘客的大规模逆行。皇家加勒比国际公司是首家将救生衣存放在集合地点的邮轮公司，其所运营的海洋绿洲号和其姐妹船海洋魅力号的救生衣均放置在集合地点，疏散开始后由船员分发给进入集合地点的乘客，而该公司的其余邮轮则仍将救生衣存放在住舱内。

本书的第 4 章对寻找并穿戴救生衣的行为进行了深入的探讨，发现当救生衣存放在集合地点时疏散时间会有一定程度的减小，但相较于不考虑穿戴救生衣行为的疏散时间仍然有一定的差距。救生衣存放在集合地点时，影响疏散时间的主要因素是救生衣的分发，通过增加救生衣分发地点也可以有效降低疏散时间。第 4 章中乘客在仿真开始时立即向集合地点运动，会导致大量乘客快速涌入集合地点，延缓救生衣的分发。而在实际疏散中，乘客从接到集合信号到开始疏散会有一段反应时间，SAFEGUARD 实验中测得的反应时间最长可达 1 379 s，集合地点的乘客到达流相对平缓。在 SAFEGUARD 实验中，疏散开始时乘客直接向集合地点运动，研究人员并未要求乘客返回住舱穿戴救生衣。

IMO 所规定的反应时间比实验测得的数据要小很多，由于 SAFEGUARD 所进行的实验是半通知实验，乘客预先知晓此次紧急疏散是一次例行疏散演习，乘客不会有真实场景下的迫切感，因而其反应时间较长，此外，邮轮在启航后的 24 h 内需要进行疏散演习，演习结束后乘客会熟悉整个疏散过程，如发生真实紧急疏散，应急反应时间会有所提高。

本节对3种不同反应时间及两种不同救生衣存放位置，总计6种场景进行了仿真，如表6.11所示。为了便于下文阅读，本节采用"数字_字母_字母"的方式为6种场景进行编号，编号中的字母是对应英文单词的首字母，第一个字母表示救生衣的存放位置，其中C表示救生衣存放在住舱（Cabin），A表示救生衣存放在集合地点（Assembly Station），第二个字母表示反应时间，其中S表示SGVDS2数据集，D表示IMO日间（Day）反应时间，N表示IMO夜间（Night）反应时间。此外，需要注意的是夜间疏散场景中乘客的初始位置有所不同，此时乘客位于住舱内休息。图6.26给出了IMO规定的日间和夜间反应时间概率密度曲线，其中直方图为某次仿真过程中乘客反应时间的实际分布图。

表6.11　六种不同的疏散场景

场景编号	1_C_S	2_C_D	3_C_N	4_A_S	5_A_D	6_A_N
救生衣位置	住舱			集合地点		
反应时间	SGVDS2 数据集	IMO 日间	IMO 夜间	SGVDS2 数据集	IMO 日间	IMO 夜间
乘客初始位置	SGVDS2 数据集	SGVDS2 数据集	住舱	SGVDS2 数据集	SGVDS2 数据集	住舱

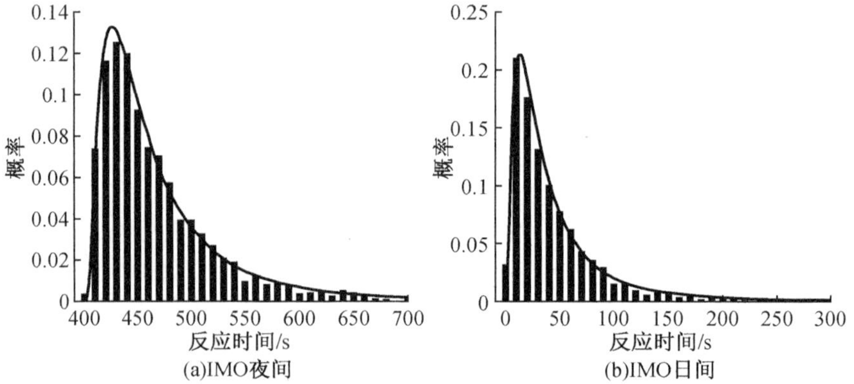

图6.26　IMO规定的日间和夜间反应时间概率密度函数

图6.27给出了场景2_C_D仿真过程中集合地点A和B的局部特写，从图中可以看出到达集合地点的乘客均已穿戴了救生衣。表6.12给出了在六种不同场景下方案0和方案5的仿真结果。方案5的疏散时间均比方案0相对应场景的疏

散时间要短。当行人需要返回住舱取得救生衣时(场景 1_C_S 和 2_C_D),则方案 0 与方案 5 的疏散时间均不能满足 IMO 规范的要求。通过对比场景 4_A_S 与 5_A_D 可以看出反应时间采用 SGVDS2 数据集(该数据于上午采集,最长 1 379 s)要比采用 IMO 所规定的白天反应时间(最长 300 s)所计算的疏散时间长很多(方案 1 长约 55.4%,方案 5 长约 63.6%)。此外采用 IMO 日间反应时间的场景相对于采用 SGVDS2 数据集的场景,其平均行走距离稍微增加,累积等待时间大幅度增加,这是因为当乘客反应时间较短,大批乘客会同时进入楼梯进而发生拥堵,当拥堵持续一段时间后冒险型乘客会决定去往其他楼梯进而增加行走距离。对比场景 1_C_S 与 4_A_S(或对比场景 2_C_D 与 5_A_D)可以发现,乘客回舱室穿戴救生衣场景的平均行走距离约为在集合地点获取救生衣场景的两倍,这与第 4 章中的结论相同。与白天情况不同的是,夜间救生衣存放在住舱内(3_C_N)要比存放在集合站内(6_A_N)的疏散时间短一些(方案 1 短约 8%,方案 5 短约 3%),这是因为此时乘客在舱室内,能快速获取救生衣,无须在集合地点等待船员的派发。

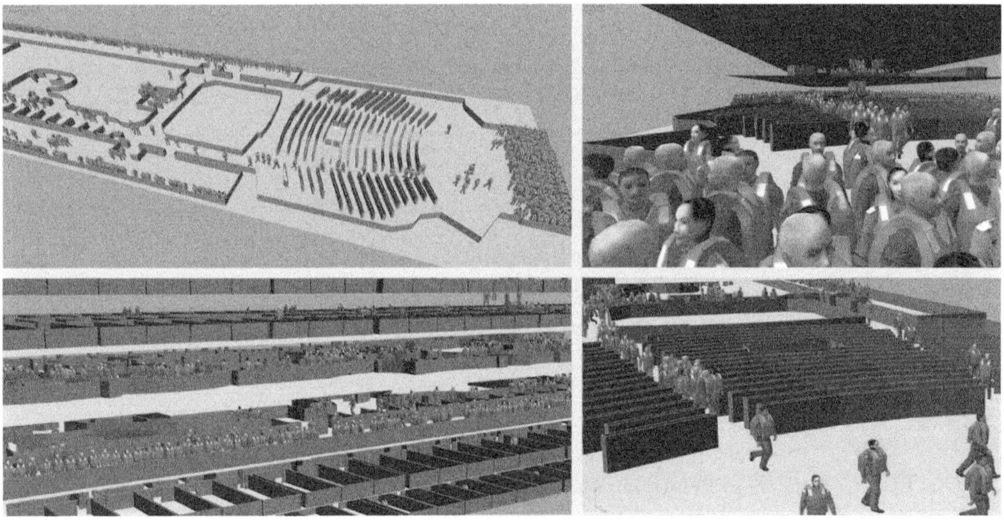

图 6.27　场景 2_C_D 的仿真过程快照

表 6.12 方案 0 与方案 5 在不同场景下的仿真结果的对比

方案	场景编号	平均行走距离/m	平均累积等待时间/s	个体平均疏散时间/s	总疏散时间/s	
					平均值	第 95 百分位数
0	1_C_S	255.5 ±5.4	193.8 ±8.5	761.7 ±16.5	2 129.9 ±240.8	2 399.5
	2_C_D	267.2 ±6.9	240.8 ±12.6	650.6 ±20.6	1 909.2 ±148.4	2 133.1
	3_C_N	119.7 ±1.2	132.8 ±2.4	770.6 ±3.6	1 380.1 ±41.5	1 440.5
	4_A_S	121.4 ±1.4	132.9 ±3.6	519.7 ±5.6	1 762.3 ±87.8	1 876.7
	5_A_D	128.7 ±0.9	172.4 ±2.8	396.7 ±3.7	1 116.6 ±70.7	1 207.2
	6_A_N	127.5 ±2.2	160.7 ±4.3	804.3 ±6.6	1 521.1 ±48.7	1 579.2
5	1_C_S	242.3 ±2.7	177.8 ±4.9	730.9 ±10.3	1 988.5 ±129.3	2 229.2
	2_C_D	256.9 ±4.5	223.2 ±6.9	618.9 ±12.7	1 813.4 ±122.6	2 031.0
	3_C_N	114.5 ±1.6	131.7 ±3.8	763.1 ±4.9	1 300.7 ±44.1	1 359.7
	4_A_S	112.6 ±1.1	103.5 ±3.5	483.8 ±5.4	1 661.4 ±104.6	1 800.4
	5_A_D	117.2 ±1.2	141.8 ±2.3	353.7 ±4.2	1 044.3 ±44.7	1 100.4
	6_A_N	117.3 ±1.3	141.2 ±2.3	774.4 ±3.8	1 321.8 ±57.4	1 402.2

6.11 提升船舶疏散效率的一些措施

通过上文对比可以发现,乘客的反应时间也是决定最终疏散时间的重要因素。在基于风险的设计中,不仅要考虑总布置图对疏散过程的影响,同时也可以考虑如下措施。

6.11.1 船员综合素质的提高

船员不仅是常规操作的执行者,同时也是紧急情况疏散过程的管理者,应加强对船员责任心、心理素质及职业道德的教育,保证船员面对危险时临危不乱,将乘客的生命安全放在首位,有条不紊地指挥乘客进行疏散,避免类似歌诗达协和号和岁月号船员不顾乘客安危独自弃船逃生的现象。此外还需要加强对船员业务能力的培训,定期进行疏散设施的实际演练,如训练救生艇入水[4]。

6.11.2 乘客综合素质的提高

乘客是整个疏散过程的核心,虽然在疏散过程中受到船员的指挥,但是在发生船舶事故时由于心理恐慌、不熟悉逃生路线及不熟悉救生设备等因素，会导致乘客做出许多不理智的行为，如损坏设备、争抢推挤及盲目从众等。需要加强对乘客的安全教育，使乘客了解如何使用救生设备，确保其在遇到危险时能够服从船员的指挥，及时快速地向集合地点转移。

6.11.3　辅助设施开发

从提高船员的指挥能力方面考虑，可以通过物联网技术构建应急指挥辅助系统[180]，通过传感器识别疏散过程中乘客的各种信息，为船员的应急指挥提供参考，帮助船员统计到达集合地点人数及仍然停留在舱内的乘客。此外，从降低乘客的反应时间方面考虑，可以通过声、光、电等信号，提醒乘客尽快开始疏散，例如，住舱内电视机开始播放紧急集合通知，房间内灯光照度开始变化等。

实际的人员疏散是一个较为复杂的过程，会有一些不可预计的情况发生，对于船舶设计人员来说 IMO 的规范仅是设计的最低要求，并不是设计的目标。设计人员要在满足 IMO 规范前提下，做更深入的优化设计，对安全性方面做一些冗余设计，这些冗余设计也许会在某次事故中拯救成百上千名乘客的生命。

6.12　本章小结

本章在上一章的基础上开发了大型邮轮疏散仿真系统 AEvac，该系统符合 IMO MSC. 1/Circ. 1533 中有关高级疏散仿真模型的要求。AEvac 考虑了随人群行动、障碍物绕行、障碍物跨越、前方行人跟随、逆流避让及搜寻救生衣等诸多行人行为。仿真系统包含了三个子程序：AEvacEd、AEvacSim 和 AEvacView。其中 AEvacEd 用来构建仿真模拟所需要的几何场景，既可从外部导入 DXF 文件，也可单独绘制场景。AEvacSim 用来设定仿真初始条件并进行仿真计算。AEvacView 提供了场景的三维展示与仿真过程回放功能，为设计人员提供多个观察角度，以便其直观地了解整个疏散过程，及时发现设计方案的不足。

欧盟 SAFEGUARD 项目通过全尺寸实船疏散实验采集了疏散过程中乘客的相关数据，并发布了船舶疏散软件验证数据集 SGVDS2，该数据集包含了 12 层甲板的布置图、1 779 名乘客的反应时间、分布位置、到达时间等信息，目前几种常见的商业软件相继通过了该数据集的验证。虽然 IMO 在 MSC. 1/Circ. 1533 中提供了 11 项测试用来验证疏散模型，但这些测试主要是一些功能测试和定性测试，即使模型通过了所有的 11 项测试，其所预测的结果仍然可能与实际疏散时间存在较大的差异。为此，本章采用验证数据集 SGVDS2 对所开发的多甲板模型进行了验证。仿真结果表明所构建的仿真模型不仅通过了 SGVDS2 数据集的验证，且预测结果与实验数据的一致性略优于商业软件 maritimeEXODUS，明显优于 EVI、ODIGO 和 SIMPEV。

本章最后以海洋珠宝号邮轮为例，在 AEvac 的辅助下对其现有总布置进行高级疏散仿真分析，发现了疏散过程中的拥堵区域及通道利用率的不均。以最短时间内将所有乘客疏散为目标，对该邮轮的总布置进行了优化设计，仿真系统所给出的增加垂直通道与改进救生器材布放位置等安全性设计建议，对船舶日常使用、规范限制与建造难度均无明显影响，但可在极端情况发生时有效地降低疏散时间，最大限度地保障搭载人员生命安全。此外乘客的反应时间对疏散过程有着重要的影响，如何降低乘客的反应时间也是提升疏散效率的重要途径。

结　论

邮轮的结构复杂且携带乘客众多的特点，使其对安全性的要求相较于其他类型船舶更为苛刻。安全疏散是船舶发生事故后保障乘客生命安全的重要措施，是初步设计中与总布置息息相关的重要设计环节。在邮轮设计初期采用高级疏散仿真分析，可以尽量避免下游环节以牺牲性能为代价的方案变动。本书以构建大型邮轮疏散仿真系统为目标，旨在为设计人员提供参考，通过将智能体模型、社会力模型及操纵力模型相结合的方式构建了考虑救生器材取用因素的船舶多甲板疏散仿真模型，基于此模型开发了大型邮轮高级疏散仿真分析系统 AEvac，并基于该系统对海洋珠宝号邮轮的总布置进行了优化设计研究。

本书的具体研究工作如下所示。

(1)分析了行人运动的基本样式、行人的宏观集体行为、行人个体生理特征和行人群体运动特征等。总结了大型邮轮的疏散过程、MSC. 1/Circ. 1533 对客船人员疏散的基本规定及船舶安全疏散的影响因素。研究了 Dijkstra 算法和 A^* 算法的优缺点，并对两种路径算法进行了对比。通过分析社会力模型、操纵力模型及智能体模型的优缺点，确定了所构建仿真模型的基本原理。

(2)参考操纵力模型中邻域半径的概念，对社会力模型中各类交互力的作用范围进行了限定，使得智能体与智能体之间和智能体与墙体之间的交互作用力只在邻域半径内作用，减小了计算开销。通过网络空间划分技术实现了邻域内智能体的快速判断。将社会力模型与操纵力模型相结合，构建了可以模拟智能体组间行为的行人运动模型。所构建的目标驱动的决策模型可以将抽象复合目标逐层分解成可以执行的原子目标，模仿人类选取目标执行计划的模式。通过自由组合多种不同的目标，可以快速且灵活地构建智能体不同的行为方式。

(3)建立了一种可以考虑舱内布局因素的单向流疏散仿真模型。该模型将不可跨越的障碍物用多段闭合的墙体表示，以实现如餐桌、吧台、配餐台等障碍物的绕行行为，通过椅子所产生的阻力降低了乘客跨越障碍物时的速度，通过调整座椅周围边的开销，赋予行人绕行行为和跨越行为。此外，通过对船舶餐厅不同方案的仿真，发现了出口附近漏斗形状的障碍物对疏散过程有着促进作用，漏斗形状的角度越小其疏散时间越短。该模型满足 IMO MSC. 1/Circ. 1533 中 11 项测试的要求，同时与单向流基本图的匹配程度较好。

(4)建立了一种包含寻找并穿戴救生衣行为的双向流船舶疏散仿真模型。该模型包含逆流避让子模型,赋予了行人逆行避让行为和局部领导跟随行为,可以使乘客在去往集合地点之前返回住舱穿戴救生衣。所预测的时间比 67 名行人的双向流实验结果长约 32.4%,比 736 名行人的双向流实验结果长约 6.1%,更加适合行人较多的场景。该模型的双向流基本图与实验所获得的双向流基本图匹配较好,可以再现行人交通中的如动态多路径流和稳定分开路径流等自组织行为。通过仿真案例发现除乘客全部位于住舱的情况外,考虑穿戴救生衣行为的疏散时间是不考虑该行为的 2~3 倍,寻找并穿戴救生衣行为是影响疏散过程的重要因素,在构建仿真模型时不能简单地忽略这一因素。此外深入分析了几种不同的救生衣存储方案,为设计人员提供了一些参考性意见。

(5)通过分层级路径规划算法的构建、空间区域标记法的构建、楼梯空间的特殊处理及决策模型的调整,构建了可以实际应用于大型邮轮疏散仿真的多甲板模型。该模型通过了欧盟 SAFEGUARD 项目的全尺寸实船疏散实验所获取的验证数据集 SGVDS2 的验证,且预测结果与实验数据的一致性略优于商业软件 maritimeEXODUS 软件,明显优于 EVI、ODIGO 和 SIMPEV,具有相当的可信性与实用性。

(6)采用面向对象编程技术,开发了一套符合 IMO MSC.1/Circ.1533 规范的大型邮轮疏散仿真系统 AEvac。该系统包含了三个子程序:AEvacEd、AEvacSim 和 AEvacView,分别用来构建仿真环境、模拟疏散过程及三维场景的演示。该系统除了可以输出多种计算结果外,还可为设计人员提供多个观察角度,以便其直观地了解整个疏散过程,及时发现设计方案的不足。

(7)采用所开发的 AEvac 仿真系统对海洋珠宝号邮轮进行了疏散仿真分析,发现了在疏散过程中船舶中庭处楼梯发生了拥堵,通过几次设计迭代对方案进行了优化。此外发现增加垂直通道看似对疏散时间无明显影响,但是在极端情况发生时却能有效地降低疏散时间,最大限度地保障搭载人员生命安全。通过对比救生衣的存放地点,发现将救生衣存放在集合地点可以极大地降低疏散时间。通过对比不同场景,发现乘客的反应时间对疏散过程有着极大的影响,降低乘客的反应时间也是提升疏散效率的重要途径。在满足规范要求的基础上,对疏散的安全性做冗余设计是十分必要的。

本书的创新工作主要包括以下几方面。

(1)本书提出了一种基于目标驱动智能体的船舶疏散仿真模型,该模型采用社会力模型与操纵力相结合的方式,通过引入邻域的概念,限定了交互力的作用范围,进而将算法的复杂度从 $O(n^2)$ 降低到 $O(n)$,极大地提升了计算效率。

(2)提出了一种考虑复杂舱室内障碍物对疏散过程影响的单向行人流仿真模型,通过在运动模型中添加来自椅子的阻力、将不可跨越的障碍物用闭合的墙体表示，以及改变与座位相交边的开销，实现了障碍物的绕行与跨越行为。

(3)考虑到IMO规范的发展趋势，通过提出一种包含逆行避让行为和前方行人跟随行为的双向行人流模型，实现了对行人逆行返回舱室取得并穿戴救生衣行为的模拟。

(4)开发了大型邮轮的疏散仿真系统AEvac，该系统通过了IMO MSC.1/Circ.1533中的11项基本测试，以及欧盟SAFEGUARD项目所提供的全尺寸实船验证数据集SGVDS2的验证，与实验数据的匹配程度优于几种常见的商业软件，有较好的工程实践应用价值。

本书在构建船舶疏散模型时，虽然考虑了诸多影响因素，但同时也对某些相关因素做了简化处理，存在的主要问题及后续研究方向如下所示。

(1)目前本书所构建的模型只能模拟船舶正浮状态下的疏散过程，然而在船舶倾覆过程中倾角是逐渐增大的，因此在下一步开发中可通过引入重力和地面摩擦力用来模拟纵倾、横倾及任意状态对行人运动的影响。此外船舶疏散过程中往往伴随着风浪、摇摆等现象，此类运动也会给行人的撤离带来较大的困难，需要进一步地研究。

(2)目前模型只是通过改变行人疏散路线来模拟火灾对乘客的影响，主要通过更改环境空间的拓扑图来实现行人对火灾的响应。而实际火灾过程中会产生许多危害物(如毒气、烟雾和热浪等)，这些危害物可以直接影响乘客的生命安全。在今后的研究中可以将火灾模拟软件的相关计算结果导入到AEvac中，通过对智能体引入生命度的概念，模拟火灾危害物对乘客身体的影响。

(3)实际疏散过程中行人的行为远比模型中所构建的行为复杂，在下一步研究中可以考虑其他一些较为重要的行为。对于乘客来说，可以考虑如搜寻家庭成员或等候家庭成员、搜寻个人物品、信息传递与分享、跟随导视系统指示、按照船员导引方向疏散及佩戴防毒面具等诸多行为。对于船员来说，可以考虑如搜寻舱室、指挥乘客疏散、使用消防器材灭火及救助伤员等。

(4)目前软件对海洋珠宝号邮轮进行一次仿真需要约14 min(不考虑救生衣情况约9 min)。虽然仿真系统的计算速度在可接受范围内，但是对于设计人员来说，仍然是一段较长的等待时间，下一步可以通过并行计算的方式同时调用中央处理器的其他核心(或图形处理器)来提升计算速度。

参考文献

[1] 郭琳. 基于IMO指南的客轮疏散研究[D]. 上海:上海交通大学, 2011.

[2] 田伟, 吕伟. 船舶安全疏散研究述评[J]. 中国安全生产科学技术, 2014(4): 133 - 138.

[3]陈淼. 舰船通达性仿真评估系统初步研究[D]. 哈尔滨:哈尔滨工程大学, 2009.

[4] 王艳华, 韩佳霖, 鲍君忠. 客船安全保障措施的回顾与发展趋势[J]. 世界海运, 2013, 36(11): 10 - 15.

[5] IMO. Guidelines on evacuation analyses for new and existing passenger ships (MSC/Circ. 1238)[S]. London: International Maritime Organization, 2007.

[6] IMO. Revised guidelines on evacuation analysis for new and existing passenger ships (MSC. 1/Circ. 1533)[S]. London: International Maritime Organization, 2016.

[7] HENDERSON L. The statistics of crowd fluids[J]. Nature, 1971, 229(5284): 381 - 383.

[8] HELBING D, MOLNAR P. Social force model for pedestrian dynamics[J]. Physical Review E, 1995, 51(5): 4282 - 4286.

[9] SEYFRIED A, PASSON O, STEFFEN B, et al. New insights into pedestrian flow through bottlenecks[J]. Transportation Science, 2009, 43(3): 395 - 406.

[10] SCHADSCHNEIDER A, KLINGSCH W, KLÜPFEL H, et al. Evacuation dynamics: Empirical results, modeling and applications[J]. Extreme Environmental Events: Complexity in Forecasting and Early Warning, 2011(3): 517 - 550.

[11] ZHANG J, KLINGSCH W, SCHADSCHNEIDER A, et al. Ordering in bidirectional pedestrian flows and its influence on the fundamental diagram[J]. Journal of Statistical Mechanics Theory and Experiment, 2012(7): 35 - 40.

[12] KOSTAS K V, POLITIS C G, et al. VELOS: A VR platform for ship-evacuation analysis[J]. Computer-Aided Design, 2010, 42(11): 1045 - 1058.

[13] WOOD P G. The behaviour of people in fires[J]. Fire Safety Science, 1972, 953(2): 1.

[14] BRYAN J L. Smoke as a determinant of human behavior in fire situations (project people)[M]. Washington: National Bureau of Standards, 1977.

[15] BRYAN J L. Human behaviour in fire: The development and maturity of a scholarly study area[J]. Fire and Materials, 1999, 23(6): 249 -253.

[16] BRYAN J. Behavioral response to fire and smoke[J]. The SFPE Handbook of Fire Protection Engineering,2002(2):42.

[17] FAHY R F, PROULX G. Analysis of published accounts of the World Trade Center evacuation[J]. National Institute of Standards and Technology, 2005(1): 1 -7.

[18] AVERILL J D, MILETI D, PEACOCK R, et al. Federal investigation of the evacuation of the World Trade Center on September 11, 2001[J]. Fire and Materials,2012(36):472 -480.

[19] YANG X L, WU Z L, LI Y C. Difference between real-life escape panic and mimic exercises in simulated situation with implications to the statistical physics models of emergency evacuation: The 2008 Wenchuan earthquake[J]. Physica A: Statistical Mechanics and Its Applications, 2011, 390(12): 2375 -2380.

[20] LI M, ZHAO Y, HE L, et al. The parameter calibration and optimization of social force model for the real-life 2013 Ya'an earthquake evacuation in China [J]. Safety science, 2015(79): 243 -253.

[21] FRUIN J J. Pedestrian planning and design[J]. Metropolitan Association of Urban Designers and Environment Planners,1971(5):21.

[22] PREDTECHENSKII V M, MILINSKIǏ A I. Planning for foot traffic flow in buildings[M]. Washington: National Bureau of Standards, 1978.

[23] 覃艳. 物联网技术在船舶消防应急疏散中的应用[J]. 舰船科学技术, 2017(18): 154 -156.

[24] HELBING D, JOHANSSON A, ALABIDEEN H Z. Dynamics of crowd disasters: An empirical study[J]. Physical Review E, 2007, 75(4): 046 -109.

[25] CHATTARAJ U, SEYFRIED A, CHAKROBORTY P. Comparison of pedestrian fundamental diagram across cultures[J]. Advances in Complex Systems, 2009, 12(03): 393 -405.

[26] NAVIN F P, WHEELER R J. Pedestrian flow characteristics[J]. Traffic Engineering, 1969, 39(30):30.

[27] PUSHKAREV B, ZUPAN J M, PUSHKAREV B, et al. Capacity of walkways [J]. Transportation Research Record, 1975(538): 1 -15.

[28] JEON G Y, KIM J Y, HONG W H, et al. Evacuation performance of individuals in different visibility conditions[J]. Building and Environment, 2010, 46(5):

1094 – 1103.

[29] ZHANG J, SEYFRIED A. Experimental studies of pedestrian flows under different boundary conditions[C]//Proceedings of the 17th International IEEE Conference on Intelligent Transportation Systems. Qingdao, 2014: 542 – 547.

[30] FANG Z M, SONG W G, LI Z J, et al. Experimental study on evacuation process in a stairwell of a high-rise building[J]. Building and Environment, 2012, 47(1): 316 – 321.

[31] GUO N, JIANG R, HAO Q Y, et al. Impact of holding umbrella on uni-and bi-directional pedestrian flow: Experiments and modeling[J]. Transportmetrica B: Transport Dynamics, 2019, 7(1): 897 – 914.

[32] SALOMA C, PEREZ G J, TAPANG G, et al. Self-organized queuing and scale-free behavior in real escape panic[J]. Proceedings of the National Academy of Sciences of the United States of America,2003, 100(21): 11947 – 11952.

[33] GARCIMARTíN A, PASTOR J, FERRER L, et al. Flow and clogging of a sheep herd passing through a bottleneck[J]. Physical Review E, 2015, 91(2): 22 – 808.

[34] SORIA S A, JOSENS R, PARISI D R. Experimental evidence of the "Faster is Slower" effect in the evacuation of ants[J]. Safety Science, 2012, 50(7): 1584 – 1588.

[35] PARISI D R, SORIA S A, JOSENS R. Faster-is-slower effect in escaping ants revisited: Ants do not behave like humans[J]. Safety Science, 2015(72): 274 – 282.

[36] WANG S, CAO S, WANG Q, et al. Effect of exit locations on ants escaping a two-exit room stressed with repellent[J]. Physica A: Statistical Mechanics and its Applications, 2016(457): 239 – 254.

[37] THOMPSON P A, MARCHANT E W. Testing and application of the computer model 'SIMULEX'[J]. Fire Safety Journal, 1995, 24(2): 149 – 166.

[38] BOTSCHEK K, KOHL B, STEINER M. Evacuation simulation for road tunnels—findings from the use of microscopic methodology for escape route analyses[C]//Proceedings of the 3rd International Conference on Pedestrian and Evacuation Dynamics. Vienna, 2005: 183 – 188.

[39] KLÜPFEL H, HEBBEN S. Large scale outdoor events[C]//Proceedings of the 6th International Conference on Pedestrian and Evacuation Dynamics. Zurich, 2012: 501 – 508.

[40] CHEN Y Z, CAI S J, DENG Y F. Simulation study on main affect factors to the evacuation corridor[J]. Applied Mechanics and Materials, 2012(10), 170 –

173: 3533 -3538.

[41] CASAREALE C, BERNARDINI G, BARTOLUCCI A, et al. Cruise ships like buildings: Wayfinding solutions to improve emergency evacuation[J]. Building Simulation, 2017, 10(6): 989 - 1003.

[42] HELBING D, FARKAS I J, MOLNAR P, et al. Simulation of pedestrian crowds in normal and evacuation situations [C]//Proceedings of the 1st International Conference on Pedestrian and Evacuation Dynamics. Duisburg, 2002(2): 21 -58.

[43] HUGHES R L. A continuum theory for the flow of pedestrians[J]. Transportation Research Part B: Methodological, 2002, 36(6): 507 -535.

[44] COLOMBO R M, ROSINI M D. Pedestrian flows and non-classical shocks[J]. Mathematical Methods in the Applied Sciences, 2005, 28(13): 1553 -1567.

[45] WOLFRAM S. Statistical mechanics of cellular automata[J]. Reviews of Modern Physics, 1983, 55(3): 601.

[46] GUO R Y, HUANG H J, WONG S. Route choice in pedestrian evacuation under conditions of good and zero visibility: Experimental and simulation results[J]. Transportation Research Part B: Methodological, 2012, 46(6): 669 -686.

[47] BLUE V J, ADLER J L. Cellular automata microsimulation for modeling bi-directional pedestrian walkways [J]. Transportation Research Part B: Methodological, 2001, 35(3): 293 -312.

[48] PEREIRA L A, DUCZMAL L H, CRUZ F R B. Congested emergency evacuation of a population using a finite automata approach[J]. Safety Science, 2013, 51(1): 267 - 272.

[49] LANGSTON P A, MASLING R, ASMAR B N. Crowd dynamics discrete element multi-circle model[J]. Safety Science, 2006, 44(5): 395 -417.

[50] YUEN J K, LEE E W. The effect of overtaking behavior on unidirectional pedestrian flow[J]. Safety Science, 2012, 50(8): 1704 -1714.

[51] QU Y, GAO Z, XIAO Y, et al. Modeling the pedestrian's movement and simulating evacuation dynamics on stairs[J]. Safety Science, 2014(70): 189 -201.

[52] HELBING D, FARKAS I, VICSEK T. Simulating dynamical features of escape panic[J]. Nature, 2000(407): 487 -905.

[53] BONABEAU E. Agent-based modeling: Methods and techniques for simulating human systems[J]. Proceedings of the National Academy of Sciences, 2002, 99(3): 7280 -7287.

[54] ANTONINI G, BIERLAIRE M, WEBER M. Discrete choice models of pedestrian

walking behavior[J]. Transportation Research Part B: Methodological, 2006, 40(8): 667 -687.

[55] CHOORAMUN N, LAWRENCE P J, GALEA E R. An agent based evacuation model utilising hybrid space discretisation[J]. Safety Science, 2012, 50(8): 1685 -1694.

[56] REYNOLDS C W. Steering behaviors for autonomous characters[C]//Game Developers Conference. 1999: 763 -782.

[57] HARTMAN C, BENES B I. Autonomous boids[J]. Computer Animation and Virtual Worlds, 2010, 17(3 -4): 199 -206.

[58] YANG L Z, ZHAO D L, LI J, et al. Simulation of the kin behavior in building occupant evacuation based on cellular automaton[J]. Building and Environment, 2005, 40(3): 411 -415.

[59] WEI G S, YAN F Y, BING H W, et al. Evacuation behaviors at exit in CA model with force essentials: A comparison with social force model[J]. Physica A: Statistical Mechanics and Its Applications, 2006, 371(2): 658 -666.

[60] HELIÖVAARA S, KORHONEN T, HOSTIKKA S, et al. Counterflow model for agent-based simulation of crowd dynamics[J]. Building and Environment, 2012, 48(1): 89 -100.

[61] YAMAMOTO K, KOKUBO S, NISHINARI K. Simulation for pedestrian dynamics by real-coded cellular automata (RCA)[J]. Physica A: Statistical Mechanics and Its Applications, 2007, 379(2): 654 -660.

[62] TOYAMA M C, BAZZAN A L, DA SILVA R. An agent-based simulation of pedestrian dynamics: from lane formation to auditorium evacuation[C]//Proceedings of the 5th International Joint Conference on Autonomous Agents and Multiagent Systems. Hakodate, 2006: 108 -110.

[63] GALEA E. Safer by design: Using computer simulation to predict the evacuation performance of passenger ships[C]//Proceedings of the International Maritime Engineering Conference. London, 2000: 7 -16.

[64] GALEA E, LAWRENCE P, GWYNNE S, et al. Integrated fire and evacuation in maritime environments[C]//Proceeding of the 2nd International Maritime Safety Conference on Design for Safety. Sakai, 2004: 161 -170.

[65] GALEA E, LAWRENCE P, GWYNNE S, et al. Simulating ship evacuation under fire conditions[C]//Proceedings of the 2nd International Conference on Pedestrian and Evacuation Dynamics. Greenwich, 2003: 159 -172.

[66] GWYNNE S, GALEA E R, LYSTER C L, et al. Analysing the evacuation procedures employed on a Thames Passenger Boat Using the Maritime EXODUS evacuation Model[J]. Fire Technology, 2003, 39(3): 225 -246.

[67] VASSALOS D, KIM H, CHRISTIANSEN G, et al. A mesoscopic model for passenger evacuation in a virtual ship-sea environment and performanc-based evaluation[C]//Proceedings of the 1st International Conference on Pedestrian and Evacuation Dynamics. Duisburg, 2001: 369 -391.

[68] VASSALOS D, GUARIN L, VASSALOS G, et al. Advanced evacuation analysis-testing the ground on ships[C]//Proceedings of the 2nd International Conference on Pedestrian and Evacuation Dynamics. Greenwich, 2003: 1 -12.

[69] AZZI C, PENNYCOTT A, MERMIRIS G, et al. Evacuation simulation of shipboard fire scenarios [C]//Fire and Evacuation Modeling Technical Conference. Baltimore, 2011: 23 -29.

[70] KLÜPFEL H, MEYER-KÖNIG T, WAHLE J, et al. Microscopic simulation of evacuation processes on passenger ships [C]//Proceedings of the 4th International Conference on Cellular Automata for Research and Industry. Karlsruhe, 2000: 63 -71.

[71] MEYER - KÖNIG T, VALANTO P, POVEL D. Implementing ship motion in AENEAS—model development and first results [C]//Proceedings of the 3rd International Conference on Pedestrian and Evacuation Dynamics. Vienna, 2005: 429 -441.

[72] GINNIS A I, KOSTAS K V, POLITIS C G, et al. VELOS-A VR environment for ship applications: current status and planned extensions[M]//Guido Brunnett, et al. Virtual Realities, Switzerland: Springer, 2015: 33 -55.

[73] KIM H, PARK J H, LEE D, et al. Establishing the methodologies for human evacuation simulation in marine accidents [J]. Computers and Industrial Engineering, 2004, 46(4): 725 -740.

[74] PARK J H, LEE D, KIM H, et al. Development of evacuation model for human safety in maritime casualty[J]. Ocean Engineering, 2004, 31(11 -12): 1537 -1547.

[75] HA S, KU N K, ROH M I, et al. Cell-based evacuation simulation considering human behavior in a passenger ship[J]. Ocean Engineering, 2012(53): 138 -152.

[76] ROH M I, HA S. Advanced ship evacuation analysis using a cell-based simulation model[J]. Computers in Industry, 2013, 64(1): 80 -89.

[77] PARK K P, HAM S H, HA S. Validation of advanced evacuation analysis on

passenger ships using experimental scenario and data of full-scale evacuation[J]. Computers in Industry, 2015, 71(C): 103 - 115.

[78] CHO Y O, HA S, PARK K P. Velocity-based egress model for the analysis of evacuation process on passenger ships [J]. Journal of Marine Science and Technology, 2016, 24(3): 466 - 483.

[79] 陈淼, 韩端锋. 大型客船通达性仿真评估研究[J]. 船海工程, 2009, 38(5): 27 - 31.

[80] 陈淼, 韩端锋. 船舶人员疏散仿真模型[J]. 哈尔滨工程大学学报, 2011, 32(7): 862 - 866.

[81] CHEN M, HAN D. Multi-grid model for crowd's evacuation in ships based on cellular automata[J]. Polish Maritime Research, 2015, 22(s1): 75 - 81.

[82] 郭冰. 大型船舶中人员流动模型的研究[D]. 哈尔滨:哈尔滨工程大学, 2008.

[83] 谢谋标. 面向舰船的人员疏散微观模型研究[D]. 哈尔滨:哈尔滨工程大学, 2010.

[84] 肖海松. 舰船人员疏散仿真初步研究[D]. 哈尔滨:哈尔滨工程大学, 2010.

[85] 李娜. 基于动态网络流的舰船人员疏散方法研究[D]. 哈尔滨:哈尔滨工程大学, 2011.

[86] 于洋. 基于 Agent 的舰船人员疏散模型研究[D]. 哈尔滨:哈尔滨工程大学, 2013.

[87] 朱成华, 陈淼, 韩端锋, 等. 船舶多出口房间疏散问题研究[J]. 计算机仿真, 2014, 31(11): 433 - 437.

[88] 沈继红, 王侃, 李璞. 基于改进蚁群算法的船舶人员疏散问题研究[J]. 控制工程, 2013, 20(5): 99 - 103.

[89] 张德珍, 赵敏, Ying Tang, 等. 风浪影响下的客轮人员疏散模型及仿真[J]. 系统工程理论与实践, 2016, 36(6): 1609 - 1615.

[90] 廖守衡. 客船倾斜状态下人员疏散模型的研究[D]. 大连:大连海事大学, 2010.

[91] 吴坎坷. 客船楼梯处人员疏散模型研究[D]. 大连:大连海事大学, 2011.

[92] 高飞. 客轮人员应急疏散模型构建及仿真研究[D]. 大连:大连海事大学, 2017.

[93] 郭磊, 任鸿翔, 朱耀辉. 基于操控行为和 A* 算法的船舶人员疏散仿真[J]. 大连海事大学学报, 2017, 43(2): 8 - 12.

[94] 徐澄. 基于元胞自动机人员疏散仿真的客船布置优化研究[D]. 武汉:武汉

理工大学，2014.
[95] 杨琪，王维莉，胡志华. 突发事件下邮轮应急疏散模拟及其验证[J]. 大连海事大学学报，2018(2):30 - 35.
[96] 黄珂. 广西旅游客船乘客安全疏散研究[J]. 西部交通科技，2018(2):199 - 202.
[97] ANDREWS D J, CASAROSA L, PAWLING R, et al. Integrating personnel movement simulation into preliminary ship design[J]. International Journal of Maritime Engineering, 2007, 150(Part A): 19 - 34.
[98] ANDREWS D J, PAWLING R, CASAROSA L, et al. Integrating ship design and personnel simulation[C]//The World Maritime Technology Conference. London, 2006.
[99] GALEA E R, GALPARSORO J P. A computer-based simulation model for the prediction of evacuation from mass-transport vehicles[J]. Fire Safety Journal, 1994, 22(4): 341 - 366.
[100] KIM H, ROH M I, HAN S. Passenger evacuation simulation considering the heeling angle change during sinking[J]. International Journal of Naval Architecture and Ocean Engineering, 2019, 11(1): 329 - 343.
[101] GUARIN L, MAJUMDER J, SHIGUNOV V, et al. Fire and flooding risk assessment in ship design for ease of evacuation[C]//Proceedings of the 2nd International Conference on Design for Safety. Osaka, 2004.
[102] 赵敏. 考虑人员行为因素的客轮疏散模型研究与仿真[D]. 大连:大连海事大学，2016.
[103] 陈刚. 考虑风浪影响的客轮人员疏散模型研究及仿真[D]. 大连:大连海事大学，2014.
[104] VARAS A, CORNEJO M D, MAINEMER D, et al. Cellular automaton model for evacuation process with obstacles[J]. Physica A Statistical Mechanics and its Applications, 2007, 382(2): 631 - 642.
[105] ALIZADEH R. A dynamic cellular automaton model for evacuation process with obstacles[J]. Safety Science, 2011, 49(2): 315 - 323.
[106] ENG A L, WEE C T. Simulating evacuations with obstacles using a modified dynamic cellular automata model[J]. Journal of Applied Mathematics, 2012(3): 1 - 12.
[107] ZHENG X, LI W, GUAN C. Simulation of evacuation processes in a square with a partition wall using a cellular automaton model for pedestrian dynamics[J]. Physica A: Statistical Mechanics and its Applications, 2010, 389(11): 2177 -

2188.

[108] CHEN X, TREIBER M, KANAGARAJ V, et al. Social force models for pedestrian traffic state of the art[J]. Transport Reviews, 2018, 38(5): 625 - 653.

[109] DUIVES D C, DAAMEN W, HOOGENDOORN S P. State-of-the-art crowd motion simulation models [J]. Transportation Research Part C: Emerging Technologies, 2013(37): 193 - 209.

[110] YAMORI K. Going with the flow: Micro - macro dynamics in the macro-behavioral patterns of pedestrian crowds[J]. Psychological Review, 1998, 105(3): 530.

[111] 刘驰. 多组分行人流的实验与模拟研究[D]. 合肥:中国科学技术大学, 2018.

[112] BURSTEDDE C, KLAUCK K, SCHADSCHNEIDER A, et al. Simulation of pedestrian dynamics using a two-dimensional cellular automaton[J]. Physica A: Statistical Mechanics and its Applications, 2001, 295(3 - 4): 507 - 525.

[113] HELBING D, BUZNA L, JOHANSSON A, et al. Self-organized pedestrian crowd dynamics: Experiments, simulations, and design solutions [J]. Transportation Science, 2005, 39(1): 1 - 24.

[114] DZUBIELLA J, LÖWEN H. Pattern formation in driven colloidal mixtures: tilted driving forces and re-entrant crystal freezing [J]. Journal of Physics: Condensed Matter,2002(14):40.

[115] PARISI D R, HIDALGO R C, ZURIGUEL I. Active particles with desired orientation flowing through a bottleneck [J]. Scientific Reports, 2018, 8(1): 9133.

[116] LIU X D, SONG W G, WEI L V. Empirical data for pedestrian counterflow through bottlenecks in the channel[J]. Transportation Research Procedia, 2014(2): 34 - 42.

[117] JOHANSSON A, HELBING D, ALABIDEEN H Z, et al. From crowd dynamics to crowd safety: a video-based analysis[J]. Advances in Complex Systems, 2008, 11(04): 497 - 527.

[118] WANG J, WENG W, ZHANG X. New insights into the crowd characteristics in Mina[J]. Journal of Statistical Mechanics Theory and Experiment, 2014(11):1003.

[119] ZHANG X L, WENG W G, YUAN H Y. Empirical study of crowd behavior during a real mass event [J]. Journal of Statistical Mechanics Theory and

Experiment,2012(08):08012.

[120] LEMERCIER S, JELIC A, KULPA R, et al. Realistic following behaviors for crowd simulation[C]//Computer Graphics Forum. Oxford, 2012: 489 – 498.

[121] 桑斯坦. 极端的人群: 群体行为的心理学[M]. 北京: 新华出版社, 2010.

[122] 杨立中. 建筑内人员运动规律与疏散动力学[M]. 北京: 科学出版社, 2012.

[123] CHU M L, LAW K. Computational framework incorporating human behaviors for egress simulations[J]. Journal of Computing in Civil Engineering, 2013, 27(6): 699 – 707.

[124] REYNOLDS C W. Flocks, herds and schools: A distributed behavioral model [C]//Proceedings of SIGGRAPH'87. New York, 1987: 35 – 34.

[125] ANDO K, OTA H, OKI T. Forecasting the flow of people[J]. Railway Research Review, 1988, 45(8): 8 – 14.

[126] THOMPSON P A, MARCHANT E W. Testing and application of the computer model SIMULEX[J]. Fire Safety Journal, 1995, 24(2): 149 – 166.

[127] KORHONEN T, HOSTIKKA S, HELIÖVAARA S, et al. FDS + Evac: An agent based fire evacuation model[C]//Proceedings of the 4th International Conference on Pedestrian and Evacuation Dynamics. Wuppertal, 2008: 109 – 120.

[128] HURLEY M J, GOTTUK D T, HALL JR J R, et al. SFPE handbook of fire protection engineering[M]. New York: Springer, 2015.

[129] MORRALL J F, RATNAYAKE L L, SENEVIRATNE P N. Comparison of central business district pedestrian characteristics in Canada and Sri Lanka[J]. Transportation Research Record Journal of the Transportation Research Board, 1991, (1294).

[130] OEDING D. Verkehrsbelastung und Dimensionierung von Gehwegen und anderen Anlagen des Fußgängerverkehrs [D]. Bundesminister für Verkehr, Abt. Strassenbau, 1963.

[131] DAAMEN W. Modelling passenger flows in public transport facilities[D]. Delft: Delft University of Technology, 2004.

[132] ZHANG J, KLINGSCH W, SCHADSCHNEIDER A, et al. Transitions in pedestrian fundamental diagrams of straight corridors and T-junctions[J]. Journal of Statistical Mechanics: Theory and Experiment, 2011(06): 06004.

[133] VORONOI G. Nouvelles applications des paramètres continus à la théorie des

formes quadratiques. Deuxième mémoire. Recherches sur les parallélloèdres primitifs[J]. Journal Für Die Reine Und Angewandte Mathematik, 1908(134): 198 -287.

[134] STEFFEN B, SEYFRIED A. Methods for measuring pedestrian density, flow, speed and direction with minimal scatter[J]. Physica A: Statistical Mechanics and its Applications, 2010, 389(9): 1902 -1910.

[135] 沙云飞. 人群疏散的微观仿真模型研究[D]. 北京:清华大学, 2008.

[136] 杨立兵. 建筑火灾人员疏散行为及优化研究[D]. 长沙:中南大学, 2012.

[137] 孙锦路. 船体倾斜状态下人员运动特征研究[D]. 合肥:中国科学技术大学, 2018.

[138] YUAN G N, ZHANG L N, LIU L Q, et al. Passengers' evacuation in ships based on neighborhood particle swarm optimization[J]. Mathematical Problems in Engineering, 2014(4):1 -10.

[139] CROCIANI L, VIZZARI G, YANAGISAWA D, et al. Route choice in pedestrian simulation: Design and evaluation of a model based on empirical observations[J]. Intelligenza Artificiale, 2016, 10(2): 163 -182.

[140] SCHRÖDER B, HAENSEL D, CHRAIBI M, et al. Knowledge—and Perception—based route choice modelling in case of fire[C]//Proceedings of the Human Behaviour in Fire Symposium. London: 2015.

[141] TAN L, HU M, LIN H. Agent-based simulation of building evacuation: Combining human behavior with predictable spatial accessibility in a fire emergency[J]. Information Sciences, 2015(295): 53 -66.

[142] AGUIRRE B E, EL-TAWIL S, BEST E, ET AL. Contributions of social science to agent-based models of building evacuation[J]. Contemporary Social Science, 2011, 6(3): 415 -432.

[143] KULIGOWSKI E D. Terror defeated: occupant sensemaking, decision-making and protective action in the 2001 World Trade Center disaster[D]. Colorado : University of Colorado, 2011.

[144] SIME J D. Affiliative behaviour during escape to building exits[J]. Journal of Environmental Psychology, 1983, 3(1): 21 -41.

[145] 杜嘉立, 姜华. 船舶原理[M]. 大连: 大连海事大学出版社, 2016.

[146] MURAYAMA M, ITAGAKI T, YOSHIDA K. Study on evaluation of escape route by evacuation simulation[J]. Journal of the Society of Naval Architects of Japan, 2000(188): 441 -448.

[147] LEE D, PARK J H, KIM H. A study on experiment of human behavior for evacuation simulation[J]. Ocean Engineering, 2004, 31(8-9): 931-941.

[148] SHAO Z G, YANG Y Y. Effective strategies of collective evacuation from an enclosed space[J]. Physica A: Statistical Mechanics and its Applications, 2015 (427): 34-39.

[149] FRIDOLF K, RONCHI E, NILSSON D, et al. Movement speed and exit choice in smoke-filled rail tunnels[J]. Fire Safety Journal, 2013(59): 8-21.

[150] 卢开澄，卢华明. 图论及其应用[M]. 北京：清华大学出版社，1995.

[151] DJIKSTRA E. A note on two problems in connection with graphs[J]. Numerische Mathematik, 1959(1): 269-271.

[152] HART P E, NILSSON N J, RAPHAEL B. Correction to "a formal basis for the heuristic determination of minimum cost paths"[J]. ACM SIGART Bulletin, 1972, 37(37): 28-29.

[153] 姚国伟. 基于乘客疏散仿真的地铁车站建筑结构布置和设施协调研究[D]. 北京:北京交通大学，2008.

[154] 王子甲. 基于行人仿真的轨道交通车站设施规模及布局研究[D]. 北京:北京交通大学，2013.

[155] RUSSELL S J, NORVIG P. Artificial intelligence: A modern approach[M]. New York:Pearson Education Limited, 2016.

[156] NI B, LI Z, LI X. Agent-based evacuation in passenger ships using a goal-driven decision-making model[J]. Polish Maritime Research, 2017, 24(2): 56-67.

[157] NI B, LI Z, ZHANG P, et al. An evacuation model for passenger ships that includes the influence of obstacles in cabins[J]. Mathematical Problems in Engineering, 2017(2):1-21.

[158] 黄希发. 大型场馆人员疏散仿真研究[D]. 哈尔滨:哈尔滨工程大学，2010.

[159] Thunderhead E. Pathfinder: Verification and validation[M]. Manhattan: Thunderhead Engineering, 2016.

[160] KORHONEN T, HOSTIKKA S. Fire dynamics simulator with evacuation: FDS+Evac, technical reference and user's guide (FDS 5.5.0, Evac 2.2.1)[M]. Helsinki: VTT Technical Research Centre of Finland, 2014.

[161] OLDER S L. Movement of pedestrians on footways in shopping streets[J]. Traffic Engineering and Control, 1967, 10(4):32.

[162] HOOGENDOORN S P, DAAMEN W. Pedestrian behavior at bottlenecks[J].

Transportation Science, 2005, 39(2): 147 – 159.

[163] KOBAYASHI Y, KANEDA T, TAMADA M, et al. Evacuation agent simulation in an underground shopping street adding a floor field approach and its three dimensional expression[C]//Proceedings of the 6th International Conference on Pedestrian and Evacuation Dynamics. Zurich, 2012: 673 – 681.

[164] KORHONEN T, HELI? VAARA S. FDS + Evac: Modelling pedestrian movement in crowds[C]//Proceedings of the 5th International Conference on Pedestrian and Evacuation Dynamics. Boston, 2011: 823 – 826.

[165] SMITH A, JAMES C, JONES R, et al. Modelling contra-flow in crowd dynamics DEM simulation[J]. Safety Science, 2009, 47(3): 395 – 404.

[166] LEE J, KIM T, CHUNG J H, et al. Modeling lane formation in pedestrian counter flow and its effect on capacity[J]. KSCE Journal of Civil Engineering, 2016, 20(3): 1099 – 1108.

[167] NI B, LIN Z, LI P. Agent-based evacuation model incorporating life jacket retrieval and counterflow avoidance behavior for passenger ships[J]. Journal of Statistical Mechanics Theory and Experiment, 2018(12): 123 – 405.

[168] KINSEY M. The verification and validation of massmotion for evacuation[M]. London: Oasys Software Limited, 2015.

[169] KRETZ T, GRÜNEBOHM A, KAUFMAN M, et al. Experimental study of pedestrian counterflow in a corridor[J]. Journal of Statistical Mechanics Theory and Experiment, 2006(10): 10001.

[170] CAO S, SEYFRIED A, ZHANG J, et al. Fundamental diagrams for multidirectional pedestrian flows[J]. Journal of Statistical Mechanics Theory and Experiment, 2017(3): 033 – 404.

[171] Buckland M. Programming game AI by example[M]. Plano: Wordware Publishing, 2005.

[172] TAYLOR G. Point in polygon test[J]. Empire Survey Review, 1994, 32 (254): 479 – 484.

[173] 燕昊. 一种判断点在多边形内的新方法[J]. 河南科学, 2010, 28(11): 1469 – 1472.

[174] BODE N W, CODLING E A. Human exit route choice in virtual crowd evacuations[J]. Animal Behaviour, 2013, 86(2): 347 – 358.

[175] BODE N W, KEMLOH WAGOUM A U, CODLING E A. Human responses to multiple sources of directional information in virtual crowd evacuations[J].

Journal of the Royal Society Interface, 2013, 11(91): 904.

[176] CHEN J, LO S, MA J. Pedestrian ascent and descent fundamental diagram on stairway[J]. Journal of Statistical Mechanics Theory and Experiment,2017(8): 83 -89.

[177] GALEA E, DEERE S, BROWN R, et al. The SAFEGUARD validation dataset and recommendations to IMO to update MSC Circ 1238[C]//SAFEGUARD Passenger Evacuation Seminar. London, 2012(3): 41 -60.

[178] PRADILLON J. ODIGO-modelling and simulating crowd movement onboard ships[C]//Proceedings of the 3rd International Conference on Computer and IT Applications in the Maritime Industries. Siguenza, 2005: 278 -289.

[179] GRANDISON A, DEERE S, LAWRENCE P, et al. The use of confidence intervals to determine convergence of the total evacuation time for stochastic evacuation models[J]. Ocean Engineering, 2017(146): 234 -245.